**KPMG**

徹 底 解 説

# 税効果会計
## の実務

あずさ監査法人［編］

中央経済社

©2018 KPMG AZSA LLC, a limited liability audit corporation incorporated under the Japanese Certified Public Accountants Law and a member firm of the KPMG network of independent member firms affiliated with KPMG International Cooperative ("KPMG International"), a Swiss entity. All rights reserved.
The KPMG name and logo are registered trademarks or trademarks of KPMG International.

ここに記載されている情報はあくまで一般的なものであり，特定の個人や組織が置かれている状況に対応するものではありません。私たちは，的確な情報をタイムリーに提供するよう努めておりますが，情報を受け取られた時点及びそれ以降においての正確さは保証の限りではありません。何らかの行動を取られる場合は，ここにある情報のみを根拠とせず，プロフェッショナルが特定の状況を綿密に調査した上で提案する適切なアドバイスをもとにご判断ください。

# はじめに

　税効果会計が我が国に本格的に導入されてから間もなく20年になります。この間，日本企業を取り巻く経営環境は劇的に変化し，国際市場における海外企業との競争はより激しさを増しています。そうした変化の中で，我が国の会計基準（以下「日本基準」といいます。）を取り巻く環境も大きく変わってきています。

　具体的には，日本基準の開発を担う企業会計基準委員会（ASBJ）では，2005年に国際会計基準審議会（IASB）との間でコンバージェンス・プロジェクトが開始され，2007年の東京合意（会計基準のコンバージェンスの加速化に向けた取組みへの合意）を経て，数多くの会計基準が開発されました。当該プロジェクトが終了した現在も，我が国の上場企業等で用いられる会計基準の質の向上を図るために，ASBJでは，日本基準を高品質で国際的に整合性のとれたものとするための取組みが継続的に行われています。また，2010年3月期から上場企業は指定国際会計基準（IFRS）の任意適用が可能となり，当該適用企業数は150社を超え，資本市場における存在感は確実に増しつつあります。

　他方，会計基準の新設または改正が行われる都度，税効果会計に関する実務指針については日本公認会計士協会（JICPA）がメンテナンスを行ってきましたが，ASBJでは2014年より，JICPAにおける税効果会計に関する実務指針（会計処理に関する部分）をASBJに移管する審議が開始されました。その後，2015年12月に，監査委員会報告第66号「繰延税金資産の回収可能性の判断に関する監査上の取扱い」等について，基本的にその内容を踏襲した上で必要な見直しが行われ，企業会計基準適用指針第26号「繰延税金資産の回収可能性に関する適用指針」が公表されました。また，2018年2月に，主として開示に関する見直しが行われた企業会計基準第28号「『税効果会計に係る会計基準』の一部改正」等が公表されたことにより，一連の税効果会計の改正作業が終了しました。

　この改正作業では，従来の実務指針について，基本的にその内容が新たな適用指針に踏襲されていますが，従来の会計制度委員会報告第6号「連結財務諸表における税効果会計に関する実務指針」と会計制度委員会報告第10号「個別財務諸表における税効果会計に関する実務指針」が，企業会計基準適用指針第

28号「税効果会計に係る会計基準の適用指針」に統合され，体系が大きく変わります。このため，今般の適用指針の公表を契機として，本書を刊行することとしました。

　本書の特徴は，次のとおりです。

- 税効果会計に関連する論点を網羅的に取り扱うとともに，直近の改正まで盛り込んだ最新の総合的な解説書であること
- 設例 ◆ をできるだけ多く用いて，具体的な数値や仕訳により，わかりやすい解説を心掛けていること
- 論点 🗩 では，実務において生じやすい疑問点をQ&Aの様式で解説していること
- 改正ポイント Q では，2018年2月に公表された会計基準等における改正点を簡潔に解説していること
- IFRSを任意適用する上場企業が増加していることを踏まえ，「IFRSとの相違」（第9章）について取り扱っていること

　本書が，税効果会計の実務に携わる方々の一助となれば幸いです。

　最後に，本書の出版に際しては，中央経済社の末永芳奈氏に多大なご尽力を頂きました。この紙面をお借りして感謝の意を表し，お礼申し上げます。

　2018年3月

有限責任 あずさ監査法人

パートナー　前　田　　啓

# CONTENTS

## 第1章　税効果会計の基本的な考え方

### 1．はじめに …………………………………………………………………… 1

(1) 税効果会計とは　1

(2) 税効果会計の対象となる税金　1

(3) 我が国における税効果に関する会計基準の枠組み　2

### 2．税効果会計のしくみ ……………………………………………………… 5

(1) 資産負債法　5

(2) 繰延法　5

### 3．一時差異等 ………………………………………………………………… 8

(1) 一時差異とは　8

(2) 財務諸表上の一時差異等　8

(3) 一時差異等に該当しない差異　10

(4) 一時差異等の該当の有無に関する留意点　10

(5) 連結財務諸表固有の一時差異　13

■論点■ タックスヘイブン税制に関する一時差異　13

## 第2章　個別財務諸表における税効果会計

### 1．一時差異等に係る税効果の認識 ………………………………………… 15

(1) 繰延税金資産・繰延税金負債の計上　15

(2) 繰延税金資産および繰延税金負債の計上の会計処理　17

### 2．税効果会計に適用する税率 ……………………………………………… 18

(1) 法定実効税率　18

(2) 決算日後に税率が変更された場合の取扱い　23

(3) 連結子会社の決算日が連結決算日と異なる場合の取扱い　24

### 3．租税特別措置法上の諸準備金等 ………………………………………… 24

i

４．役員報酬等やストック・オプションに関する税効果 …………… 27
　(1)　役員報酬等に関する税効果　27
　(2)　ストック・オプションに関する税効果　27
５．連結会社間取引の個別財務諸表上の税効果 ………………………… 28

▋論点▋ 決算日後に減資を行った場合の法定実効税率　23

## 第３章　　連結財務諸表における税効果会計

１．概　要 ………………………………………………………………… 31
２．連結財務諸表固有の一時差異の会計処理①　未実現損益 ………… 32
　(1)　未実現損益の消去に係る一時差異　32
　(2)　会計処理　33
　(3)　連結会社間における資産（子会社株式等除く）の売却に伴い生じた売
　　　却損益を税務上繰り延べる場合の連結財務諸表における取扱い　39
　(4)　子会社が保有する親会社株式等を当該親会社等に売却した場合の連結
　　　財務諸表における法人税等に関する取扱い　41
３．連結財務諸表固有の一時差異の会計処理②　債権債務の消去に
　　伴い減額修正される貸倒引当金 …………………………………… 44
　(1)　債権債務の消去に伴い減額修正される貸倒引当金　44
　(2)　会計処理　44
４．連結財務諸表固有の一時差異の会計処理③　子会社の資産およ
　　び負債の時価評価による評価差額 ………………………………… 46
　(1)　子会社の資産および負債の時価評価による評価差額　46
　(2)　会計処理　47
　(3)　退職給付に係る負債または退職給付に係る資産に関する一時差異の取
　　　扱い　49
５．連結財務諸表固有の一時差異の会計処理④　子会社株式の取得
　　に伴い発生したのれんまたは負ののれん …………………………… 53
６．連結財務諸表固有の一時差異の会計処理⑤　子会社への投資の
　　評価減 ………………………………………………………………… 53
　(1)　子会社への投資の評価減　53

(2) 会計処理  54

## 7. 連結財務諸表固有の一時差異の会計処理⑥　子会社への投資 …… 56

(1) 子会社への投資に係る一時差異（税効果適用指針第103項および第104項）  56

(2) 子会社への投資に係る連結財務諸表固有の将来減算一時差異の取扱い  57

(3) 子会社への投資に係る連結財務諸表固有の将来加算一時差異の取扱い  59

(4) 留保利益に係る連結財務諸表固有の将来加算一時差異の取扱い  66

(5) 為替換算調整勘定に係る連結財務諸表固有の一時差異の取扱い  69

(6) 繰延税金資産または繰延税金負債計上時の相手勘定  73

(7) グループ法人税制により連結会社間における子会社株式等の売却に伴い生じた売却損益を税務上繰り延べる場合の連結財務諸表における取扱い  74

## 8. 連結財務諸表固有の一時差異の会計処理⑦　投資の一部売却や追加取得・時価発行増資等により生じた一時差異 …………………… 77

(1) 子会社への投資の一部売却後も親会社と子会社の支配関係が継続している場合における親会社の持分変動による差額に対応する法人税等相当額についての売却時の取扱い  77

(2) 子会社への投資を一部売却したことにより親会社と子会社の支配関係が継続していない場合における残存する投資の額に係る一時差異に関する繰延税金資産または繰延税金負債についての売却時の取扱い  83

(3) 親会社の持分変動による差額に対して繰延税金資産または繰延税金負債を計上していた場合の子会社への投資を売却した時の取扱い  83

(4) 親会社の持分変動による差額に対して繰延税金資産または繰延税金負債を計上していなかった場合の子会社への投資を売却した時の取扱い  89

## 9. 連結財務諸表固有の一時差異の会計処理⑧　連結手続上生じた繰延税金資産の回収可能性 ……………………………………………… 91

## 10. 表　　示 ……………………………………………………………………… 91

## 11. 持分法を適用する場合の税効果会計 ……………………………………… 91

(1) 概　　要  91

(2) 持分法適用会社に係る評価差額  92

(3) 持分法適用会社が売手側となって発生した未実現損益  94

(4) 連結会社が売手側となって発生した未実現損益  96

(5) 株式取得後に生じた留保利益　97

(6) 留保利益のうち配当金による回収　100

(7) のれんの償却額および負ののれんの処理額　100

(8) 持分法適用会社の欠損金　101

▎論点▎ 企業集団内部で子会社株式等を売買した場合に繰り延べられた譲渡損益に
　　係る税効果　77

## 第4章　四半期財務諸表・中間財務諸表等における税効果会計

### 1．四半期財務諸表における税金費用の会計処理 ………………………… 103

(1) 四半期財務諸表の性格　103

(2) 原則的な取扱い　104

(3) 四半期特有の会計処理　104

(4) 簡便的な会計処理の容認　104

### 2．原則法による税金費用の計算 …………………………………………… 105

(1) 原則法による税金費用の計算　105

(2) 税金費用の計算に用いる税法が改正された場合の取扱い　107

### 3．四半期特有の会計処理 …………………………………………………… 108

(1) 四半期特有の会計処理による税金費用の計算　108

(2) 見積実効税率の算定方法　108

### 4．税金費用の簡便的な取扱い ……………………………………………… 122

(1) 年度決算と同様の方法による税金費用の計算における簡便的な取扱い
　　122

(2) 繰延税金資産の回収可能性の判断における簡便的な取扱い　123

(3) 重要性が乏しい連結会社における簡便的な会計処理　125

### 5．四半期連結財務諸表における会計処理 ………………………………… 127

(1) 連結会社の個別財務諸表上の税金費用　127

(2) 連結手続上生じる一時差異に係る法人税等調整額　127

(3) 未実現利益消去に係る税効果　127

(4) 連結納税制度を採用した場合における四半期特有の会計処理の適用の
　　可否　129

## 6．中間財務諸表等における会計処理 ……………………………………… 130

(1) 中間財務諸表における税金費用の会計処理　130

(2) 原則法による税金費用の計算　131

(3) 簡便法による税金費用の計算　135

(4) 見積実効税率の計算方法　136

(5) 中間連結財務諸表における税金費用の会計処理　140

## 7．開　　示 …………………………………………………………………………… 141

(1) 表　　示　141

(2) 四半期財務諸表における注記事項　142

(3) 中間財務諸表における注記事項　142

- - - - - - - - - - - - - - - - - - - - - - - - - - - - - - - -

▌論点▌ 四半期における繰延税金資産の回収可能性の判断のための課税所得の見積り　106

▌論点▌ 税金費用の計算について四半期特有の会計処理を採用している場合，税金費用の計算にあたり税引前四半期純利益に加減すべき「一時差異等に該当しない項目」　120

▌論点▌ 国内子会社から多額の配当を受け取っている場合の四半期特有の会計処理による税金費用の計算　121

▌論点▌ 税金費用の計算について四半期特有の会計処理を採用している場合における土地売却に伴う土地再評価差額金に係る繰延税金資産または繰延税金負債の取扱い　122

▌論点▌ 原則的な会計処理から簡便的な会計処理への変更　124

▌論点▌ 簡便的な会計処理から四半期特有の会計処理への変更　124

## 第5章　繰延税金資産の回収可能性

## 1．繰延税金資産の回収可能性の判断および手順 ………………………… 145

(1) 繰延税金資産の計上　145

(2) 繰延税金資産の回収可能性の判断　146

(3) 一時差異等加減算前課税所得の考え方　147

(4) 繰延税金資産の回収可能性の判断に関する手順　151

(5) 繰延税金資産の回収可能性の見直し　154

(6) 連結決算手続上生じた繰延税金資産の回収可能性　155

(7) スケジューリング不能な一時差異に係る繰延税金資産の回収可能性　155

## 2．企業の分類に応じた繰延税金資産の回収可能性 ································ 157
(1) 企業の分類に応じた繰延税金資産の回収可能性の取扱いの意義　157

(2) 各分類の要件をいずれも満たさない場合の取扱い　158

(3) （分類1）に該当する企業の取扱い　159

(4) （分類2）に該当する企業の取扱い　161

(5) （分類3）に該当する企業の取扱い　167

(6) （分類4）に該当する企業の取扱い　170

(7) （分類5）に該当する企業の取扱い　174

## 3．将来の課税所得の見積り ··································································· 177
(1) 企業の各分類における将来の課税所得の見積り　177

(2) 将来の課税所得の合理的な見積り　179

(3) タックス・プランニングの実現可能性に関する取扱い　184

## 4．各項目における一時差異の取扱い ····················································· 186
(1) 長期解消将来減算一時差異の取扱い　186

(2) 固定資産の減損損失に係る将来減算一時差異の取扱い　188

(3) 役員退職慰労引当金に係る将来減算一時差異の取扱い　192

(4) その他有価証券の評価差額に係る一時差異の取扱い　194

(5) 退職給付に係る負債に関する一時差異の取扱い　205

(6) 繰延ヘッジ損益に係る一時差異の取扱い　207

(7) 資産除去債務に係る一時差異の取扱い　208

## 5．繰越外国税額控除に係る繰延税金資産 ·············································· 211
(1) 外国税額控除制度の概要　211

(2) 税務上の繰越外国税額控除　212

(3) 繰越外国税額控除に係る繰延税金資産の回収可能性の要件　213

(4) 将来の外国税額控除の余裕額の見直し　213

## 6．繰延税金資産の回収可能性の検討 ····················································· 216
(1) 作成にあたっての全般的な留意事項　220

(2) 作成にあたっての個別的な留意事項　220

▎論点▎ 税務上の欠損金の繰戻・繰越が認められる期間　153

▎論点▎ スケジューリングされた将来減算一時差異と将来加算一時差異の相殺と会社分類との関係　153

▎論点▎ 企業の分類の要件から乖離するケース　158

▎論点▎ 新規設立会社における企業分類の考え方　159

▎論点▎ 「臨時的な原因により生じたもの」の考え方　163

▎論点▎ （分類4）に該当する企業における，将来加算一時差異の十分性の考え方　174

▎論点▎ 重要性の乏しい連結子会社等における繰延税金資産に関する取扱い　175

▎論点▎ 企業の分類の要件の充足状況が個別と連結で相違する場合の一般的な取扱い　176

▎論点▎ 解消見込年度が長期にわたる将来減算一時差異の取扱い　188

▎論点▎ 固定資産の減損損失に係る将来減算一時差異の取扱い　190

▎論点▎ 役員退職慰労引当金に係る将来減算一時差異のスケジューリング　193

▎論点▎ 過去に減損したその他有価証券の評価差額に係る税効果　203

▎論点▎ 企業の分類の判定におけるその他有価証券評価差額金に係る将来減算一時差異の取扱い　204

▎論点▎ 資産除去債務の税効果会計　211

## 第6章　組織再編における税効果会計

### 1．組織再編に関する会計処理および税務の概要 223
(1) 組織再編の手法　223
(2) 組織再編の会計処理　231
(3) 組織再編の税務　238
(4) 組織再編における税効果会計を取り扱う会計基準等　242

### 2．事業の分離先企業の税効果会計 243
(1) 企業結合時における税効果会計に関する取扱い　243
(2) 繰延税金資産の回収可能性　245
(3) 組織再編手法ごとの税効果会計　246

### 3．事業の分離元企業の税効果会計 257

vii

(1) 事業分離時における一時差異の識別　257

(2) 繰延税金資産の回収可能性　258

(3) 税効果会計の適用時期　260

## ４．株主の税効果会計 ⋯⋯⋯⋯⋯⋯⋯⋯⋯⋯⋯⋯⋯⋯⋯⋯⋯⋯⋯⋯⋯⋯⋯⋯ 264

(1) 株式交換完全親会社等の税効果会計　264

(2) 合併消滅会社の株主の会計処理　265

(3) その他の組織再編に伴い株主が受け取った子会社株式等に係る税効果
会計の取扱い　265

▌論点▌ 合併後における繰延税金資産の回収可能性に関する判断（企業の分類）に
ついて　251

▌論点▌ 吸収分割における繰延税金資産の回収可能性の検討　255

▌論点▌ 共通支配下の取引における事業譲渡で生じた移転損益に係る連結上の繰延
税金資産の取扱い　256

▌論点▌ 適格合併における合併消滅会社の繰越欠損金に係る繰延税金資産計上時期
について　262

## 第7章　連結納税制度を採用している場合の税効果会計

## １．連結納税制度を適用した場合の税効果会計の考え方 ⋯⋯⋯⋯⋯⋯ 267

(1) 連結納税制度に関連する用語　267

(2) 連結納税主体における税効果会計の適用　269

(3) 連結納税会社の個別財務諸表における税効果会計の適用　270

## ２．繰延税金資産および繰延税金負債の計算 ⋯⋯⋯⋯⋯⋯⋯⋯⋯⋯⋯⋯ 271

(1) 繰延税金資産および繰延税金負債の計上の手順　271

(2) 連結納税会社の個別財務諸表における繰延税金資産および繰延税金負
債の計算（回収可能性の判断前）　274

(3) 連結納税主体における繰延税金資産および繰延税金負債の計算　276

## ３．連結納税会社の個別財務諸表における税効果会計 ⋯⋯⋯⋯⋯⋯⋯ 276

(1) 繰延税金資産の回収可能性の判断　276

(2) 法人税および地方法人税に係る繰延税金資産の回収可能性の判断の具
体的手順　277

(3) 住民税に係る繰延税金資産の回収可能性の判断の具体的手順　286

(4) 事業税に係る繰延税金資産の回収可能性の判断の具体的手順　287

(5) 企業の分類に応じた繰延税金資産の回収可能性の判断　287

(6) 税金の種類ごとに回収可能性が異なる場合の計算　289

(7) 債権債務の相殺消去に伴い減額修正される貸倒引当金　292

(8) 譲渡損益の繰延べ　292

(9) 投資価額修正の取扱い　293

## 4. 連結納税子会社の個別財務諸表における税効果会計 　297

(1) 決算日が連結納税親会社の決算日と異なる場合の取扱い　297

## 5. 連結納税主体の連結財務諸表上の税効果会計 　299

(1) 法人税および地方法人税に係る繰延税金資産の回収可能性の判断　299

(2) 個別財務諸表における将来減算一時差異に係る繰延税金資産の回収可能見込額と連結納税主体における回収可能見込額に差額が生じる場合の取扱い　300

(3) 連結納税子会社の留保利益に係る一時差異　304

(4) 債権債務の相殺消去に伴い減額修正される貸倒引当金　305

(5) 課税対象となった未実現損益の消去に係る税効果　305

(6) 譲渡損益の繰延べ　306

(7) 連結納税子会社への投資の評価減　306

(8) 親会社の個別財務諸表において子会社株式の投資価額修正に係る税効果を認識した場合　307

(9) 連結の範囲に含めていない連結納税子会社の取扱い　307

(10) 連結納税子会社の決算日が連結決算日と異なる場合の取扱い　308

(11) 四半期財務諸表における四半期特有の会計処理による税金費用の計算　309

## 6. 連結納税制度適用開始・新規加入・離脱時の取扱い 　309

(1) 連結納税制度を新たに適用する場合の取扱い　309

(2) 連結子会社を連結納税に加入させる場合や連結納税から離脱させる場合の取扱い　310

(3) 連結納税制度適用開始・新規加入時の連結納税子会社の資産の時価評価損益　312

(4) 連結納税加入前または適用前の繰越欠損金に係る繰延税金資産の取扱

い　314

　(5)　決算日以外の日に連結納税に加入した場合　315

　(6)　新設親法人の承認申請の特例を適用した場合の取扱い　317

## 7．表示および注記事項 ……………………………………………………… 317

　(1)　表　　示　317

　(2)　注記事項　319

─────────────────────────

▌論点▌ 連結納税会社の個別財務諸表における税金の種類ごとの繰延税金資産の回収可能性の判断　288

▌論点▌ 連結納税制度の下で期中に連結納税子会社同士の合併が実施された場合の，消滅会社の合併前日の仮決算における税金仕訳の取扱い　298

▌論点▌ 翌々事業年度の連結納税制度の適用の申請を行った場合の税効果会計の取扱い　310

▌論点▌ 翌期に連結納税制度の適用を終了することが明らかな場合における税効果会計　312

▌論点▌ 連結納税加入に伴う時価評価に係る税金費用の認識時期　313

▌論点▌ 連結納税会社の個別財務諸表における投資価額修正の税効果会計注記における取扱い　320

## 第8章　税効果会計に関する開示

## 1．表　　示 ……………………………………………………………………… 321

　(1)　貸借対照表上の取扱い　321

　(2)　損益計算書上の取扱い　323

## 2．繰延税金資産および繰延税金負債の発生原因別の主な内訳の注記 ………………………………………………………………………… 323

　(1)　財務諸表利用者における税効果会計の注記の利用方法　323

　(2)　繰延税金資産および繰延税金負債の発生原因別の主な内訳　324

　(3)　評価性引当額の内訳に関する情報　325

　(4)　税務上の繰越欠損金に関する情報　327

　(5)　適用初年度に関する取扱い　328

## 3．税率差異の原因となった主要な項目別の内訳の注記 ……………… 332

**４．法人税等の税率の変更があった場合の注記** ································· 333

  ⑴ 期中に税率の変更があった場合　333

  ⑵ 期末日後に税率の変更があった場合　334

― ― ― ― ― ― ― ― ― ― ― ― ― ― ― ― ― ―

▌論点▐ 組織再編に伴い受け取った子会社株式等に係る一時差異についての税効果
　　　　の注記上の取扱い　324

▌論点▐ 繰延税金資産の回収可能性に係る会社分類を変更した事業年度に法人税等
　　　　の税率が変更された場合の注記　334

## 第9章　IFRS との相違

**１．IAS 第12号の概要** ····················································· 335

  ⑴ 範　囲　335

  ⑵ 当期税金負債および当期税金資産　336

  ⑶ 繰延税金負債および繰延税金資産　337

  ⑷ 繰延税金資産の回収可能性　339

  ⑸ 当期税金および繰延税金の認識区分　342

  ⑹ 子会社，支店および関連会社に対する投資ならびに共同支配の取決め
　　　に対する持分　342

  ⑺ 未実現損益の消去に関する税効果　343

**２．法人所得税に関する表示および開示** ······························· 344

  ⑴ 表　示　344

  ⑵ 開　示　345

― ― ― ― ― ― ― ― ― ― ― ― ― ― ― ― ― ―

▌論点▐ 住民税均等割および事業税付加価値割の取扱い　335

▌論点▐ 法人所得税の処理に関する不確実性　337

▌論点▐ 繰延税金資産の回収可能性　340

▌論点▐ 未実現損益の消去に関する税効果　343

▌論点▐ 繰延税金資産と繰延税金負債の相殺　345

▌論点▐ 評価性引当額　349

xi

●本書で使用する略称等

| 税効果会計基準 | 税効果会計に係る会計基準（企業会計審議会　平成10年10月30日） |
| --- | --- |
| 法人税等会計基準 | 企業会計基準第27号「法人税，住民税及び事業税等に関する会計基準」 |
| 税効果会計基準一部改正 | 企業会計基準第28号「税効果会計に係る会計基準」の一部改正 |
| 税効果適用指針 | 企業会計基準適用指針第28号「税効果会計に係る会計基準の適用指針」 |
| 回収可能性適用指針 | 企業会計基準適用指針第26号「繰延税金資産の回収可能性に関する適用指針」 |
| 中間税効果適用指針 | 企業会計基準適用指針第29号「中間財務諸表等における税効果会計に関する適用指針」 |
| 企業結合会計基準 | 企業会計基準第21号「企業結合に関する会計基準」 |
| 事業分離等会計基準 | 企業会計準第7号「事業分離等に関する会計基準」 |
| 結合分離適用指針 | 企業会計基準適用指針第10号「企業結合会計基準及び事業分離等会計基準に関する適用指針 |
| 連結会計基準 | 企業会計基準第22号「連結財務諸表に関する会計基準」 |
| 連結納税実務対応報告その1 | 実務対応報告第5号「連結納税制度を適用する場合の税効果会計に関する当面の取扱い（その1）」 |
| 連結納税実務対応報告その2 | 実務対応報告第7号「連結納税制度を適用する場合の税効果会計に関する当面の取扱い（その2）」 |
| 監査保証実務指針第63号 | 監査・保証実務委員会実務指針第63号「諸税金に関する会計処理及び表示に係る監査上の取扱い」 |
| 資本連結実務指針 | 会計制度委員会報告第7号「連結財務諸表における資本連結手続に関する実務指針」 |
| 金融商品会計基準 | 企業会計基準第10号「金融商品に関する会計基準」 |

| 第1章 | # 税効果会計の基本的な考え方 |
| --- | --- |
| | 税効果会計とは，法人税その他利益に関連する金額を課税所得とする税金の額を適切に期間配分することにより，法人税等を控除する前の当期純利益と法人税等を合理的に対応させるための会計上の手続である。 |
| | 税効果会計の方法には，資産負債法と繰延法があるが，日本の税効果会計の考え方は，基本的には資産負債法によっている。 |

## 1. はじめに

### (1) 税効果会計とは

　税効果会計とは，法人税その他利益に関連する金額を課税所得とする税金の額を適切に期間配分することにより，法人税等を控除する前の当期純利益と法人税等を合理的に対応させるための会計上の手続である。

　法人税等の税金費用は，最終的な当期純利益を計上するための費用の一部ととらえられているが，法人税等の課税標準である課税所得と，会計上の利益との間には収益または費用（益金または損金）の認識時点に相違があるため，法人税等を控除する前の会計上の当期純利益と法人税等は期間的に対応しないことが多い。例えば，企業がある期において前期より利益が増加しても，税金計算上は，過去に税務申告書上加算したものの認容（減算）が多額にあると，税金は前期より減少するようなことがある。法人税等は，利益に関連する金額が課税標準であるにもかかわらず，会計上の利益が増えても税金の額は増えないということが起こり得るのである。税効果会計は，このような期間対応の不一致を合理的に対応させるための会計上の手続である。

### (2) 税効果会計の対象となる税金

　税効果会計において期間配分の対象となる法人税等とは，法人税その他利益に関連する金額を課税標準とする税金である（税効果会計基準第一）。法人税等とは，法人税のほか，地方法人税，都道府県民税，市町村民税および利益に関連する金額を課税標準とする事業税が含まれる（税効果会計基準（注1））。したがって，収入金額を課税標準とするものや利益以外のものを課税標準とす

1

る税金は含まれない。例えば，事業税の付加価値割や資本割，住民税の均等割は税効果会計の対象となる税金ではない。

また，特定同族会社に適用される留保金課税は，各事業年度の留保金額が一定の額を超える場合に追加して課される税金であるため，税効果会計の計算には含まれない（税効果適用指針第91項）。

## (3) 我が国における税効果に関する会計基準の枠組み

我が国では，平成9年6月に「連結財務諸表制度の見直しに関する意見書」が企業会計審議会より公表され，併せて，改正された「連結財務諸表原則」も公表された。その中で，連結財務諸表の作成上，税効果会計を全面的に適用することが原則とされた。また，個別財務諸表においては，平成10年10月に，企業会計審議会より「税効果会計に係る会計基準」が公表されたことにより，税効果会計が適用されることとなった。これらの会計基準等を受けて，日本公認会計士協会（JICPA）から会計上の実務指針として，会計制度委員会報告第6号「連結財務諸表における税効果会計に関する実務指針」（以下「連結税効果実務指針」という。），会計制度委員会報告第10号「個別財務諸表における税効果会計に関する実務指針」（以下「個別税効果実務指針」という。），会計制度委員会報告第11号「中間財務諸表等における税効果会計に関する実務指針」（以下「中間税効果実務指針」という。）および会計制度委員会「税効果会計に関するQ&A」（以下「税効果Q&A」という。）が公表された。

さらに，JICPAからは，監査上の実務指針として，監査委員会報告第66号「繰延税金資産の回収可能性の判断に関する監査上の取扱い」（以下「監査委員会報告第66号」という。）や監査委員会報告第70号「その他有価証券の評価差額及び固定資産の減損損失に係る税効果会計の適用における監査上の取扱い」（以下「監査委員会報告第70号」という。）が公表された。

これらの会計上および監査上の実務指針等は，10年以上もの間，他の会計基準の改正等に整合させるための改正や税制改正に伴う改正等が行われてきたのみで，内容的にほとんど大きな改正はなく，日本における税効果会計の会計実務として定着してきたが，平成25年12月，企業会計基準委員会（ASBJ）において，JICPAにおける税効果会計に関する会計上および監査上の実務指針をASBJに移管すべく審議を行うこととされ，平成26年2月から審議が開始され

た。

　その中で，監査委員会報告第66号や税効果会計に適用する税率の取扱いについては，問題意識が特に強く聞かれたことから，先行して開発が進められ，ASBJは，平成27年12月に回収可能性適用指針を，平成28年3月には企業会計基準適用指針第27号「税効果会計に適用する税率に関する適用指針」（以下「税率適用指針」という。）を公表した。

　そして，平成30年2月に税効果会計に関する実務指針全体の移管作業が完了し，税効果会計基準一部改正，税効果適用指針，中間税効果適用指針といった一連の会計基準等が公表された。これらの会計基準等は，JICPAから公表されていた連結税効果実務指針や個別税効果実務指針を含む一連の実務指針等の内容を基本的に引き継いだうえで，一部見直しが行われたものであり，いくつかの取扱いについて改正が行われているものの，全体としては，従来の取扱いが踏襲されている。また，これらの会計基準等の公表の際に，税率適用指針は，税効果適用指針に統合のうえ廃止され，回収可能性適用指針についても一部改正が行われている。

　なお，JICPAから公表されていた実務指針や監査委員会報告等は，ASBJの適用指針等の最終化に合わせて順次廃止された。

　ASBJから公表された一連の会計基準等とJICPAから公表されていた実務指針等との対応は図表1-1のようになっている。

　なお，法人税等会計基準は，税金の会計処理および開示について，監査保証実務指針第63号等の表現の見直しや考え方の整理等を行ったものであり，実質的な内容の変更はない。

図表1－1　日本公認会計士協会における実務指針（改正前）と改正後のASBJにおける会計基準等の関係

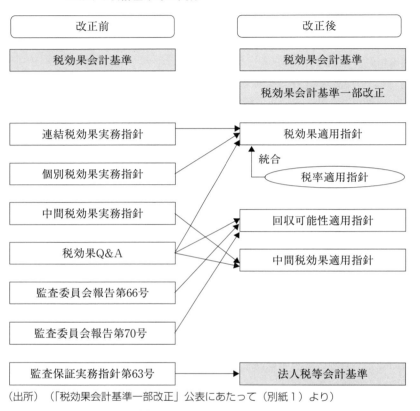

(出所)　「税効果会計基準一部改正」公表にあたって（別紙1）より）

## ２．税効果会計のしくみ

　税効果会計とは，前述のとおり，法人税その他利益に関連する金額を課税所得とする税金の額を適切に期間配分することにより，法人税等を控除する前の当期純利益と法人税等を合理的に対応させるための会計上の手続である。

　税効果会計の方法には，資産負債法と繰延法があり，税効果会計基準では，資産負債法によることとされている（税効果適用指針第88項）。

### ⑴　資産負債法

　資産負債法とは，会計上の資産または負債の額と，課税所得計算上の資産または負債の額に差異が生じており，その差異が解消されるときに課税所得を減額または増額する効果がある場合に，当該差異（一時差異）に係る繰延税金資産または繰延税金負債を計上する方法である（税効果適用指針第89項⑴）。

### ⑵　繰延法

　繰延法とは，会計上の収益または費用の額と，税務上の益金または損金の額との間に差異が生じており，その差異のうち損益の期間帰属に基づくもの（期間差異）について，差異が生じた年度の当該差異による税金軽減額または税金負担額を，差異が解消する年度まで繰延税金資産または繰延税金負債として計上する方法である（税効果適用指針第89項⑵）。

　資産負債法における一時差異と，繰延法における期間差異の範囲はほぼ一致するが，例えば，有価証券等の評価替えにより直接純資産の部に計上された評価差額のように，会計上の資産の額と税務上の資産の額の一時差異ではあるが，期間差異ではないものもある。なお，期間差異に該当する項目は，すべて一時差異に含まれる。

　また，適用する税率について，繰延法の場合は期間差異が発生した年度の課税所得計算に適用される税率によるが，資産負債法の場合は差異が解消される見込年度に適用される税率による（税効果適用指針第89項）。したがって，税率変更があった際には，資産負債法の場合は，過年度に計上された繰延税金資

産または繰延税金負債を新たな税率に基づき再計算を行う必要があるが，繰延法の場合は税率変更があっても税効果会計の計算に適用する税率を変更しない。

　税効果会計基準は，資産負債法によることとされている。したがって，会計上の資産または負債の額と，税務上の資産または負債の額の間の差異について，税効果会計を適用することにより，法人税等を控除する前の当期純利益と法人税等を合理的に対応させているものである。なお，日本の税効果会計基準のみならず，IFRSや米国会計基準においても同様に資産負債法の考え方が採用されている[1]。資産負債法によった場合の，法人税等を控除する前の当期純利益と法人税等を合理的に対応させたイメージは，図表1－2のようになる。

### 図表1－2

前提

　会計上，棚卸資産100について50の評価減を実施した。
- この評価減は，税務上は損金算入されない。
- 税引前当期純利益は100，税務調整は棚卸資産の評価減のみとする。
- 税率は30％とする。

税効果適用前

| 税引前当期純利益 | 100 |
| 法人税等 | 45* |
| 当期純利益 | 55 |

＊　課税所得150＝税引前当期純利益100＋棚卸資産評価減50
　　法人税等45＝150×30％

会計上の資産の額と税務上の資産の額の差異

会計上の棚卸資産の額　50

税務上の棚卸資産の額　100

---

1　日本の税効果会計基準では，連結上の未実現損益の消去に係る税効果については，例外的に繰延法の考え方によっている。また，米国会計基準においても，棚卸資産の未実現損益の消去に係る税効果については，同様に例外的に繰延法の考え方によっている。

税効果適用後

| 税引前当期純利益 | 100 |
|---|---|
| 法人税等 | 45 |
| 法人税等調整額 | △15* |
| 当期純利益 | 70 |

＊　会計上の資産と税務上の資産の差異50×30％＝15
　　税効果の仕訳

| （借）　繰 延 税 金 資 産 | 15 | （貸）　法人税等調整額 | 15 |
|---|---|---|---|

　図表1－2において，税効果会計を適用しない場合は，税引前当期純利益に対して，45％（＝45/100）と税率以上の税金費用が計上されることになるが，税効果会計の適用後は，税金の負担額として計上される額は30（＝45－15）と税率どおりの30％となっている。このように，税効果会計を適用することにより，法人税等を控除する前の当期純利益と法人税等の対応が合理的になされるのである。

## 3．一時差異等

### (1)　一時差異とは

　資産負債法に基づく税効果会計は，まず，一時差異を把握するところから始まる。一時差異とは，連結貸借対照表および個別貸借対照表に計上されている資産および負債の金額と課税所得計算上の資産および負債の金額との差額をいうとされている（税効果適用指針第4項(3)）。例えば，会社が貸倒引当金を計上し，引当金繰入額について税務上損金が認められない場合，会計上の貸借対照表では貸倒引当金が計上されているが，税務上は損金算入が認められないため，貸倒引当金は計上されない。この場合，会計上の資産および負債と課税所得計算上（税務上）の資産および負債に差額が生じており，この差額が一時差異に該当する。図表1－2の例では，会計上の棚卸資産の額と税務上の棚卸資産の額の差額50が一時差異である。

　なお，税効果会計基準では，個別財務諸表において生じる一時差異を「財務諸表上の一時差異」とし，連結決算手続の結果として生じる一時差異を「連結財務諸表固有の一時差異」としている。ここでは，税効果会計基準と同じ用語を使用する。

### (2)　財務諸表上の一時差異等

　財務諸表上の一時差異は，以下のような場合に生じる（税効果会計基準第二　一　2(1)）。

---

- 収益または費用の帰属年度が税務上の益金または損金の算入時期と相違する場合
- 資産または負債の評価替えにより生じた評価差額等が直接純資産の部に計上され，かつ，課税所得計算に含まれていない場合

---

　また，財務諸表上の一時差異は，将来減算一時差異と将来加算一時差異に分類される。

### ① 将来減算一時差異

　将来減算一時差異とは，財務諸表上の一時差異のうち，当該一時差異が解消するときにその期の課税所得を減額する効果を持つものをいう（税効果適用指針第4項(4)①）。

---

**図表1－3　将来減算一時差異の例（いずれも税務上は損金不算入部分）**

- 棚卸資産の評価損
- 未払事業税
- 貸倒引当金の損金算入限度超過額
- 賞与引当金
- 退職給付引当金
- 資産または負債の評価替えにより生じた評価差損

---

### ② 将来加算一時差異

　将来加算一時差異とは，財務諸表上の一時差異のうち，当該一時差異が解消するときにその期の課税所得を増額する効果を持つものをいう（税効果適用指針第4項(4)②）。

---

**図表1－4　将来加算一時差異の例**

- 積立金方式による租税特別措置法上の諸準備金
- 税務上の特別償却により生じた個別貸借対照表の資産の額と課税所得計算上の資産の額の差額
- 資産または負債の評価替えにより生じた評価差益
- 連結会社間における資産の売却に伴い生じた売却益を税務上繰り延べる場合の売却益

---

### ③ 税務上の繰越欠損金等

　税務上の繰越欠損金は，繰越期限切れにならない限りその発生年度の翌期以降の期の課税所得を減額する効果を持つ。課税所得が生じた年度の法人税等として納付すべき金額は，税務上の繰越欠損金がない場合に比べて減額され，将

来減算一時差異と同様の効果を持つため，税効果会計においては，一時差異ではないが，将来減算一時差異に準ずるものとして取り扱われる。

また，税務上の繰越外国税額控除は，翌期以降の繰越可能な期間に発生する外国税額控除余裕額を限度として税額を控除することが認められることから，同様に一時差異に準ずるものとして取り扱われている。繰越可能な租税特別措置法上の法人税額の特別控除等も同様である（税効果適用指針第4項(3)）。

税効果会計基準ではこれらを「繰越欠損金等」と定義している（税効果会計基準第二　一　4）。以下，一時差異および繰越欠損金等を総称して「一時差異等」という。

## (3)　一時差異等に該当しない差異

会計上は費用または収益に計上されるものの，課税所得の計算上は，永久に損金または益金に算入されない差異については，将来の課税所得を減額または増額する効果を持たないため，一時差異等には該当しない。

---

**図表1－5　一時差異等に該当しない差異の例**

- 交際費の損金算入限度超過額
- 寄附金の損金算入限度超過額
- 受取配当金の益金不算入額
- 損金算入要件を満たさない役員報酬

---

## (4)　一時差異等の該当の有無に関する留意点

### ①　完全支配関係にある国内の子会社株式の評価損

完全支配関係にある国内の子会社株式の評価損は，当該子会社株式を売却した時には税務上，損金に算入されるが，当該子会社を清算した時には税務上，損金に算入されないこととされている。したがって，当該子会社株式の評価損を計上した時点では，将来当該子会社株式を売却するか清算するかについて未定の場合，この評価損が一時差異等に該当するか否かが明確ではなかった。

この点，税効果適用指針では，当該子会社株式の会計上の資産の額と課税所

得計算上の資産の額との差額は，解消するときにその期の課税所得を減額する可能性があることから，一時差異（将来減算一時差異）に該当するものと整理している（税効果適用指針第81項）。

**改正ポイント** 🔍

完全支配関係にある国内の子会社株式の評価損について，一時差異（将来減算一時差異）に該当するものとして，税効果適用指針において明確に整理された。
これに伴い，回収可能性の判断にあたって，従来繰延税金資産の全額について回収可能性があるとされていた（分類１）に該当する企業においても，例えば，当該子会社株式を清算するまで保有する方針がある場合等，回収可能性がないと判断される場合があることが平成30年２月に改正された回収可能性適用指針により明確化された（回収可能性適用指針第67－４項参照）。

② **新株予約権**

新株予約権は，失効時には課税所得を増額する効果を持つため，課税所得計算上の負債に該当するが，権利行使期間が終了するまで失効するかどうかが不明のため，一時差異等に該当するか否かが明確ではないと考えられた。

この点，税効果適用指針では，新株予約権は一時差異等に該当しないものとして取り扱うこととしている（税効果適用指針第82項）。これは，新株予約権は，権利行使の有無が確定するまではその性格が確定しないことから，貸借対照表に計上されている負債に該当しないのみならず，税効果会計の適用において，課税所得計算上の負債にも該当しないという整理が，企業会計基準適用指針第８号「貸借対照表の純資産の部の表示に関する会計基準等の適用指針」（以下「純資産適用指針」という。）において行われているためである（純資産適用指針第18項）。

③ **ストック・オプションに係る費用**

いわゆる税制適格ストック・オプションについては，従業員等の個人において給与所得等が非課税となり，法人においては，役務提供に係る費用の額は損金算入されないため，将来減算一時差異に該当せず，税効果会計の対象とはならない（税効果適用指針第83項(1)）。

一方，いわゆる税制非適格ストック・オプションについては，従業員等の個人に給与所得として課税されるときは，給与等課税事由が生じた日（権利行使日）に，法人において，当該役務提供に係る費用の額が損金算入されるため，ストック・オプションの付与時において将来減算一時差異に該当し，税効果会計の対象となる（税効果適用指針第83項(2)）。

### ④ 連結子会社間で寄附金の授受を行った場合

連結子会社間で寄附金の授受を行い，親会社が当該寄附金を受領した子会社の株式の簿価を税務上増額修正する場合は，当該簿価修正額は将来減算一時差異に該当する（税効果適用指針第84項(8)）。また，連結子会社間で寄附金の授受を行い，親会社が当該寄附金を支出した子会社の株式の簿価を税務上減額修正する場合，当該簿価修正額は将来加算一時差異に該当する（税効果適用指針第85項(5)）。

### 設例　連結子会社間で寄附金の授受を行った場合

**前提**
- S1社およびS2社はP社の100％子会社である。いずれも3月決算会社である。
- X1年3月に，S1社からS2社へ100の寄附を行った。寄附が行われる前の，P社におけるS1社株式およびS2社株式の会計上の簿価，税務上の簿価はそれぞれ1,000であった。寄附が行われたことにより，P社は，S2社株式の税務上の簿価を1,100に，S1社株式の税務上の簿価を900に調整するものとする。

**P社の個別財務諸表における一時差異**

|  | S1社株式 | S2社株式 |
| --- | --- | --- |
| 会計上の簿価 | 1,000 | 1,000 |
| 税務上の簿価 | 900 | 1,100 |
| 将来減算一時差異 |  | 100 *1 |
| 将来加算一時差異 | 100 *2 |  |

* 1　税務上の簿価＞会計上の簿価となり，将来S2社株式売却時には税務申告書上減算されることとなるので，将来減算一時差異になる。
* 2　税務上の簿価＜会計上の簿価となり，将来S1社株式売却時には税務申告書上加算されることとなるので，将来加算一時差異になる。

> **論点** 💬 タックスヘイブン税制に関する一時差異
>
> Q. タックスヘイブン税制において，合算課税対象の外国子会社の課税対象となる未処分所得の計算上，当該外国子会社の過去の欠損金額が控除されるが，この欠損金額は一時差異等に該当するか。
>
> A. タックスヘイブン税制において，特定外国子会社等に繰越欠損金が存在する場合は，課税対象金額算定の基礎となる適用対象金額の算定時に，基準所得金額から繰越欠損金は控除され，特定外国子会社等の合算後の親会社の課税所得を減額することができるため，親会社の単体上，一時差異に準じるものとして取り扱うことができると考えられる。

## (5) 連結財務諸表固有の一時差異

連結財務諸表固有の一時差異とは，連結決算手続の結果として生じる一時差異をいう。連結財務諸表固有の一時差異は，課税所得計算には関係しない（税効果適用指針第4項(5)）。

なお，非支配株主持分は，連結財務諸表固有の一時差異に該当しない。これは，純資産適用指針において，非支配株主持分は，連結貸借対照表に計上されている負債でも課税所得計算上の負債でもないため，税効果会計の対象ではないと整理されていたことによる（税効果適用指針第87項）。

### ① 連結財務諸表固有の将来減算一時差異

連結財務諸表固有の将来減算一時差異は，連結財務諸表固有の一時差異のうち，連結決算手続の結果として連結貸借対照表上の資産の金額（または負債の金額）が，連結会社の個別貸借対照表上の資産の金額（または負債の金額）を下回る（または上回る）場合に，当該連結貸借対照表上の資産（または負債）が回収（または決済）される等により，当該一時差異が解消するときに，連結財務諸表における利益が減額されることによって当該減額後の利益の額が当該連結会社の個別財務諸表における利益の額と一致する関係を持つものをいう（税効果適用指針第4項(5)①）。

### ② 連結財務諸表固有の将来加算一時差異

　連結財務諸表固有の将来加算一時差異は，連結財務諸表固有の一時差異のうち，連結決算手続の結果として連結貸借対照表上の資産の金額（または負債の金額）が，連結会社の個別貸借対照表の資産の金額（または負債の金額）を上回る（または下回る）場合に，当該一時差異が解消する時に，連結財務諸表における利益が増額されることによって当該増額後の利益の額が当該連結会社の個別財務諸表における利益の額と一致する関係を持つものをいう（税効果適用指針第4項(5)②）。

### ③ 連結財務諸表固有の一時差異の例示

　連結財務諸表固有の一時差異の例として以下が挙げられる。なお，個々の連結財務諸表固有の一時差異の取扱いについては，「第3章　連結財務諸表における税効果会計」に記載している。

- 連結決算手続において，連結会社間の会計方針を統一したことによって，連結貸借対照表上の資産および負債の額と個別貸借対照表上の当該資産および負債の額に差異が生じている場合の差額
- 資本連結手続において，子会社の資産および負債を時価評価した場合に生じた評価差額
- 子会社投資の連結貸借対照表上の価額と親会社の個別貸借対照表上の投資簿価との差額
- 連結会社間の取引から生じる未実現損益の消去額
- 連結会社間の債権と債務の相殺消去による貸倒引当金の修正額

| 第2章 | # 個別財務諸表における税効果会計 |

税効果会計の適用に伴い，貸借対照表上は，将来減算一時差異および税務上の繰越欠損金等に対しては繰延税金資産を，将来加算一時差異に対しては繰延税金負債を計上し，損益計算書上は，それらの差額を期首と期末で比較した増減額を法人税等調整額として計上する。

## 1．一時差異等に係る税効果の認識

### (1) 繰延税金資産・繰延税金負債の計上

　税効果会計の適用に伴い，将来減算一時差異および税務上の繰越欠損金等に対しては繰延税金資産が計上され，将来加算一時差異に対しては繰延税金負債が計上される。

　繰延税金資産または繰延税金負債は，一時差異等に係る税金の額から将来の会計期間において回収または支払いが見込まれない税金の額を控除して計上しなければならない（税効果会計基準第二　二　1）とされている。

　この一時差異等に係る税金の額や将来の会計期間において回収または支払いが見込まれない税金の額は，回収または支払いが行われると見込まれる期の税率に基づいて計算される。

#### ① 繰延税金資産の計上

　繰延税金資産は，将来の会計期間における将来減算一時差異の解消，税務上の繰越欠損金と課税所得（税務上の繰越欠損金控除前）との相殺および繰越外国税額控除の余裕額の発生時に係る減額税金の見積額について，その回収可能性を判断し計上する。

　ただし，組織再編に伴い受け取った子会社株式または関連会社株式（以下「子会社株式等」という。）（事業分離に伴い分離元企業が受け取った子会社株式等を除く。）に係る将来減算一時差異のうち，当該株式の受取時に生じていたものについては，予想可能な将来の期間に，その売却等を行う意思決定または実施計画が存在する場合を除き，繰延税金資産を計上しない（税効果適用指針第8項(1)。回収可能性の判断については「第5章　繰延税金資産の回収可能性」参照）。

15

## ② 繰延税金負債の計上

　繰延税金負債は，将来の会計期間における将来加算一時差異の解消に係る増額税金の見積額について，以下の場合を除き，計上する（税効果適用指針第8項(2)）。

ⅰ）企業が清算するまでに課税所得が生じないことが合理的に見込まれる場合

ⅱ）子会社株式等（事業分離に伴い分離元企業が受け取った子会社株式等を除く。）に係る将来加算一時差異について，親会社等がその投資の売却等を当該会社自身で決めることができ，かつ，予測可能な将来の期間に，その売却等を行う意思がない場合

　個別財務諸表において，子会社株式等に係る将来加算一時差異は，例えば，以下のような場合に発生すると考えられる。

- 在外子会社においてその他資本剰余金を財源として有償減資を行い，親会社においては当該子会社から受け取った金銭は，会計上は子会社株式の帳簿価額が減額されるが，税務上は配当として取り扱われ，配当金額と譲渡原価（帳簿価額×純資産減少割合）との差額が譲渡損とされ，また，為替換算に用いるレートの時点が異なることによって，子会社株式の税務上の簿価＜会計上の簿価となるケース
- 連結納税制度を採用する場合に，税務上，保有資産の時価評価が求められ，子会社株式の税務上の簿価＜会計上の簿価となるケース
- 完全支配関係にある国内会社間の寄附金の授受により，子会社株式の税務上の簿価＜会計上の簿価となるケース（参考：P.12のS1社株式のケース）

## 改正ポイント🔍

　個別財務諸表における子会社株式等に係る将来加算一時差異について，税金の支払いが見込まれない額を控除して繰延税金負債を計上するが，この税金の支払いが見込まれない場合とは，従来の個別税効果実務指針では，「事業休止等により会社が清算するまでに明らかに将来加算一時差異を上回る損失が発生し，課税所得が発生しないことが合理的に見込まれる場合に限られる」とされており，実質的には，一律，繰延税金負債を計上することとされていた。

　税効果適用指針では，企業が清算するまでに課税所得が生じないことが合理的に見込まれる場合，または親会社等がその投資の売却等を当該会社自身で決

めることができ，かつ，予測可能な将来の期間に，その売却等を行う意思がない場合を除き，繰延税金負債を計上する取扱いに変更されている。これは，従来も連結上は，親会社がその投資の売却を親会社自身で決めることができ，かつ，予測可能な将来の期間に，その売却を行う意思がない場合には，当該将来加算一時差異に対して繰延税金負債を計上しないとしてきた取扱いに合わせて，個別財務諸表における取扱いを見直したものである（税効果適用指針第94項から第96項参照）。

## (2) 繰延税金資産および繰延税金負債の計上の会計処理

繰延税金資産または繰延税金負債を計上するときは，年度の期首における繰延税金資産の額と繰延税金負債の額の差額と，期末における当該差額の増減額を法人税等調整額を相手勘定として計上する。ただし，以下の場合を除く（税効果適用指針第9項(1)）。

- 資産または負債の評価替えにより生じた評価・換算差額等を直接純資産の部に計上する場合は，当該評価・換算差額等に係る一時差異に関する繰延税金資産および繰延税金負債の差額（純額）について，年度の期首と期末の増減額を，純資産の部の評価・換算差額等を相手勘定として計上する。

この具体的な評価・換算差額等に係る一時差異の取扱いは以下のとおりとなる。

### ① その他有価証券の評価差額に係る一時差異

その他有価証券の評価差額に係る一時差異に関する繰延税金資産または繰延税金負債については，純資産の部の評価・換算差額等を相手勘定として計上する（税効果適用指針第11項。回収可能性，スケジューリングの取扱いについては「第5章 繰延税金資産の回収可能性」参照）。

### ② 繰延ヘッジ損益に係る一時差異の取扱い

繰延ヘッジ損益に係る一時差異に関する繰延税金資産または繰延税金負債については，純資産の部の評価・換算差額等を相手勘定として計上する（税効果適用指針第12項。回収可能性の判断については「第5章 繰延税金資産の回収

可能性」参照）。

### ③ 土地再評価差額金に係る一時差異の取扱い

「土地の再評価に関する法律」（平成10年法律第34号）に基づき事業用土地を再評価したことにより生じた差額（以下「土地再評価差額金」という。）に係る一時差異については，純資産の部の評価・換算差額等を相手勘定として，将来回収または支払いが見込まれない税金の額を控除して，繰延税金資産または繰延税金負債を計上する（税効果適用指針第13項）。また，再評価を行った事業用土地の売却等により土地再評価差額金に係る一時差異が解消した場合，当該解消した一時差異に係る繰延税金資産または繰延税金負債を取り崩すこととなるが，その場合は，法人税等調整額を相手勘定として取り崩す（税効果適用指針第14項）。

## 2．税効果会計に適用する税率

前述のとおり，一時差異等に係る税金の額や将来の会計期間において回収または支払いが見込まれない税金の額は，回収または支払いが行われると見込まれる期の税率に基づいて計算される。この税率は，利益に関連する金額を課税標準とする税金に係る税率により計算された法定実効税率が使用される。

### (1) 法定実効税率

#### ① 法定実効税率の計算式

法定実効税率とは，連結納税制度を適用する場合を除き，次の算式による（税効果適用指針第 4 項(11)）。

$$\text{法定実効税率} = \frac{\text{法人税率} \times (1 + \text{地方法人税率} + \text{住民税率}) + \text{事業税率}}{1 + \text{事業税率}}$$

地方法人税および住民税（法人税割）の税率は法人税額を課税標準としている。また，地方法人特別税の税率は，事業税（所得割）の標準税率による税額を課税標準としており，法定実効税率の計算式においては，地方法人特別税[1]の税率は事業税率に含まれている。

税制上，事業税は支払事業年度に損金算入される。

法定実効税率は，課税所得に対する税額の割合であり，これらを考慮すると，上記のような税率となる（税効果適用指針設例10参照）。

#### ②　法人税率および地方法人税率

上記の法定実効税率の算定にあたって使用する法人税率および地方法人税率は，決算日において国会で成立している法人税法および地方法人税法に規定されている税率である（税効果適用指針第46項）。

#### ③　住民税率および事業税率

住民税（法人税割）および事業税（所得割）（以下合わせて「住民税等」という。）の税率は地方税法に規定されており，上記の法定実効税率の算定にあたって使用する住民税率および事業税率は，決算日において国会で成立している地方税法に基づく税率である（税効果適用指針第47項）。

なお，住民税等の税率は，国会で成立した改正地方税法等に規定された標準税率および制限税率をもとに，法人に適用する税率を規定した改正条例が各地方公共団体の議会等で成立することにより変更されるため，国会での改正地方税法等の成立と地方公共団体の議会等での改正条例の成立との間にタイムラグが生じる場合がある。税効果適用指針では，この間に決算日が到来した場合の取扱いが図表2－1のように規定されている（税効果適用指針第48項）。

---

1　地方法人特別税は，平成31年10月1日以後に開始する事業年度から廃止される。

**図表 2 － 1　税率の改正が予定されている場合に適用される住民税等の税率**

| 期末日の国会における地方税法等の改正の成立状況 | 地方税法等を受けて改正される条例の地方公共団体の議会等での成立状況 | | 税率 |
|---|---|---|---|
| 成立していない | ― | | 決算日において国会で成立している地方税法等を受けた条例に規定されている税率（標準税率または超過課税による税率）（すなわち改正前の税率） |
| 成立している | 成立している | | 決算日において成立している条例に規定されている税率（標準税率または超過課税による税率）（すなわち改正後の条例による税率） |
| | 成立していない | 改正前の条例では標準税率を採用 | 国会で成立している改正地方税法等に規定されている標準税率 |
| | | 改正前の条例では超過課税による税率を採用 | 改正前の条例に規定されている超過課税による税率が改正前の地方税法の標準税率を超える差分(注)を考慮する税率 |

（注）　差分を考慮する税率とは，例えば，以下のような方法によることが考えられる（税効果適用指針第49項）。

①　改正前の条例に規定されている超過課税による税率と，改正前の地方税法等における標準税率との差分を改正後の地方税法等に規定されている標準税率に加える。ただし，その結果，改正後の地方税法等に規定されている制限税率を超える場合は，制限税率を上限とする（税効果適用指針第49項(1)）。

②　改正前の条例に規定されている超過課税による税率の，改正前の地方税法等における標準税率に対する割合を改正後の地方税法等に規定されている標準税率に乗じる。ただし，その結果，改正後の地方税法等に規定されている制限税率を超える場合は，制限税率を上限とする（税効果適用指針第49項(2)）。

### 法定実効税率の算定方法

**前提**

- 企業Aの決算日は3月末日である。
- 企業Aは本社所在地に適用される税率を基に法定実効税率を算定している。本社所在地における地方公共団体では，超過課税による税率を課している。
- X1年3月31日において成立している法律または条例に規定されている税率であって，X1年4月1日以後開始する事業年度の法定実効税率の算定に関連する税率は以下の表のとおりである。

|  | 根拠となる法律および条例 | X1年4月1日以後開始する事業年度の税率 |
|---|---|---|
| 法人税 | 法人税法 | 23.9% |
| 地方法人税 | 地方法人税法 | 4.4% |
| 地方法人特別税 | 地方法人特別税等に関する暫定措置法[1] | 93.5%<br>(2.9%[2]) |
| 住民税（法人税割）超過課税による税率 | 条例 | 16.3% |
| 事業税（所得割）標準税率 | 地方税法 | 3.1% |
| 超過課税による税率 | 条例 | 3.4% |

[1] 地方法人特別税は，平成31年10月1日以後に開始する事業年度から廃止され，法人事業税に復元される。

[2] 事業税の標準税率（3.1%）に地方法人特別税の税率を乗じた値

**法定実効税率の算定**

$$\text{法定実効税率}33.1\% = \frac{\text{法人税率} \times (1+\text{地方法人税率}+\text{住民税率})+\text{事業税率}}{1+\text{事業税率}}$$

$$= \frac{23.9\% \times (1+4.4\%+16.3\%)+(2.9\%+3.4\%)}{1+(2.9\%+3.4\%)}$$

（税効果適用指針　設例10　参照）

**設例** 改正地方税法等が決算日以前に成立し、それを受けた改正条例が決算日に成立していない場合の実効税率の算定

**前提**

- 企業Aの決算日は3月末日である。
- 企業Aは本社所在地に適用される税率を基に法定実効税率を算定している。本社所在地における地方公共団体では、超過課税による税率を課している。
- X2年3月31日に、改正地方税法が国会で成立し、X2年4月1日以後開始する事業年度の事業税(所得割)の標準税率が改正された。
- X2年4月1日以後開始する事業年度の超過課税による税率を定めた改正条例は、X2年3月31日時点では成立していない。
- 事業税(所得割)の制限税率は、標準税率に1.2を乗じた税率である。
- X2年3月31日時点において成立している、当期および翌期以降の税率は以下のとおりである。

|  | X1年4月1日〜X2年3月31日までの間に開始する事業年度(当期)の税率 | X2年4月1日以後開始する事業年度の税率(翌期以降) |
|---|---|---|
| 法人税 | 23.9% | 23.9% |
| 地方法人税 | 4.4% | 4.4% |
| 地方法人特別税 | 93.5%<br>(2.9%＊) | 152.6%<br>(2.9%＊) |
| 住民税(法人税割)<br>超過課税による税率 | 16.3% | 16.3% |
| 事業税(所得割)<br>標準税率 | 3.1% | 1.9% |
| 超過課税による税率 | 3.4% | 未定 |

※事業税(所得割)の標準税率に地方法人特別税の税率を乗じた値

**X2年4月1日以後開始する事業年度における事業税(所得割)の超過課税による税率の算定**

　本ケースの場合は、決算日現在において、改正地方税法を受けた条例が成立していないため、改正前の条例に規定されている超過課税による税率が改正前の地方税法の標準税率を超える差分を考慮する税率による。
① 差分を加算する方法(税効果適用指針第49項(1))による場合の法定実効税率

〈事業税（所得割）の税率の算定〉

改正前の条例に規定されている超過課税による税率（3.4%）と，改正前の地方税法等における標準税率（3.1%）との差分＝0.3%

上記差分を改正後の地方税法等に規定されている標準税率（1.9%）に加算＝2.2%

$$\text{法定実効税率32.3\%} = \frac{23.9\% \times (1 + 4.4\% + 16.3\%) + (2.9\% + 2.2\%)}{1 + (2.9\% + 2.2\%)}$$

② 改正前の条例に規定されている超過課税による税率の，改正前の地方税法等における標準税率に対する割合を改正後の地方税法等に規定されている標準税率に乗じる方法（税効果適用指針第49項(2)）による場合の法定実効税率（地方法人特別税の税率が含まれていない事業税により算定）

〈事業税（所得割）の税率の算定〉

改正前の条例に規定されている超過課税による税率（3.4%）の，改正前の地方税法等における標準税率（3.1%）に対する割合＝1.096

改正後の地方税法等に規定されている標準税率（1.9%）×1.096＝2.08%

$$\text{法定実効税率32.2\%} = \frac{23.9\% \times (1 + 4.4\% + 16.3\%) + (2.9\% + 2.08\%)}{1 + (2.9\% + 2.08\%)}$$

（税効果適用指針　設例11　参照）

## (2)　決算日後に税率が変更された場合の取扱い

決算日後に税率の変更があった場合には，その内容およびその影響を注記することとされており（税効果会計基準第四　4），変更された税率により計算した繰延税金資産および繰延税金負債の額を当該決算日における財務諸表には反映しない（税効果適用指針第64項および第157項）。

---

**論点** 💬 **決算日後に減資を行った場合の法定実効税率**

Q．会社は，決算日後の株主総会の決議に基づき減資を行い，これにより翌事業年度以降は，税務上の大法人から中小法人となる予定である。この場合の決算日における法定実効税率は，大法人か中小法人のどちらの税率を使用すべきか。

A．資本金の減少は，決算日後の株主総会の決議の後にその効力が発生するものと考えられるため，本件の場合，決算日における法定実効税率は，大法人の税率を使用して算定するものと考えられる。

第2章　個別財務諸表における税効果会計

## (3) 連結子会社の決算日が連結決算日と異なる場合の取扱い

連結子会社の決算日が連結決算日と異なる場合，連結会計基準では，連結決算日に正規の決算に準ずる合理的な手続（仮決算）により決算を行う場合と，決算日の差異が3か月を超えない限りにおいて，連結子会社の正規の決算を基礎として連結決算を行う場合が考えられる。

連結決算日に仮決算により決算を行う場合は，連結子会社の仮決算における繰延税金資産および繰延税金負債の計算に用いる税率は，連結決算日における税率を使用する。

また，決算日の差異が3か月を超えない限りにおいて，連結子会社の正規の決算を基礎として連結決算を行う場合には，連結子会社の繰延税金資産および繰延税金負債の計算に用いる税率は，連結子会社の決算日における税率を使用することとなる（税効果適用指針第50項）。

## 3．租税特別措置法上の諸準備金等

積立金方式による租税特別措置法上の諸準備金は，将来加算一時差異に該当する（図表1－4参照）。租税特別措置法上の諸準備金等には，圧縮積立金，特別償却準備金，その他租税特別措置法上の諸準備金等（以下「諸準備金等」という。）がある。これらの諸準備金等は，積立額（剰余金の処分）について申告書上での減算処理が認められており，将来の取崩時に申告書上加算されるため，将来加算一時差異に該当する。諸準備金等の積立額（または取崩額）に係る将来加算一時差異については，税効果適用指針第8項(2)に従って繰延税金負債を計上する（または取り崩す。）（税効果適用指針第15項）。これらの繰延税金負債は，法人税等調整額を相手勘定として計上し，積立金は税効果相当額を控除した純額で計上される。

なお，税法が改正されたことにより諸準備金等に係る繰延税金負債が修正された場合，当該修正差額は，税法が改正された年度において，法人税等調整額を相手勘定として処理するとともに，同額の諸準備金等を計上する（または取り崩す。）（税効果適用指針第55項）。

設例  租税特別措置法上の諸準備金等に係る将来加算一時差異の取扱い（償却資産）

### 前提

- 企業Aの決算日は3月31日である。
- 企業Aは、X1年3月期の期末において、税法上の圧縮記帳の要件を満たす償却資産（固定資産）を取得し、積立金方式により税法上の圧縮記帳を500行った。
- 当該資産に売却の予定はない。耐用年数は10年で定額法により減価償却を行っている。
- 積立金は、X2年3月期以降、10年間にわたり償却資産の減価償却に応じて毎期50ずつ取り崩す。
- 税法上の圧縮記帳による固定資産圧縮積立金繰入額は、圧縮記帳を行った事業年度に、税務上損金に算入され、固定資産圧縮積立金を取り崩した事業年度に固定資産圧縮積立金取崩額が税務上の益金に算入される。
- 企業AのX1年3月期の法定実効税率は30％である。また、X2年3月期中に、税法を改正するための法律が国会で成立し、X2年4月1日以後開始する事業年度の法定実効税率は25％となった。

### 会計処理

(1) X1年3月期
① 固定資産圧縮積立金および繰延税金負債を計上する。

| （借） | 法人税等調整額 | 150 | （貸） | 繰延税金負債＊1 | 150 |
| （借） | 繰越利益剰余金 | 350 | （貸） | 固定資産圧縮積立金＊2 | 350 |

＊1　繰延税金負債＝税法上の固定資産圧縮記帳額に係る将来加算一時差異500×法定実効税率30％＝150
＊2　固定資産圧縮積立金＝税法上の固定資産圧縮記帳額500－繰延税金負債150＝350

(2) X2年3月期
① 税法の改正に伴う税率変更による繰延税金負債および固定資産圧縮積立金の調整

| （借） | 繰延税金負債＊3 | 25 | （貸） | 法人税等調整額 | 25 |
| （借） | 繰越利益剰余金 | 25 | （貸） | 固定資産圧縮積立金＊3 | 25 |

＊3　税率の変更による繰延税金負債および固定資産圧縮積立金の調整額＝税法上の固定資産圧縮記帳額に係る将来加算一時差異（期首）500×（改正前の法定実効税率30％－改正後の法定実効税率25％）＝25

② 減価償却に応じた固定資産圧縮積立金および繰延税金負債の取崩し

| （借） | 繰延税金負債 *4 | 12.5 | （貸） | 法人税等調整額 | 12.5 |
| （借） | 固定資産圧縮積立金 *5 | 37.5 | （貸） | 繰越利益剰余金 | 37.5 |

* 4 　繰延税金負債（期首／税率改正後）＝固定資産圧縮積立金500×25％＝125（A）
　　　繰延税金負債（期末）＝固定資産圧縮積立金（500－50）×25％＝112.5（B）
　　　繰延税金負債の減少額＝（A）－（B）＝12.5

* 5 　固定資産圧縮積立金の取崩額＝税法上の圧縮記帳額の取崩高50－繰延税金負債の取崩高12.5＝37.5

関係図

　企業 A における X1年 3 月期および X2年 3 月期の一時差異の金額と固定資産圧縮積立金との関係は以下のようになる。

## 4. 役員報酬等やストック・オプションに関する税効果

### (1) 役員報酬等に関する税効果

　役員に対する報酬や賞与は，会計上費用処理されている額が，会計上の費用計上時期より遅いタイミングで税務上損金算入される場合は，将来減算一時差異に該当し，税効果会計の対象となる。

　役員賞与は，発生した会計期間の費用として会計処理することが適当であるとされており（企業会計基準第4号「役員賞与に関する会計基準」第8項(1)），会計上は費用処理される。

　一方，税務上は役員に対する給与（役員報酬および役員賞与）のうち，損金算入されるのは，定期同額給与，事前確定届出給与，利益連動給与に該当するもののみとなる（いずれも不当に高額となるものを除く。）。

　したがって，損金算入される役員報酬等について，会計上の費用計上時期よりタイミングが遅い場合は，税効果会計の対象となる。

### (2) ストック・オプションに関する税効果

　「ストック・オプション」とは，自社株式オプションのうち，特に企業がその従業員等（企業と雇用関係にある使用人のほか，企業の取締役，会計参与，監査役および執行役ならびにこれに準ずる者）に，報酬として付与するものをいう（企業会計基準第8号「ストック・オプション等に関する会計基準」（以下「ストック・オプション会計基準」という。）第2項(2)および(3)）。

　企業が従業員等にストック・オプションを付与し，これに応じて企業が従業員等から取得するサービスは，その取得に応じて費用として計上し，対応する金額をストック・オプションの権利の行使または失効が確定するまでの間，貸借対照表の純資産の部に新株予約権として計上される。なお，各会計期間における費用計上額は，ストック・オプションの公正な評価額のうち，対象勤務期間を基礎とする方法その他の合理的な方法に基づき当期に発生したと認められる額である。ストック・オプションの公正な評価額は，公正な評価単価にストック・オプション数を乗じて算定する（ストック・オプション会計基準第4

項および第5項)。

　税務上は，ストック・オプションは原則として，権利を行使した時点で行使時の時価が権利行使価額を上回っている部分について個人の給与所得として課税され，その後，当該株式を売却した時点で，譲渡価額と権利行使時の時価との差額部分について個人の譲渡所得として課税される。

　ただし，いわゆる税制適格ストック・オプション（租税特別措置法第29条の2）の場合，権利行使時の個人の課税は繰り延べられ，株式売却時に売却価額と権利行使価額との差額に対して譲渡所得として課税される。

　ストック・オプションを従業員等に付与した企業の税効果会計は以下のような取扱いとなる（第1章3．(4)③参照）。

① **税制適格ストック・オプションの場合**

　従業員等の個人においては，権利行使時に課税されず，企業においては，役務提供に係る費用の額が損金算入されない。したがって，ストック・オプションに関する費用は，将来減算一時差異に該当せず，税効果会計の対象とならない（税効果適用指針第83項(1)）。

② **税制非適格ストック・オプション（原則）の場合**

　従業員等の個人において，原則権利行使時に給与所得として課税され，企業においては，給与等課税事由が生じた日（権利行使日）に，当該役務提供に係る費用の額が損金に算入されるため，ストック・オプションの付与時において将来減算一時差異に該当し，税効果会計の対象となる（税効果適用指針第83項(2)）。

## 5．連結会社間取引の個別財務諸表上の税効果

　グループ法人税制により，完全支配関係にある法人間における一定の資産譲渡に係る損益が課税所得計算上は繰り延べられる。

　一方，会計上は，税務上の処理にかかわらず，譲渡側の個別財務諸表上は，譲渡資産の譲渡損益が計上される。税務上繰り延べられた譲渡損益は，将来，譲受側での譲渡や償却，完全支配関係が解消した時等の一定の事由が生じた時点で税務上認識され，課税所得に加減算されることとなるため，一時差異が発

生する。したがって，資産を売却した企業の個別財務諸表において，売却損益に係る一時差異について，繰延税金資産または繰延税金負債を計上する（税効果適用指針第16項および第17項）。

なお，当該売却損益に係る一時差異については，譲渡対象資産が，子会社株式等であるかそれ以外であるかによって，連結財務諸表上の取扱いが異なるため留意が必要である（第3章7．(7)参照）。

 設例　完全支配関係にある会社間における資産の譲渡

|前提|
- 企業Aと企業Bの決算日はともに3月31日であり，企業Aと企業Bは完全支配関係にある。
- X1年1月に，企業Aが保有する土地（帳簿価額1,000）を企業Bに2,000で売却した。
- X2年12月に，企業Bは当該土地をグループ外の企業に3,000で売却した。
- 法定実効税率は30%とする。

|X1年1月の会計処理|
(1) 企業Aにおける土地の売却の会計処理

| （借） | 現金預金 | 2,000 | （貸） | 土地 | 1,000 |
|---|---|---|---|---|---|
|  |  |  | （貸） | 土地売却益 | 1,000 |

(2) 企業Aにおける税効果

土地売却益は，課税所得の計算上繰り延べられる。すなわち，申告書上は，別表4において1,000が減算される。この繰り延べられた額は，将来の一定の事由が発生した時に課税所得の計算上，加算されるため，将来加算一時差異に該当する。

| （借） | 法人税等調整額 | 300 | （貸） | 繰延税金負債 | 300＊ |
|---|---|---|---|---|---|

＊　将来加算一時差異1,000×法定実効税率30%＝300

(3) 企業Bにおける土地の取得

Bは，取得価額で土地を計上する。

| （借） | 土地 | 2,000 | （貸） | 現金預金 | 2,000 |
|---|---|---|---|---|---|

## X2年12月の会計処理

(1) 企業Aにおける税効果

　　企業Aは土地の売却益を計上済みであるが，企業Bがグループ外に対象資産を売却したため，税務上繰り延べた譲渡益を認識する必要がある。申告書上は，X1年に減算した1,000が加算される。

| （借） | 繰延税金負債 | 300 | （貸） | 法人税等調整額 | 300 |
|---|---|---|---|---|---|

(2) 企業Bにおける会計処理

　　企業Bにおいては，会計上売却益は税務上も売却益として計上されるため，税効果の処理は必要ない。

| （借） | 現金預金 | 3,000 | （貸） | 土地 | 2,000 |
|---|---|---|---|---|---|
| | | | （貸） | 土地売却益 | 1,000 |

| 第3章 | 連結財務諸表における税効果会計 |
|---|---|

連結財務諸表における税効果会計とは，個別財務諸表において財務諸表上の一時差異等に係る税効果会計を適用した後，連結財務諸表作成手続において連結財務諸表固有の一時差異に係る税金の額を期間配分する手続である。

## 1．概　要

　連結決算手続においては，連結財務諸表における繰延税金資産および繰延税金負債として，連結財務諸表固有の一時差異が生じた納税主体ごとに，当該連結財務諸表固有の一時差異に係る税金の見積額を計上する。

　連結財務諸表固有の将来減算一時差異（未実現利益の消去に係る将来減算一時差異を除く。）に係る繰延税金資産は，納税主体ごとに個別財務諸表における繰延税金資産（繰越外国税額控除に係る繰延税金資産を除く。）と合算し，回収可能性を判断した結果，税金負担額を軽減することができると認められる範囲内で計上する（税効果適用指針第8項(3)）。

　連結財務諸表固有の一時差異に係る繰延税金資産または繰延税金負債を計上するときは，年度の期首における繰延税金資産の額と繰延税金負債の額の差額と期末における当該差額の増減額を，法人税等調整額を相手勘定として計上する。

　ただし，連結財務諸表において，子会社への投資について，親会社の持分が変動することにより生じた差額（親会社持分相当額の変動額と売却価額または取得価額の差額をいう。以下「親会社の持分変動による差額」という。）を直接資本剰余金に計上する場合，当該親会社の持分変動による差額に係る一時差異に関する繰延税金資産または繰延税金負債の額は，資本剰余金を相手勘定として計上する（税効果適用指針第9項(3)）。

　また，連結財務諸表固有の一時差異に対して法人税等調整額を計上する場合，当該連結財務諸表固有の一時差異が生じた子会社に非支配株主が存在するときには，親会社持分と非支配株主持分に配分する（税効果適用指針第10項）。

## ２．連結財務諸表固有の一時差異の会計処理①
　　未実現損益

### (1)　未実現損益の消去に係る一時差異

　連結決算手続上，連結会社相互間の取引によって取得した棚卸資産，固定資産その他の資産に含まれる未実現損益は，その全額を消去する。ただし，未実現損失については，売手側の帳簿価額のうち回収不能と認められる部分は，消去しない（連結会計基準第36項）。未実現損益の消去に係る一時差異については，個別財務諸表において未実現損益（資産に係る売却損益）が発生した連結会社と，一時差異の対象となった資産を保有している連結会社が相違しており，この点で他の一時差異とは性格が異なる（税効果適用指針第128項）。よって，未実現損益の消去に係る税効果会計については，資産負債法の例外として，繰延法が適用される。

#### ①　個別財務諸表

　売却元の連結会社の個別財務諸表においては，未実現損益の発生年度に当該未実現損益（資産に係る売却損益）に対して課税されており，将来において未実現損益の消去に係る税金を減額または増額させる効果は有さない。

　また，購入側の連結会社においては，個別貸借対照表上に計上されている購入した資産の額と課税所得計算上の資産の額とは原則として一致しており，一時差異は生じていない（税効果適用指針第129項）。

#### ②　連結財務諸表

　連結決算手続上，未実現損益が消去されると，売却された資産の連結貸借対照表上の額と購入側の連結会社における個別貸借対照表上の当該資産の額との間に一時差異が生じる（税効果適用指針第127項）。このため，消去された未実現損益は，連結財務諸表固有の一時差異に該当し，繰延税金資産または繰延税金負債を計上することとなる（税効果適用指針第129項）。

## (2) 会計処理

### ① 未実現利益の消去に係る連結財務諸表固有の将来減算一時差異

売却元の連結会社において売却年度に納付した当該未実現利益に係る税金の額を繰延税金資産として計上し，当該未実現利益の実現に応じて取り崩す（税効果適用指針第34項，第130項および図表3－1参照）。

繰延税金資産の計上にあたっては，その回収可能性を判断しない。繰延税金資産の計上対象となる将来減算一時差異の額については，売却元の連結会社の売却年度における課税所得の額を上限とする（税効果適用指針第35項および④参照）。

### ② 未実現損失の消去に係る連結財務諸表固有の将来加算一時差異

売却元の連結会社において売却年度に軽減された当該未実現損失に係る税金の額を繰延税金負債として計上し，当該未実現損失の実現に応じて取り崩す（税効果適用指針第34項，第130項および図表3－1参照）。

繰延税金負債の計上対象となる将来加算一時差異の額については，売却元の連結会社の売却年度における当該未実現損失に係る税務上の損金を算入する前の課税所得を上限とする（税効果適用指針第36項および④参照）。

### ③ 未実現損益の消去に係る一時差異に関する繰延税金資産または繰延税金負債の計算に用いる税率

未実現損益の消去に係る税効果会計については，繰延法が適用されるため，未実現損益が発生した売却元の連結会社に適用された税率による（税効果適用指針第137項）。

ⅰ）未実現損益の消去に係る一時差異は，購入側の連結会社の保有する資産に関連しているが，当該連結会社における税効果の計算には影響させない。

ⅱ）税法の改正に伴う税率等の変更により，売却元の連結会社に適用されている税率が変更されても，売却元の連結会社において売却年度に未実現損益（資産に係る売却損益）に対して課税されているため，繰延税金負債または繰延税金資産の額の見直しは行わない（税効果適用指針第56項および第138項）。

④　未実現損益の消去に係る一時差異の上限

　未実現損益の消去に係る一時差異は，売却元の連結会社における売却年度の課税所得の額（未実現損益に関連する一時差異の解消額を除く。）を上限とするが，計上すべき繰延税金資産または繰延税金負債の金額は，下記の i ）に ii ）を加減した結果，得られた税金の合計額または差引額である（税効果適用指針第139項および第141項）。

　 i ）売却元における税金の納付額または軽減額（税効果適用指針第140項）

　　　売却元の連結会社における税金の納付額または軽減額の計算にあたり，未実現損益に係る税務上の益金または損金の算入は，課税所得（税務上の繰越欠損金控除後）計算上，最後に行われたと仮定している。

　 ii ）未実現損益に関連する一時差異の解消に係る税効果（税効果適用指針第141項）

　　　例えば，売却した棚卸資産について，売却元の連結会社で過年度に会計上，棚卸資産評価損を計上し，将来減算一時差異に該当するため，繰延税金資産を計上していたが，当該棚卸資産の連結会社への売却により，当該繰延税金資産を取り崩すことになったような場合の取崩額。


⑤　子会社の決算日が連結決算日と異なる場合

　子会社の決算日が連結決算日と異なることから生じる連結会社間の取引に係る会計記録の重要な不一致について必要な整理を行い，未実現損益が消去された場合，当該未実現損益の消去に係る繰延税金資産または繰延税金負債については売却元の連結会社において売却年度に納付した当該未実現利益に係る税金の額または売却年度に軽減された当該未実現損失に係る税金の額を計上する（税効果適用指針第37項）。


---

**図表3－1　税効果会計の方法**

(1)　資産負債法

　　　会計上の資産または負債の額と課税所得計算上の資産または負債の額との間に差異が生じており，当該差異が解消する時にその期の課税所得を減額または増額する効果を有する場合に，当該差異（一時差異）が生じた年度にそれに係る繰延税金資産または繰延税金負債を計上する方法である。したがって，一時差異の解消見込年度に適用される税率を使用して，繰延税金資産ま

たは繰延税金負債を計算する（税効果適用指針第89項(1)）。
(2) 繰延法
　会計上の収益または費用の額と税務上の益金または損金の額との間に差異が生じており，当該差異のうち損益の期間帰属の相違に基づくもの（期間差異）について，当該差異が生じた年度に当該差異による税金の納付額または軽減額を当該差異が解消する年度まで，繰延税金資産または繰延税金負債として計上する方法である。したがって，期間差異が生じた年度の課税所得計算に適用された税率を使用して，繰延税金資産または繰延税金負債を計算する（税効果適用指針第89項(2)）。
(3) 未実現損益の消去に係る税効果会計
　従来の連結税効果実務指針から，未実現損益の消去に係る税効果会計については資産負債法の例外として繰延法が採用されている（税効果適用指針第131項）。繰延法では実際に税金を納付した時点で利益と税金費用が対応し，資産負債法では実際に資産が売却された時点で利益と税金費用が対応する，というそれぞれ一定の論拠があることを前提に連結税効果実務指針を税効果適用指針へ移管するにあたって，資産負債法への変更が審議されたが，①購入側企業のコスト，②米国会計基準と同様に棚卸資産以外の資産の未実現損益の消去についてのみ変更した場合の実務の煩雑性や理論的な根拠，③国際的な会計基準との比較可能性等を勘案した結果，繰延法の採用を継続している（税効果適用指針第132項から第136項）。

## 未実現利益の消去に係る一時差異の取扱い

|前提|

- Ｓ社は，Ｐ社の子会社であり，Ｐ社はＳ社株式の80％を保有している。
- Ｐ社およびＳ社の決算日は３月31日である。
- X1年３月期にＳ社は，Ｐ社に製品Ａを1,500で販売した。なお，当該製品の売上原価は1,350である。また，Ｐ社は，X1年３月期の期末において当該製品Ａを棚卸資産として保有している。
- X2年３月期にＰ社は当該Ａ製品を企業集団外部の顧客に2,000で販売した。
- X1年３月期におけるＳ社の課税所得は150，X2年３月期におけるＰ社の課税所得は500である。
- 法定実効税率および法人税，住民税及び事業税の税率は，Ｐ社が30％，Ｓ社が20％である。

**（表１）　P社およびS社の損益計算書および貸借対照表ならびに連結財務諸表の一部**

**財務諸表**

＜損益計算書＞

（△：費用）

| | S社<br>X1年3月期 | | P社<br>X2年3月期 |
|---|---|---|---|
| 売上高 | 1,500 | | 2,000 |
| 売上原価 | △1,350 | | △1,500 |
| 売上総利益 | 150 | | 500 |

（略）

| | | | |
|---|---|---|---|
| 税引前当期純利益 | 150 | | 500 |
| 法人税，住民税及び事業税 | △30 | | △150 |
| 当期純利益 | 120 | | 350 |

＜貸借対照表＞

| | P社<br>X1年3月期 |
|---|---|
| 棚卸資産 | 1,500 |

**連結財務諸表**

＜連結損益計算書＞

（△：費用）

| | X1年3月期 | X2年3月期 |
|---|---|---|
| 売上高 | …… | 2,000 |
| 売上原価 | …… | △1,350 |
| 売上総利益 | …… | 650 |

（略）

| | | |
|---|---|---|
| 税金等調整前当期純利益 | …… | 650 |

＜連結貸借対照表＞

| | X1年3月期 |
|---|---|
| 棚卸資産 | 1,350 |

## 会計処理（連結修正仕訳）

＜X1年3月期＞

① 連結会社間の取引高の消去および未実現利益の消去

| （借） | 売上高 | 1,500 | （貸） | 売上原価 | 1,500 |
|---|---|---|---|---|---|
| （借） | 売上原価 | 150 | （貸） | 棚卸資産 | 150 |
| （借） | 非支配株主持分＊1 | 30 | （貸） | 非支配株主持分に帰属する当期純利益 | 30 |

＊1　未実現利益の消去額150×非支配株主持分比率20％＝30

② 未実現利益の消去に伴う繰延税金資産の計上

| （借） | 繰延税金資産＊2 | 30 | （貸） | 法人税等調整額 | 30 |
|---|---|---|---|---|---|
| （借） | 非支配株主持分に帰属する当期純利益＊3 | 6 | （貸） | 非支配株主持分 | 6 |

＊2　未実現利益の消去に係る将来減算一時差異150×S社（売却元）の売却年度における法定実効税率20％＝30

＊3　法人税等調整額30×非支配株主持分比率20％＝6

＜X2年3月期＞

① 開始仕訳

| （借） | 利益剰余金期首残高 | 150 | （貸） | 棚卸資産 | 150 |
|---|---|---|---|---|---|
| （借） | 非支配株主持分 | 30 | （貸） | 利益剰余金期首残高 | 30 |
| （借） | 繰延税金資産 | 30 | （貸） | 利益剰余金期首残高 | 30 |
| （借） | 利益剰余金期首残高 | 6 | （貸） | 非支配株主持分 | 6 |

② X1年3月期に消去した未実現利益の実現

| （借） | 棚卸資産 | 150 | （貸） | 売上原価 | 150 |
|---|---|---|---|---|---|
| （借） | 非支配株主持分に帰属する当期純利益 | 30 | （貸） | 非支配株主持分 | 30 |

③ 未実現利益の実現に伴う繰延税金資産の取崩し

| （借） | 法人税等調整額 | 30 | （貸） | 繰延税金資産 | 30 |
|---|---|---|---|---|---|
| （借） | 非支配株主持分 | 6 | （貸） | 非支配株主持分に帰属する当期純利益 | 6 |

（税効果適用指針　設例7－1　参照）

第3章
連結財務諸表における税効果会計

### 設例  未実現利益の消去に係る一時差異の取扱い（売却元の売却年度における課税所得が未実現利益の消去額を下回る場合）

#### 前提
- S社は、P社の子会社であり、P社はS社株式の100%を保有している。
- P社およびS社の決算日は3月31日である。
- X1年3月期にS社は、P社に製品Bを販売し、P社は当該製品Bを棚卸資産として保有している。連結財務諸表上、製品Bに係る未実現利益を150消去した。
- X2年3月期にP社は、当該製品Bを企業集団外部に販売したことに伴い、連結財務諸表上、未実現利益150が実現した。
- X1年3月期におけるS社の課税所得は100である。
- P社およびS社の法定実効税率は、それぞれ30%、20%である。

#### 会計処理（連結修正仕訳）
＜X1年3月期＞
① 未実現利益の消去

| （借） | 売上原価 | 150 | （貸） | 棚卸資産 | 150 |

② 未実現利益の消去に伴う繰延税金資産の計上

| （借） | 繰延税金資産*1 | 20 | （貸） | 法人税等調整額 | 20 |

＊1　S社の課税所得100×S社（売却元）の売却年度における法定実効税率20%＝20
　　未実現利益の消去は150だが、S社（売却元）における税金の納付額は課税所得100に対応する税金相当分となる。繰延税金資産の計上対象となる未実現利益の消去に係る将来減算一時差異は、課税所得の金額（100）が上限となるため、計上する繰延税金資産は20となる。

＜X2年3月期＞
① 開始仕訳

| （借） | 利益剰余金期首残高 | 150 | （貸） | 棚卸資産 | 150 |
| （借） | 繰延税金資産 | 20 | （貸） | 利益剰余金期首残高 | 20 |

② X1年3月期における未実現利益の実現

| （借） | 棚卸資産 | 150 | （貸） | 売上原価 | 150 |

③ 未実現利益の実現に伴う繰延税金資産の取崩し

| （借） | 法人税等調整額 | 20 | （貸） | 繰延税金資産 | 20 |

（税効果適用指針　設例 7 - 2　参照）

## （3） 連結会社間における資産（子会社株式等除く）の売却に伴い生じた売却損益を<u>税務上繰り延べる場合</u>の連結財務諸表における取扱い

　連結会社間における資産の売却に伴い生じた売却損益について，税務上の要件を満たし課税所得計算において当該売却損益を繰り延べる場合（法人税法第61条の13）であって，当該資産を売却した企業の個別財務諸表において，売却損に係る減額税金の見積額について回収可能性を判断した結果，または売却益に係る増額税金の見積額について企業が清算するまでに課税所得が生じないことが合理的に見込まれるかどうか判断した結果，当該売却損益に係る一時差異に対して繰延税金資産または繰延税金負債が計上されているときは，連結決算手続上，当該売却損益の消去に係る連結財務諸表固有の一時差異に対して，個別財務諸表において計上した繰延税金資産または繰延税金負債と同額の繰延税金負債または繰延税金資産を計上する。

　これらの繰延税金資産または繰延税金負債は相殺されるため，結果として，連結財務諸表において当該売却損益に関連する繰延税金資産または繰延税金負債は計上しないこととなる（税効果適用指針第38項および第142項）。

**設例**　　未実現利益の消去に係る一時差異の取扱い（子会社株式等を除く，資産の売却損益を税務上繰り延べる場合）

|前提|
- S 社は，P 社の100％子会社であり，完全支配関係（法人税法第 2 条第12号の 7 の 6）にある。
- P 社および S 社の決算日は 3 月31日である。
- X1年 3 月期に S 社は，P 社に土地（簿価800）を1,200で売却した。なお，売却益400は，税務上の要件を満たし課税所得計算において繰り延べる（法人税法第61条の13）。連結財務諸表上，当該土地に係る未実現利益400を消去した。

- X2年3月期にP社が，当該土地（簿価1,200）を企業集団外部に1,500で売却したことに伴い，連結財務諸表上，未実現利益400が実現した。
- X1年3月期におけるS社の課税所得は600である。
- 法定実効税率および法人税，住民税及び事業税の税率は，P社が30%，S社が20%である。

会計処理

＜X1年3月期＞

(1) S社の個別財務諸表

① P社へ土地売却

| （借）　現金預金 | 1,200 | （貸）　土地 | 800 |
| | | （貸）　土地売却益 | 400 |

② 土地売却益繰延べに係る繰延税金負債の計上

| （借）　法人税等調整額＊1 | 80 | （貸）　繰延税金負債 | 80 |

＊1　土地売却益400×S社（売却元）の売却年度における法定実効税率20%＝80
　　連結会社間における資産の売却に伴い生じた売却損益について，税務上の要件を満たし課税所得計算において当該売却損益を繰り延べる場合，当該売却損益は売却元であるS社の個別財務諸表上の一時差異に該当する。

(2) P社の連結財務諸表

① 未実現利益の消去

| （借）　土地売却益 | 400 | （貸）　土地 | 400 |

② 未実現利益の消去に伴う繰延税金資産の計上および個別財務諸表において計上した繰延税金負債との相殺

| （借）　繰延税金資産＊2 | 80 | （貸）　法人税等調整額 | 80 |
| （借）　繰延税金負債 | 80 | （貸）　繰延税金資産＊3 | 80 |

＊2　(1)②と同額

＊3　個別財務諸表において繰延税金負債が計上されているため，＊2で計上した繰延税金資産80と当該繰延税金負債を相殺する。

＜X2年3月期＞

(1) P社の個別財務諸表

① 企業集団外部へ土地を売却

| （借）　現金預金 | 1,500 | （貸）　土地 | 1,200 |
| | | （貸）　土地売却益 | 300 |

| （借） | 法人税，住民税<br>及び事業税＊4 | 90 | （貸） | 未払法人税等 | 90 |

＊4　土地売却益300×税率30％＝90

(2)　S社の個別財務諸表

①　税務上，繰り延べていた土地売却益の実現による税金費用の計上と税効果の戻し

| （借） | 法人税，住民税<br>及び事業税 | 80 | （貸） | 未払法人税等 | 80 |
| （借） | 繰延税金負債 | 80 | （貸） | 法人税等調整額 | 80 |

(3)　P社の連結財務諸表

①　開始仕訳

| （借） | 利益剰余金期首残高 | 400 | （貸） | 土地 | 400 |
| （借） | 繰延税金資産 | 80 | （貸） | 利益剰余金期首残高 | 80 |

②　未実現利益の実現

| （借） | 土地 | 400 | （貸） | 土地売却益 | 400 |

③　未実現利益消去時に計上した繰延税金資産の取崩し

| （借） | 法人税等調整額 | 80 | （貸） | 繰延税金資産 | 80 |

## ⑷　子会社が保有する親会社株式等を当該親会社等に売却した場合の連結財務諸表における法人税等に関する取扱い

　連結子会社における親会社株式の売却損益（内部取引によるものを除いた親会社持分相当額）の会計処理は，親会社における自己株式処分差額と同様にその他資本剰余金に加減することとされている（企業会計基準第1号「自己株式及び準備金の額の減少等に関する会計基準」第16項）。この会計処理に関連し，企業会計基準適用指針第2号「自己株式及び準備金の額の減少等に関する会計基準の適用指針」第16項では，連結子会社における親会社株式の売却損益および持分法の適用対象となっている子会社等における親会社株式等の売却損益は，関連する法人税，住民税及び事業税を控除後のものとするとされている（税効果適用指針第144項）。

連結子会社が保有する親会社株式を当該親会社に売却した場合（親会社が連結子会社から自己株式を取得した場合）に当該子会社に生じる売却損益に対応する法人税等のうち親会社持分相当額は，上記の取扱いに準じて，資本剰余金から控除する（税効果適用指針第40項）。

　持分法の適用対象となっている子会社等が保有する親会社の株式または投資会社の株式を当該親会社等に売却した場合についても同様に処理する（税効果適用指針第41項）。

設例　子会社が保有する親会社株式を当該親会社に売却した場合の連結財務諸表における法人税等の取扱い

|前提|
- S社は，P社（上場会社）の子会社であり，P社はS社株式の80%を保有している。
- P社およびS社の決算日は3月31日である。
- X1年3月31日（決算日）において，S社はP社株式（親会社株式）を保有している。S社の保有するP社株式の帳簿価額は500，時価も500であった。S社は，P社株式をその他有価証券に分類している。
- X1年12月にS社は，P社株式のすべてを700でP社へ売却し，売却益200を計上した。
- X2年3月31日（決算日）にS社は，当該P社株式売却益に対応する税金60を計上した。なお，S社の当期純利益は140（P社株式売却益200およびこれに対する税金60）である。
- P社およびS社の法定実効税率は，それぞれ30%である。

|会計処理|
＜X2年3月期＞
(1) P社の個別財務諸表
① 自己株式の取得時（X1年12月）

| （借） | 自己株式 | 700 | （貸） | 現金預金 | 700 |
|---|---|---|---|---|---|

② 決算時（X2年3月31日）

| 仕訳なし |
|---|

(2)　S 社の個別財務諸表

①　P 社株式の売却時

| （借）　現金預金 | 700 | （貸）　P 社株式 | 500 |
| | | （貸）　親会社株式売却益 | 200 |

②　決算時（X2年 3 月31日）

| （借）　法人税，住民税<br>　　　　及び事業税 | 60 | （貸）　未払法人税等 | 60 |

(3)　P 社の連結財務諸表

①　非支配株主に帰属する当期純利益の振替

| （借）　非支配株主に帰<br>　　　　属する当期純利益 | 28 | （貸）　非支配株主持分＊1 | 28 |

＊1　S 社当期純利益140×非支配株主持分比率20％＝28

②　連結会社間取引の消去

| （借）　親会社株式売却益 | 200 | （貸）　自己株式 | 200 |
| （借）　非支配株主持分＊2 | 40 | （貸）　非支配株主に帰<br>　　　　属する当期純利益 | 40 |

＊2　消去した親会社株式売却益200×非支配株主持分比率20％＝40
　　　S 社で計上した親会社株式売却益を全額消去し，非支配株主に対応する部分を非支配株主持分に配分する。

③　S 社に生じた親会社株式売却益に対応する法人税等に対する親会社持分相当額の処理

| （借）　資本剰余金＊3 | 48 | （貸）　法人税，住民税<br>　　　　及び事業税 | 48 |

＊3　S 社に生じた親会社株式売却益200×法定実効税率30％×P 社持分比率80％＝48
　　　税効果適用指針第40項により，S 社に生じた売却損益に対する法人税等のうち P 社持分相当額を資本剰余金から控除する。

（税効果適用指針　設例 9　参照）

# 3．連結財務諸表固有の一時差異の会計処理②
## 債権債務の消去に伴い減額修正される貸倒引当金

## (1)　債権債務の消去に伴い減額修正される貸倒引当金

　連結決算手続において，連結会社相互間の債権債務の相殺消去が行われ，相殺された債権に対応する貸倒引当金が減額修正される。

## (2)　会計処理

①　個別財務諸表において連結会社に対する債権に貸倒引当金を計上し，当該貸倒引当金繰入額について税務上の損金算入の要件を満たしていない場合（税効果適用指針第 32 項および第 125 項(3)）

　減額修正される貸倒引当金が税務上損金として認められず申告書上加算されている場合には，個別貸借対照表上の貸倒引当金は税務上の貸倒引当金より大きくなるため，個別財務諸表上，将来減算一時差異が発生する。しかし，連結決算手続上，貸倒引当金の減額修正が行われると，連結貸借対照表上の貸倒引当金は当該修正額だけ小さくなり，結果として税務上の貸倒引当金に一致し，個別財務諸表上で発生した将来減算一時差異は消滅することになる。

　ⅰ）当該貸倒引当金繰入額に係る将来減算一時差異の全部または一部に対して繰延税金資産が計上されているとき

　　　貸倒引当金の減額修正により生じた当該貸倒引当金に係る連結財務諸表固有の将来加算一時差異に対して，当該繰延税金資産と同額の繰延税金負債を計上する。当該繰延税金負債については，個別財務諸表において計上した貸倒引当金繰入額に係る将来減算一時差異に対する繰延税金資産と相殺する。

　ⅱ）当該貸倒引当金繰入額に係る将来減算一時差異に対して繰延税金資産が計上されていないとき

　　　貸倒引当金の減額修正により生じた当該貸倒引当金に係る連結財務諸表固有の将来加算一時差異に対して繰延税金負債を計上しない。

② 個別財務諸表において連結会社に対する債権に貸倒引当金を計上し，当該貸倒引当金繰入額について税務上の損金算入の要件を満たしている場合（過去に税務上の損金に算入された場合を含む。）（税効果適用指針第33項，第125項(1)および(2)）

　減額修正される貸倒引当金が税務上損金として認められたものである場合，個別貸借対照表上の貸倒引当金と税務上の貸倒引当金との間に差異はないが，連結貸借対照表上の貸倒引当金は税務上の貸倒引当金よりも小さくなり，将来加算一時差異が生ずる。

　当該将来加算一時差異に対して，原則として，繰延税金負債を計上する。この場合，債権者側の連結会社に適用される法定実効税率を用いて計算する。ただし，債務者である連結会社の業績が悪化している等，将来において当該将来加算一時差異に係る税金を納付する見込みが極めて低いときは，当該連結財務諸表固有の将来加算一時差異に係る繰延税金負債を計上しない。債務者である連結子会社の業績悪化に伴い，債権者が個別財務諸表上で貸倒引当金を計上し，税務上損金算入した場合には，当該貸倒引当金が減額修正されても，将来加算一時差異に係る税金は将来においてその支払いが見込まれないと考えられるからである。

### 債権と債務の相殺消去に伴い修正される貸倒引当金に係る一時差異の取扱い

|前提|
- P社の期末日現在，100%子会社であるS社に対して200の債権がある。
- P社の個別財務諸表上，当期に当該債権に対して100の貸倒引当金を計上している。
- P社は，当期に計上した貸倒引当金繰入額100については税務上の損金算入の要件を満たしておらず，貸倒引当金繰入限度超過額は100である。
- P社は，回収可能性適用指針第17項に定める（分類1）に該当する企業であるため，繰延税金資産の全額について回収可能性があるものとする。
- P社の法定実効税率は30％とする。

|会計処理|
(1) P社の個別財務諸表
① 貸倒引当金の計上

| （借）　貸倒引当金繰入額 | 100 | （貸）　貸倒引当金 | 100 |
|---|---|---|---|

② 　貸倒引当金に係る繰延税金資産の計上

| （借）　繰延税金資産＊1 | 30 | （貸）　法人税等調整額 | 30 |
|---|---|---|---|

＊1　貸倒引当金に係る将来減算一時差異100×法定実効税率30％＝30

(2) 　P社の連結財務諸表

① 　連結会社間の債権と債務の相殺消去およびそれ伴う貸倒引当金の修正（連結修正仕訳）

| （借）　債務（S社） | 200 | （貸）　債権（P社） | 200 |
|---|---|---|---|
| （借）　貸倒引当金 | 100 | （貸）　貸倒引当金繰入額 | 100 |

② 　貸倒引当金の修正により生じる将来加算一時差異に係る繰延税金負債の計上および個別財務諸表において計上した繰延税金資産との相殺

| （借）　法人税等調整額 | 30 | （貸）　繰延税金負債＊2 | 30 |
|---|---|---|---|
| （借）　繰延税金負債 | 30 | （貸）　繰延税金資産＊3 | 30 |

＊2　貸倒引当金の減額修正仕訳により，連結財務諸表上の貸倒引当金0＜個別財務諸表上の貸倒引当金100となるため，差額100は連結財務諸表固有の将来加算一時差異となる。
　　　個別財務諸表上，貸倒引当金繰入額に係る将来減算一時差異に対し繰延税金資産が計上されているため，上記の将来加算一時差異100に法定実効税率30％を乗じて繰延税金負債30を計上する。

＊3　個別財務諸表において繰延税金資産が計上されているため，＊2で計上した繰延税金負債30と当該繰延税金資産を相殺する。

（税効果適用指針　設例6　参照）

## 4．連結財務諸表固有の一時差異の会計処理③ 子会社の資産および負債の時価評価による評価差額

### (1)　子会社の資産および負債の時価評価による評価差額

　連結貸借対照表の作成にあたり，支配獲得日の資本連結手続において，子会社の資産および負債を時価評価し，この時価評価額と当該資産および負債の個別貸借対照表上の金額との差額を時価評価による簿価修正額として計上するとともに，その純額を評価差額として子会社の資本に計上する。時価評価による

簿価修正額が税効果会計上の一時差異に該当する場合，当該一時差異について繰延税金資産または繰延税金負債を計上しなければならない。この場合，当該税効果額は法人税等調整額に計上せずに直接評価差額金から控除する。したがって，評価差額の残高は当該税効果額を控除した後の金額となる（資本連結実務指針第11項）。

## (2) 会計処理

① (1)の時価評価により，子会社の資産（または負債）に評価減（または評価増）が生じた場合（税効果適用指針第18項）

　当該評価減（または評価増）に係る連結財務諸表固有の将来減算一時差異について，子会社の個別財務諸表における繰延税金資産（繰越外国税額控除に係る繰延税金資産を除く。）と合算し，回収可能性を判断した結果，税金負担額を軽減することができると認められる範囲内で（税効果適用指針第8項(3)）繰延税金資産を計上する。

② (1)の時価評価により，子会社の資産（または負債）に評価増（または評価減）が生じた場合（税効果適用指針第18項）

　当該評価増（または評価減）に係る連結財務諸表固有の将来加算一時差異について，繰延税金負債を計上する。

③ (1)で時価評価した子会社の資産（または負債）を償却または売却（または決済）した場合（税効果適用指針第19項）

　当該資産を償却または売却した年度（または当該負債を決済した年度）に，資産および負債の時価評価による評価差額に係る一時差異の解消に応じて繰延税金資産または繰延税金負債を取り崩す。この場合，法人税等調整額が相手勘定となる。

### 設例  子会社の資産および負債の時価評価による評価差額に係る一時差異の取扱い

|前提|

- P 社および S 社の決算日は 3 月31日である。
- P 社は，X1年 3 月31日に S 社の発行済株式の80％を1,600で取得し，子会社とした。
- P 社および S 社の法定実効税率は30％である。
- S 社は，回収可能性適用指針第17項に定める（分類 1 ）に該当する企業であるため，繰延税金資産の全額について回収可能性があるものとする。
- 取得日現在の S 社の資産および負債の簿価と時価は，（表 1 ）のとおりである。

（表 1 ） S 社の資産および負債の簿価と時価（X1年 3 月31日）

（ ）：貸方

|  | 簿価 | 時価 | 差額 | 左のうち，P 社の持分比率（80％）相当額 |
|---|---|---|---|---|
| 現金預金 | 300 | 300 | ― | ― |
| 売上債権 | 750 | 750 | ― | ― |
| 有形固定資産 | 1,500 | 2,000 | 500 | 400 |
| その他有価証券 | 600 | 600 | ― | ― |
| その他の資産 | 600 | 850 | 250 | 200 |
| 計 | 3,750 | 4,500 | 750 | 600 |
| 仕入債務 | (600) | (600) | ― | ― |
| 借入金 | (750) | (750) | ― | ― |
| 未払金 | (150) | (150) | ― | ― |
| その他の負債 | (750) | (900) | (150) | (120) |
| 計 | (2,250) | (2,400) | (150) | (120) |
| 純資産の部 | (1,500) | (2,100) | (600) | (480) |
| 合計 | (3,750) | (4,500) | (750) | (600) |

|会計処理（連結修正仕訳）|
(1) S 社の資産および負債の評価（評価差額の計上）

| (借) | 資産 | 750 | (貸) | 負債 | 150 |
| | | | (貸) | 純資産（評価差額） | 600 |

(2) 評価差額に係る繰延税金資産および繰延税金負債の計上

| (借) | 繰延税金資産＊1 | 45 | (貸) | 繰延税金負債＊1 | 225 |
| (借) | 純資産（評価差額） | 180 | | | |

＊1　資産および負債の時価評価による評価差額に係る一時差異ならびにこれに係る繰延税金資産および繰延税金負債は，以下のとおりとなる。

| S社の個別財務諸表における帳簿価額に対する増減 | 資産または負債の増減（評価差額） | 評価差額に法定実効税率（30%）を乗じた額 | |
| --- | --- | --- | --- |
| | | 繰延税金資産 | 繰延税金負債 |
| 有形固定資産の増加 | 500 | | (150) |
| その他の資産の増加 | 250 | | (75) |
| その他の負債の増加 | (150) | 45 | |
| 計 | 600 | 45 | (225) |

(3) 投資と資本の相殺消去

| (借) | 純資産＊2 | 1,920 | (貸) | 子会社株式 | 1,600 |
| (借) | のれん | 64 | (貸) | 非支配株主持分＊3 | 384 |

＊2　S社の純資産簿価1,500＋評価差額（税効果考慮前）600－評価差額に係る繰延税金資産および繰延税金負債の純額180＝1,920

＊3　純資産1,920×非支配株主持分比率20%＝384

（税効果適用指針　設例3　参照）

## (3) 退職給付に係る負債または退職給付に係る資産に関する一時差異の取扱い

　連結財務諸表における退職給付に係る負債に関する繰延税金資産または退職給付に係る資産に関する繰延税金負債については，個別財務諸表における退職給付引当金に係る将来減算一時差異に関する繰延税金資産の額または前払年金費用に係る将来加算一時差異に関する繰延税金負債の額に，連結修正項目であ

る未認識数理計算上の差異および未認識過去勤務費用（以下合わせて「未認識項目」という。）の会計処理により生じる将来減算一時差異に係る繰延税金資産の額または将来加算一時差異に係る繰延税金負債の額を合算し，当該合算額について次のとおり処理する（税効果適用指針第42項）。

① 当該合算により純額で繰延税金資産が生じる場合，当該合算額について収益力に基づく一時差異等加減算前課税所得，タックス・プランニングに基づく一時差異等加減算前課税所得および将来加算一時差異に基づき回収可能性を判断し，未認識項目の一時差異に係る繰延税金資産または繰延税金負債を，その他の包括利益を相手勘定として計上する。なお，連結財務諸表における回収可能性については，個別財務諸表において判断した分類に基づいて判断する（回収可能性適用指針第43項）。また，連結財務諸表における未認識項目の負債認識により生じる将来減算一時差異に係る繰延税金資産は毎期回収可能性の見直しを行い，この見直しにより生じた差額は，見直しを行った年度におけるその他の包括利益で認識した上で純資産の部のその他の包括利益累計額に計上する（回収可能性適用指針第45項）。

② 当該合算により純額で繰延税金負債が生じる場合，未認識項目の一時差異に係る繰延税金資産または繰延税金負債を，その他の包括利益を相手勘定として計上する。

**設例　退職給付に係る負債および退職給付に係る資産に関する一時差異の取扱い（①）**

**前提**

- X1年3月31日のP社の退職給付に係る残高は以下のとおりである。

（　）：貸方

| 退職給付債務 | (1,500) |
|---|---|
| 年金資産 | 1,000 |
| 未積立退職給付債務 | (500) |
| 未認識数理計算上の差異 | 150 |
| 退職給付引当金 | (350) |

- 法定実効税率は30％である。

50

- 未認識数理計算上の差異の費用処理年数は翌期から5年とする。上記の未認識数理計算上の差異150は全額X1年3月期に発生したものである。
- P社は，回収可能性適用指針第17項に定める（分類1）に該当する企業であり，繰延税金資産の全額について回収可能性があるものとする。

**会計処理**

(1) P社の個別財務諸表

① 退職給付引当金に係る繰延税金資産の計上

| （借） 繰延税金資産*1 | 105 | （貸） 法人税等調整額 | 105 |
|---|---|---|---|

＊1 退職給付引当金に係る将来減算一時差異350×法定実効税率30％＝105

(2) P社の連結財務諸表

① 勘定科目の振替

| （借） 退職給付引当金 | 350 | （貸） 退職給付に係る負債 | 350 |
|---|---|---|---|

② 期末における数理計算上の差異の処理

| （借） 退職給付に係る調整額 | 150 | （貸） 退職給付に係る負債 | 150 |
|---|---|---|---|

③ ②に係る繰延税金資産の計上

| （借） 繰延税金資産*2 | 45 | （貸） 退職給付に係る調整額 | 45 |
|---|---|---|---|

＊2 ②の150×法定実効税率30％＝45
　　退職給付引当金に係る繰延税金資産105＋未認識項目に係る繰延税金資産45＝150。純額で繰延税金資産が生じるため，回収可能性を判断し，未認識項目に係る繰延税金資産を，その他の包括利益（退職給付に係る調整額）を相手勘定として計上する。

**第3章**

連結財務諸表における税効果会計

設例  退職給付に係る負債および退職給付に係る資産に関する一時差異の取扱い（②）

|前提|

- X1年3月31日のP社の退職給付に係る残高は以下のとおりである。

（　）：貸方

| 退職給付債務 | (1,500) |
|---|---|
| 年金資産 | 1,200 |
| 未積立退職給付債務 | (300) |
| 未認識数理計算上の差異 | 500 |
| 前払年金費用 | 200 |

- 法定実効税率は30％である。
- 未認識数理計算上の差異の費用処理年数は翌期から5年とする。上記の未認識数理計算上の差異500は全額X1年3月期に発生したものである。
- P社は，回収可能性適用指針第17項に定める（分類1）に該当する企業であり，繰延税金資産の全額について回収可能性があるものとする。

|会計処理|

(1) P社の個別財務諸表
① 前払年金費用に係る繰延税金負債の計上

| （借） 法人税等調整額 | 60 | （貸） 繰延税金負債*1 | 60 |
|---|---|---|---|

*1 前払年金費用に係る将来加算一時差異200×法定実効税率30％＝60

(2) P社の連結財務諸表
① 勘定科目の振替

| （借） 退職給付に係る資産 | 200 | （貸） 前払年金費用 | 200 |
|---|---|---|---|

② 期末における数理計算上の差異の処理

| （借） 退職給付に係る調整額 | 500 | （貸） 退職給付に係る負債 | 500 |
|---|---|---|---|
| （借） 退職給付に係る負債 | 200 | （貸） 退職給付に係る資産 | 200 |

③ ②に係る繰延税金資産の計上

| （借） 繰延税金資産*2 | 150 | （貸） 退職給付に係る調整額 | 150 |
|---|---|---|---|

| （借）　繰延税金負債 | 60 | （貸）　繰延税金資産 | 60 |

＊2　②の500×法定実効税率30％＝150
　　　前払年金費用に係る繰延税金負債△60＋未認識項目に係る繰延税金資産150＝90。
　　純額で繰延税金資産が生じるため，回収可能性を判断し，未認識項目に係る繰延税金
　　資産を，その他の包括利益（退職給付に係る調整額）を相手勘定として計上する。

# 5．連結財務諸表固有の一時差異の会計処理④
## 子会社株式の取得に伴い発生したのれんまたは負ののれん

　子会社株式等の取得に伴い，資本連結手続上，認識したのれんまたは負のの
れんについて，繰延税金負債または繰延税金資産を計上しない（税効果適用指
針第43項）。

　のれんまたは負ののれんについては税務上の資産または負債の計上もその償
却額の損金または益金算入も認められておらず，また，子会社における個別貸
借対照表上の簿価は存在しないため一時差異が生じる。また，のれんまたは負
ののれんが投資額と子会社の資産および負債の時価評価の純額の親会社持分額
との差額であるため，のれんまたは負ののれんに対して子会社が税効果を認識
すれば，のれんまたは負ののれんが変動し，それに対してまた税効果を認識す
るという循環が生じてしまう。このように際限ない循環が生じる結果となるた
め，のれんまたは負ののれんに対して税効果は認識しないこととされている
（税効果適用指針第145項）。

# 6．連結財務諸表固有の一時差異の会計処理⑤
## 子会社への投資の評価減

## (1)　子会社への投資の評価減

　親会社の個別財務諸表において子会社株式の評価損が計上される（金融商品
会計基準第20項および第21項）ことがあるが，この評価損は資本連結手続に
よって消去される。その結果，評価損の消去に伴う連結財務諸表固有の将来加
算一時差異が発生する。

## (2) 会計処理

① (1)の評価損が税務上の損金算入の要件を満たしていない場合（税効果適用指針第20項）

ⅰ）個別財務諸表において，当該評価損に係る将来減算一時差異の全部または一部に対して繰延税金資産が計上されているとき

評価損の消去に係る連結財務諸表固有の将来加算一時差異に対して，当該繰延税金資産と同額の繰延税金負債を計上し，当該繰延税金資産と相殺する。

ⅱ）個別財務諸表において，当該評価損に係る将来減算一時差異に対して繰延税金資産が計上されていないとき

評価損の消去に係る連結財務諸表固有の将来加算一時差異に対して繰延税金負債を計上しない。

② (1)の評価損が税務上の損金算入の要件を満たしている場合（過去に税務上の損金に算入された場合を含む。）（税効果適用指針第21項）

評価損の消去に係る連結財務諸表固有の将来加算一時差異に対して繰延税金負債を計上しない。

---

設例　子会社への投資の評価減（評価損が税務上，損金算入されない場合）の取扱い

前提

- P社はX1年3月31日にC社株式の80％を500で取得した。取得時のC社（国内会社）の純資産は625（資本金250および利益剰余金375）であり，資産および負債に評価差額はない。
- 各社の決算日は3月31日である。
- P社ではC社からの配当金のすべてが税務上の益金に算入されないものとし，追加で納付する税金は見込まれないものとする。
- 各社の法定実効税率は30％である。
- P社は，回収可能性適用指針第17項に定める（分類1）に該当する企業であり，繰延税金資産の全額について回収可能性があるものとする。
- C社のX6年3月31日の財政状態は，資本金250および利益剰余金0となり，

株式取得後，初めて実質価額が取得原価の50％程度以上下落した。

### 会計処理

＜X6年3月31日＞

(1) P社の個別財務諸表

① C社株式の評価減の計上

| (借) C社株式評価損*1 | 300 | (貸) C社株式 | 300 |
|---|---|---|---|

＊1　C社株式の取得原価500－C社株式の実質価額250×80％＝300
　　　財政状態の悪化によりC社株式の実質価額が取得原価の50％程度以上下落し，回
　　復可能性が認められないものと判断されたため，取得原価と実質価額の差額を評価損
　　として計上する。

② 子会社への投資の評価減に係る税効果の認識

| (借) 繰延税金資産*2 | 90 | (貸) 法人税等調整額 | 90 |
|---|---|---|---|

＊2　C社株式に係る将来減算一時差異300×法定実効税率30％＝90
　　　C社株式評価損300が税務上，損金算入されない場合，個別財務諸表上のC社株式
　　簿価＜税務上の簿価であり，将来減算一時差異が生じている。P社の繰延税金資産は
　　全額，回収可能性があるため，繰延税金資産を計上する。

(2) P社の連結財務諸表

① 個別財務諸表におけるC社株式評価損の戻し

| (借) C社株式 | 300 | (貸) C社株式評価損 | 300 |
|---|---|---|---|

② ①に係る税効果

| (借) 法人税等調整額 | 90 | (貸) 繰延税金負債*3 | 90 |
|---|---|---|---|
| (借) 繰延税金負債 | 90 | (貸) 繰延税金資産*4 | 90 |

＊3　C社株式評価損の戻しにより，連結財務諸表上のC社株式評価損0＜個別財務
　　諸表上のC社株式評価損300となるため，差額300は連結財務諸表固有の将来加算一
　　時差異となる。個別財務諸表上，C社株式評価損に係る将来減算一時差異に対し繰延
　　税金資産が計上されているため，上記の将来加算一時差異300に法定実効税率30％を
　　乗じて繰延税金負債90を計上する。

＊4　個別財務諸表において繰延税金資産が計上されているため，＊3で計上した繰延
　　税金負債90と当該繰延税金資産を相殺する。

## 7．連結財務諸表固有の一時差異の会計処理⑥ 子会社への投資

### (1) 子会社への投資に係る一時差異 (税効果適用指針第103項 および第104項)

　子会社に対し投資した時は，通常，親会社の個別貸借対照表上の投資簿価と当該投資の連結貸借対照表上の価額とは一致し（当該子会社株式の取得原価に含まれる取得関連費用を除く。），連結財務諸表上，子会社への投資に係る一時差異は生じない。

　しかし，投資後に子会社が計上した損益，為替換算調整勘定，のれんの償却等により，子会社への投資の連結貸借対照表上の価額が変動するため，親会社の個別貸借対照表上の投資簿価と当該投資の連結貸借対照表上の価額の間に差額が生じる。当該差額は，次の場合に親会社において納付する税金を増額または減額する効果を有する。

① 子会社が親会社に配当を実施する場合
② 親会社が保有する投資を第三者へ売却するまたは保有する投資に対して個別財務諸表上の評価損を計上することにより，税務上の損金に算入される場合

　このように将来の会計期間に親会社において納付する税金を増額または減額する効果を有する場合，親会社の個別貸借対照表上の投資簿価と子会社への投資の連結貸借対照表上の価額との差額は連結財務諸表固有の一時差異に該当する。

---

**図表3−2　子会社への投資に係る連結財務諸表固有の一時差異の例**

● 子会社株式の取得原価に含まれる取得関連費用（税効果適用指針第107項(1)）
　　個別財務諸表において，子会社株式の取得原価を金融商品会計基準および会計制度委員会報告第14号「金融商品会計に関する実務指針」（以下「金融商品実務指針」という。）に従って算定し，当該取得原価に取得関連費用が含まれていた場合，連結決算手続上，発生した連結会計年度の費用として処理することにより，連結財務諸表固有の将来減算一時差異が生じる。

- 段階取得に係る損益（税効果適用指針第107項(2)）

　段階取得において，子会社への投資の連結貸借対照表上の価額と親会社の個別貸借対照表上の投資簿価の差額を段階取得に係る損益として処理する（連結会計基準第62項および企業結合会計基準第25項）ことにより，連結財務諸表固有の将来減算一時差異または将来加算一時差異が生じる。

## (2)　子会社への投資に係る連結財務諸表固有の将来減算一時差異の取扱い

子会社への投資に係る連結財務諸表固有の将来減算一時差異については，原則として，連結決算手続上，繰延税金資産を計上しない。ただし，次のいずれも満たす場合，繰延税金資産を計上する（税効果適用指針第22項）。

① 　当該将来減算一時差異が，次のいずれかの場合により解消される可能性が高い。

　i ）予測可能な将来の期間に，子会社への投資の売却等（他の子会社への売却の場合を含む。）を行う意思決定または実施計画が存在する場合

　ii）個別財務諸表において計上した子会社株式の評価損について，予測可能な将来の期間に，税務上の損金に算入される場合

② 　当該将来減算一時差異を個別財務諸表における繰延税金資産（繰越外国税額控除に係る繰延税金資産を除く。）と合算し，回収可能性を判断した結果，税金負担額を軽減することができると認められる（税効果適用指針第8項(3)）。

---

### 図表3－3　子会社への投資に係る連結財務諸表固有の将来減算一時差異の例

- 子会社株式の取得原価に含まれる取得関連費用（図表3－2）
- 段階取得に係る損失（図表3－2）
- のれんの償却額（税効果適用指針第107項(3)①）

　子会社への投資の連結貸借対照表上の価額が親会社の個別貸借対照表上の投資簿価を下回ることによる差異であり，主に親会社による投資の売却によって解消する。

　稀ではあるが，のれんの償却年度において予測可能な将来の期間に当該投資の売却を行う意思決定が行われた場合，7．連結財務諸表固有の一時差異

の会計処理⑥子会社への投資(2)②の要件を満たす場合には，のれんの償却額に係る一時差異に関する繰延税金資産を計上する。
- 子会社の負の値である場合の留保利益（税効果適用指針第115項）

 投資後に子会社が損失を計上し，投資の連結貸借対照表上の価額が親会社の個別貸借対照表上の投資簿価を下回ることにより生じる差異である。

 稀ではあるが，7．連結財務諸表固有の一時差異の会計処理⑥子会社への投資(2)①の要件を満たす場合，子会社の損失発生は，親会社にとって，予測可能な将来の期間に納付する税金を減額させる効果がある。

 例えば，

 子会社の財政状態が著しく悪化し，子会社株式評価損を税務上，損金算入できる要件を満たすことが確実に見込まれる場合，負の値である子会社の留保利益のうち，損金算入される可能性が高い金額に係る繰延税金資産を，7．連結財務諸表固有の一時差異の会計処理⑥子会社への投資(2)②の要件を満たすときに計上する。この場合，親会社に適用される法定実効税率を使用する。
- 為替換算調整勘定の計上（税効果適用指針第116項(1)）

 （子会社等への投資の連結貸借対照表上の価額＜親会社の個別貸借対照表上の投資簿価）となる場合

### 設例　子会社株式の取得原価に含まれる取得関連費用の取扱い

**前提**
- P社はX1年3月31日にC社株式の100%を1,500で取得した。取得に際し，付随費用（支払手数料等）200が発生した。取得時のC社（国内会社）の純資産（簿価）は1,500（資本金1,000および利益剰余金500）であり，資産および負債に評価差額はない。
- X2年3月31日に翌期にC社株式を売却するという意思決定をした。
- P社の決算日は3月31日である。
- P社の法定実効税率は30%である。
- P社は，回収可能性適用指針第17項に定める（分類1）に該当する企業であり，繰延税金資産の全額について回収可能性があるものとする。

**会計処理**

＜X1年3月31日＞
(1) P社の個別財務諸表

① C社株式取得

| （借） | C社株式＊1 | 1,700 | （貸） | 現金預金 | 1,700 |
|---|---|---|---|---|---|

＊1　1,500＋付随費用200＝1,700
　　　金融資産（デリバティブを除く。）の取得時における付随費用（支払手数料等）は，取得した金融資産の取得価額に含める（金融商品実務指針第56項）。

(2)　P社の連結財務諸表
① C社株式の取得価額の修正

| （借） | 取得関連費用＊2 | 200 | （貸） | C社株式 | 200 |
|---|---|---|---|---|---|

＊2　連結財務諸表上，取得関連費用は，発生した連結会計年度の費用として処理する（資本連結実務指針第8項）。

② 投資と資本の消去

| （借） | 資本金 | 1,000 | （貸） | C社株式 | 1,500 |
|---|---|---|---|---|---|
| （借） | 利益剰余金 | 500 | | | |

＜X2年3月31日＞
(1)　P社の連結財務諸表
① 開始仕訳

| （借） | 利益剰余金期首残高 | 200 | （貸） | C社株式 | 200 |
|---|---|---|---|---|---|
| （借） | 資本金 | 1,000 | （貸） | C社株式 | 1,500 |
| （借） | 利益剰余金 | 500 | | | |

② C社株式売却の意思決定に伴う税効果の認識

| （借） | 繰延税金資産＊3 | 60 | （貸） | 法人税等調整額 | 60 |
|---|---|---|---|---|---|

＊3　将来減算一時差異200×法定実効税率30％＝60
　　　C社株式の連結財務諸表上の簿価1,500＜個別財務諸表上の簿価1,700のため，子会社への投資に係る将来減算一時差異200が生じていることになる。P社はC社株式売却の意思決定を行っていることおよび繰延税金資産は全額回収可能性があることから，繰延税金資産を全額計上する。

## (3)　子会社への投資に係る連結財務諸表固有の将来加算一時差異の取扱い

　子会社への投資に係る連結財務諸表固有の将来加算一時差異のうち，子会社の留保利益（親会社の投資後に増加した子会社の利益剰余金をいう。このうち

親会社持分相当額に限る。以下同じ。）に係るもので、親会社が受け取る配当金以外により解消されるものについては、次のいずれも満たす場合を除き、将来の会計期間において追加で納付が見込まれる税金の額を繰延税金負債として計上する（税効果適用指針第23項）。

① 親会社が子会社への投資の売却等を当該親会社自身で決めることができる。
② 予測可能な将来の期間に、子会社への投資の売却等（他の子会社への売却の場合を含む。）を行う意思がない。

> **図表 3 － 4　子会社への投資に係る連結財務諸表固有の将来加算一時差異の例**
>
> - 子会社の留保利益（「(4) 留保利益に係る連結財務諸表固有の将来加算一時差異の取扱い」参照）
> - 段階取得に係る利益（図表 3 － 2）
> - 負ののれんの利益計上額（税効果適用指針第107項(3)②）
>   子会社への投資の連結貸借対照表上の価額が親会社の個別貸借対照表上の投資簿価を上回ることによる差異であり、例えば、将来において親会社が当該投資を第三者にすべて売却することにより解消する。
>   負ののれんの利益計上額に係る繰延税金負債については、次のいずれも満たす場合を除き、将来の会計期間において追加で納付が見込まれる税金の額を計上する。
>   (1) 親会社が子会社への投資の売却等を当該親会社自身で決めることができる。
>   (2) 予測可能な将来の期間に、子会社への投資の売却等（他の子会社への売却の場合を含む。）を行う意思がない。
> - 為替換算調整勘定の計上（税効果適用指針第116項(2)）
>   （子会社等への投資の連結貸借対照表上の価額＞親会社の個別貸借対照表上の投資簿価）となる場合

### 段階取得に係る利益の取扱い

**前提**

- P社はX1年3月31日にC社株式の20%を500で取得し、関連会社として持分法を適用した。株式取得時のC社（国内会社）の純資産（簿価）は1,000（資

本金800および利益剰余金200）であり，資産および負債に評価差額はない。

- 持分法適用にあたり生じたのれんの償却期間は 5 年とし，X2年 3 月期から X6年 3 月期にわたり均等償却される。
- P 社は X3年 3 月31日に C 社株式の40％を1,200で追加取得し，60％保有の連結子会社とした。X3年 3 月31日の C 社株式 1 ％の時価は30である。
- 連結に伴い生じたのれんの償却期間は 5 年とし，X4年 3 月期から X8年 3 月期にわたり均等償却される。
- P 社は X4年 3 月31日に，X5年 3 月期中に C 社株式をすべて売却する意思決定を行った。
- P 社では C 社からの配当金のすべてが税務上の益金に算入されないものとし，追加で納付する税金は見込まれないものとする。
- 各社の決算日は 3 月31日である。
- P 社の法定実効税率は30％である。

**第 3 章**

連結財務諸表における税効果会計

### （表 1 ） C 社の純資産額推移

|  | X1年<br>3 月末 | X2年<br>3 月期 | X3年<br>3 月期 | X4年<br>3 月期 |
|---|---|---|---|---|
| 資本金Ⓐ | 800 | 800 | 800 | 800 |
| 期首利益剰余金 | 0 | 200 | 400 | 700 |
| 当期純利益 | 200 | 200 | 300 | 300 |
| 期末利益剰余金Ⓑ | 200 | 400 | 700 | 1,000 |
| 純資産合計Ⓐ＋Ⓑ | 1,000 | 1,200 | 1,500 | 1,800 |

**会計処理**

＜X1年 3 月期＞

(1) P 社の個別財務諸表

① C 社株式の取得

| （借） C 社株式 | 500 | （貸） 現金預金 | 500 |
|---|---|---|---|

(2) P 社の連結財務諸表

① 持分法の適用

| 仕訳なし。＊1 |
|---|

＊1 500－1,000× P 社持分比率20％＝のれん300
C 社株式に含まれるのれん300は X2年 3 月期から償却する。

61

＜X2年3月期＞

(1) P社の連結財務諸表

① 持分法による投資利益の計上とのれんの償却

| （借）　C社株式 | 40 | （貸）　持分法による投資損益*2 | 40 |
| （借）　持分法による投資損益*3 | 60 | （貸）　C社株式 | 60 |

＊2　C社当期純利益200×P社持分比率20％＝40

＊3　のれん300/5年＝60

＜X3年3月期＞

(1) P社の個別財務諸表

① C社株式の追加取得

| （借）　C社株式 | 1,200 | （貸）　現金預金 | 1,200 |

(2) P社の連結財務諸表

① 開始仕訳

| （借）　利益剰余金期首残高 | 20 | （貸）　C社株式 | 20 |

② 持分法による投資利益の計上とのれんの償却

| （借）　C社株式 | 60 | （貸）　持分法による投資損益*4 | 60 |
| （借）　持分法による投資損益*5 | 60 | （貸）　C社株式 | 60 |

＊4　C社当期純利益300×P社持分比率20％＝60

＊5　のれん300/5年＝60

③ C社株式の段階取得に係る損益の計上

| （借）　C社株式 | 120 | （貸）　段階取得に係る損益*6 | 120 |

＊6　従来，保有していた20％分の持分法による評価額480［＝取得価額500＋（40－60）＋（60－60）］を，X3年3月31日の時価600（＝30×20）で評価し，持分法による評価額との差額120を「段階取得に係る損益」として計上する。

④ 投資と資本の消去

| （借）　資本金 | 800 | （貸）　C社株式 | 1,800 |
| （借）　利益剰余金 | 700 | （貸）　非支配株主持分*8 | 600 |
| （借）　のれん*7 | 900 | | |

＊7　時価1,800（＝30×60）－支配獲得時のC社純資産1,500×P社持分比率60％＝900

＊8　1,500×非支配株主持分比率40％＝600

＜X4年3月期＞
(1) P社の連結財務諸表
① 開始仕訳

| (借) | 資本金 | 800 | (貸) | C社株式 | 1,700 |
| (借) | 利益剰余金 | 600 | (貸) | 非支配株主持分 | 600 |
| (借) | のれん | 900 | | | |

② のれん償却

| (借) | のれん償却費*9 | 180 | (貸) | のれん | 180 |

*9 900/5年＝180

③ 非支配株主に帰属する当期純利益の計上

| (借) | 非支配株主に帰属する当期純利益*10 | 120 | (貸) | 非支配株主持分 | 120 |

*10 C社当期純利益300×非支配株主持分比率40％＝120

④ C社株式売却の意思決定による税効果の認識

| (借) | 法人税等調整額 | 30 | (貸) | 繰延税金負債*11 | 30 |

*11 100×法定実効税率30％＝30
　　C社株式については，連結財務諸表上の簿価600（支配獲得後の留保利益300×60％－のれん償却累計額180＋持分法による評価480（X3年3月期の(2)③参照）＋段階取得に係る損益120）と個別財務諸表上の簿価500との差として将来加算一時差異100が生じている。よって，この将来加算一時差異に対して繰延税金負債を認識する。

**設例** 子会社への投資の全部売却

[前提]
- P社はX1年3月31日にC社株式の100％を2,020で取得した。取得時のC社（国内会社）の純資産（簿価）は1,200（資本金400および利益剰余金800）であり，600の資産の含み益（評価差額（繰延税金負債考慮前））を有している。当該含み益は，C社株式の売却時まで実現しないものとする。
- 各社の決算日は3月31日である。
- C社株式の取得により生じたのれんの償却期間は5年とし，X2年3月期から償却している。
- P社がC社の留保利益を配当金として受け取るときに，P社では配当金のす

べてが税務上の益金に算入されないものとし，追加で納付する税金は見込まれないものとする。

- P社はX4年3月にC社株式のすべてを売却する意思決定を行い，X4年4月1日（X5年3月期）に2,400で売却する。
- 各社の法定実効税率は30％である。
- P社のC社株式に係る持分計算，のれんの額およびのれんの償却累計額の算定およびC社株式の売却に係る影響額の算定は，（表1）から（表3）のとおりである。
- 繰延税金資産および繰延税金負債に関する仕訳以外のX2年3月期からX5年3月期の開始仕訳等は省略している。

## （表1）　P社のC社株式に係る持分計算

（　）：貸方

|  | 取得時の簿価 | 時価評価 | 時価評価後 | X4年3月末 |
|---|---|---|---|---|
| 資本金 | (400) |  | (400) | (400) |
| 取得時利益剰余金 | (800) |  | (800) | (800) |
| 利益 |  |  |  | (400) |
| 配当 |  |  |  | 120 |
| 利益剰余金残高 | (800) |  | (800) | (1,080) |
| 評価差額 |  | (600) |  |  |
| 評価差額に係る繰延税金負債 |  | 180 |  |  |
| 評価差額残高 |  | (420) | (420) | (420) |
| 計Ⓐ | (1,200) | (420) | (1,620) | (1,900) |
| 親会社持分Ⓐ×100％ | (1,200) | (420) | (1,620) | (1,900) |

## （表2）　のれんの額およびのれんの償却累計額の算定

- 取得時に生じるのれんの額

| C社株式の取得原価 | 2,020 |
|---|---|
| C社株式取得時のC社純資産（時価） | 1,620 |
| のれん（差引） | 400 |

- X2年3月期からX4年3月期におけるのれんの償却累計額
  のれん400÷のれんの償却期間5年＝80/年

のれん償却累計額　80/ 年× 3 年＝240

### （表 3 ）　 P 社の個別損益計算書における C 社株式の売却に係る影響額の算定

|  | X5年 3 月期 | （　）：貸方 |
|---|---|---|
|  | 個別財務諸表 | 連結財務諸表 |
| 売却額 | （2,400） | （2,400） |
| 売却原価 |  |  |
| 　取得原価＊ 1 | 2,020 | 2,020 |
| 　利益剰余金の増加 | － | 40　　＊ 2 |
| 売却益（税金費用控除前） | （380） | （340） |
| 法人税，住民税及び事業税 | 114　　＊ 3 | 114 |
| 法人税等調整額 | － | （12） |
| 売却益（税金費用控除後） | （266） | （238） |

＊ 1　　連結財務諸表では，P 社の個別貸借対照表上の投資簿価（子会社株式の取得原価
で，個別財務諸表上，子会社株式の評価損を計上している場合（過去に計上した場合
を含む。），当該評価損を計上する前の金額）

＊ 2　　X4年 3 月末利益剰余金残高1,080－取得時利益剰余金残高800－のれん償却累計額
240＝40

＊ 3　　P 社の法人税，住民税及び事業税に係る税率を30％とする。

### 会計処理（連結修正仕訳）

＜X1年 3 月期＞
- C 社の資産および負債の時価評価による評価差額に係る一時差異に関する繰
延税金負債の計上

| （借）　資産 | 600 | （貸）　純資産（評価差額） | 600 |
|---|---|---|---|
| （借）　純資産（評価差額） | 180 | （貸）　繰延税金負債＊ 1 | 180 |

＊ 1　　評価差額600×法定実効税率30％＝180
- C 社株式取得に伴い認識したのれんについて，繰延税金負債を計上しない。

＜X4年 3 月期＞
- C 社株式の売却の意思決定に伴い，留保利益等から生じる C 社株式に係る将
来加算一時差異に関する繰延税金負債の計上

| （借）　法人税等調整額 | 12 | （貸）　繰延税金負債＊ 2 | 12 |
|---|---|---|---|

＊ 2　　X4年 3 月期末利益剰余金残高1,080－投資時利益剰余金800－のれん償却累計額
240＝取得後の利益剰余金増加額40
　　　40×売却持分比率100％×法定実効税率30％＝12

＜X5年3月期＞C社株式の売却

① 開始仕訳

| （借） | 利益剰余金期首残高 | 12 | （貸） | 繰延税金負債 | 12 |
| --- | --- | --- | --- | --- | --- |
| （借） | C社株式＊3 | 40 | （貸） | 利益剰余金期首残高 | 40 |

＊3　X4年4月1日にC社株式をすべて売却したため，X5年3月期はC社は連結対象ではない。しかし，連結財務諸表上の利益剰余金期首残高を前末末残高と合わせるため，前期末における取得後の利益剰余金増加額40を計上する。

② C社株式売却に伴う売却益の修正

| （借） | 株式売却益 | 40 | （貸） | C社株式＊4 | 40 |
| --- | --- | --- | --- | --- | --- |

＊4　個別財務諸表上のC社株式売却益は380だが，C社株式をすべて売却したため，連結財務諸表上の簿価と個別財務諸表上の簿価の差異として，①の＊3の全額について，株式売却益を修正し，連結上のC社株式売却益は380－40＝340となる。

③ C社株式売却によるC社株式に係る将来加算一時差異の解消に伴う繰延税金負債の取崩し

| （借） | 繰延税金負債＊5 | 12 | （貸） | 法人税等調整額 | 12 |
| --- | --- | --- | --- | --- | --- |

＊5　C社株式売却に伴いX4年3月期に計上した繰延税金負債を取り崩す。
　　この結果，P社の連結上の税金費用の売却益（税金費用控除前）に対する比率は，(114－12)/340＝30％，個別財務諸表上は114/380＝30％となり，それぞれ法定実効税率と同じになる。

（税効果適用指針　設例4－2　参照）

## (4) 留保利益に係る連結財務諸表固有の将来加算一時差異の取扱い

　子会社への投資に係る連結財務諸表固有の将来加算一時差異のうち，子会社の留保利益に係るもので，親会社が当該留保利益を配当金として受け取ることにより解消されるものについては，次のいずれかに該当する場合，将来の会計期間において追加で納付が見込まれる税金の額を繰延税金負債として計上する（税効果適用指針第24項）。

① 親会社が国内子会社の留保利益を配当金として受け取るときに，当該配当金の一部または全部が税務上の益金に算入される場合
② 親会社が在外子会社の留保利益を配当金として受け取るときに，次のいずれかまたは両方が見込まれる場合

ⅰ）当該配当金の一部または全部が税務上の益金に算入される。

ⅱ）当該配当金に対する外国源泉所得税について，税務上の損金に算入されないことにより追加で納付する税金が生じる。

ただし，親会社が当該子会社の利益を配当しない方針を採用している場合または子会社の利益を配当しない方針について他の株主等との間に合意がある場合等，将来の会計期間において追加で納付する税金が見込まれない可能性が高いときは，繰延税金負債を計上しない。

## 改正ポイント🔍

従来の連結税効果実務指針では，投資時における子会社の留保利益の取扱いについて，次の内容が定められていた（税効果適用指針第113項）。

(1) 子会社の利益のうち投資時に留保しているものについても，将来配当の可能性がある場合で，配当受領時に親会社において受取配当金に係る追加の税金負担が生ずると見込まれるときには，親会社は投資時に税効果を認識し，繰延税金負債を計上することができる。（中略）なお，税効果の認識にあたって，個別財務諸表上の繰延税金負債の相手勘定は子会社投資原価であり，資本連結手続を通じてのれんまたは負ののれんに影響を与えることになる。また，その後の税率の変更に伴う繰延税金負債の増減や子会社からの配当受領または損失計上に伴う繰延税金負債の取崩しは，子会社投資原価もしくはのれんまたは負ののれんを修正するのではなく，法人税等調整額に計上する。

(2) 投資時まで留保していた子会社の利益が後日親会社に配当送金されると，投資の連結貸借対照表上の価額は配当金額（源泉徴収税額控除前）だけ減額されるが，個別財務諸表および税務上は受取配当金として処理されるため，投資の連結貸借対照表上の価額と個別貸借対照表上の投資簿価との間に新たに将来減算一時差異が生じることに留意する必要がある。この将来減算一時差異は，資産計上の要件を満たす場合に限り，親会社において繰延税金資産を計上する。

しかしながら，上記の個別財務諸表における子会社株式の取得原価についての記載は，「子会社株式は，取得原価をもって貸借対照表価額とする。」（金融商品会計基準第17項），「取得原価は，原則として，取得の対価（支払対価）となる財の企業結合日における時価で算定する。」（企業結合会計基準第23項），「親会社の子会社に対する投資の金額は，支配獲得日の時価による。」（連結会計基準第23項(1)）等の定めと必ずしも整合せず，実務において投資時における子会社の留保利益について税効果を認識している事例は稀であると考えられるため，

第3章

連結財務諸表における税効果会計

67

投資時における子会社の留保利益の取扱いについて，税効果適用指針において
は税効果を認識しないこととされた（税効果適用指針第114項）。
　これに伴い，

- どのような場合に繰延税金負債を計上すべきか
- 繰延税金負債を計上した場合，個別財務諸表の子会社株式の取得原価につ
  いて，金融商品に関する会計基準における取扱いとの違い

という問題も解消されたと考えられる。
　なお，当該改正にあたり，経過的な取扱いが設けられていないため，投資時に，
個別財務諸表上，子会社投資原価および繰延税金負債を計上していた場合，連
結財務諸表上，のれんの償却額等も過去に遡ってすべて遡及適用することにな
るため，留意が必要である（税効果適用指針第161項）。

---

**図表3－5　在外子会社の留保利益を配当金として受け取るときに追加で納付
　　　　　が見込まれる税金の額の算定における留意点**

① 在外子会社からの配当見込額
　　配当見込額＝当該在外子会社の外貨建表示財務諸表に示された留保利益の
　　　　　　　　うち，配当見込額×当該子会社の決算日*における為替相場
　＊　子会社の決算日が連結決算日と異なる場合で，かつ，当該子会社が連結決算日に
　　　正規の決算に準ずる合理的な手続により決算を行う場合（連結会計基準第16項）は，
　　　当該連結決算日
② 配当見込額に対して課される外国源泉所得税算定に使用する税率
　　配当金を支払った在外子会社の所在地国の法令（または日本と当該所在地
　国で租税条約等が締結されている場合には法令および当該租税条約等）に規
　定されている税率を使用する。
　　当該法令が改正される場合（または当該租税条約等が締結されるもしくは
　改正される場合），決算日において所在地国で成立している法令（または租税
　条約等）に規定されている税率を使用して，外国源泉所得税額を計算する。
　なお，決算日において所在地国で成立している法令（または租税条約等）とは，
　決算日以前に成立した法令（または租税条約等）を改正するための法令（ま
　たは租税条約等）を反映した後の法令（または租税条約等）をいう。ただし，
　繰延税金負債の金額は，支払が行われると見込まれる期の税率に基づいて計
　算する。

（税効果適用指針第25項および第26項）

**図表３－６　留保利益に係る連結財務諸表固有の一時差異に関する留意点**

平成27年度税制改正により，内国法人が外国子会社から受け取る配当等の額の全部または一部が外国子会社の本店所在地国の法令において損金算入することとされている場合には，その配当等の額は外国子会社配当益金不算入制度の適用対象外とされ，配当等の額の全額が益金算入とされることが示されている。また，外国子会社配当益金不算入制度の適用対象外とされた配当等の額に対して課される外国源泉税等は，外国税額控除の対象または損金算入されることが示されている。なお，内国法人が外国子会社から受け取る配当等の額の一部が外国子会社の本店所在地国の法令において損金算入された場合には，一定の要件を満たした上で，その損金算入額のみを外国子会社配当益金不算入制度の適用対象外とすることもできることが示されている。

これらを前提として，留保利益に係る連結財務諸表固有の一時差異について，税効果を認識する場合における留意点は以下のとおりである。

① 内国法人が外国子会社から受け取る配当金等の全部または一部が外国子会社の本店所在地国の法令において損金算入することとされている場合

　　繰延税金負債金額＝受取配当金等に対する親会社の税負担額－子会社において損金算入されることによる親会社の税負担軽減見込額

② 繰越外国税額控除

外国税額控除について，源泉徴収税額のような直接納付外国税額のうち外国税額控除限度額を超過する納付額を，期中において仮払税金等として資産計上している場合には，期末決算において，その科目から「法人税，住民税及び事業税」に振替計上し，改めて繰延税金資産の計上の可否を検討することになる。このため，在外支店の所得が合理的に見込まれるなど，国外源泉所得を稼得する可能性が高いことにより，翌期以降に外国税額控除余裕額が生じることが確実に見込まれるときに，繰越外国税額控除の実現見込額を繰延税金資産として計上する。

（税効果適用指針第111項）

## (5) 為替換算調整勘定に係る連結財務諸表固有の一時差異の取扱い

為替換算調整勘定に対する税効果（税効果適用指針第27項(1)④）は，主に投資会社が株式を売却することによって実現するものであるため，子会社等の株

式の売却意思が明確な場合に税効果を認識し，それ以外の場合には認識しない。

税効果を認識する場合には，連結貸借対照表の純資産の部に計上される為替換算調整勘定は，それに対応して認識された繰延税金資産または繰延税金負債に見合う額を加減して計上する。

為替換算調整勘定は，発生時に連結上損益計上されていないが，当該為替換算調整勘定の実現額は，子会社等の株式売却時に個別決算上の売却損益に含めて計上される（親会社と子会社の支配関係が継続している場合を除く。）ことになる（税効果適用指針第116項）。

 **設例　在外子会社の留保利益および為替換算調整勘定に係る繰延税金資産および繰延税金負債**

**前提**
- 親会社（P社）は，在外子会社（B社）に対し，その設立時より資本金の全額を出資している。投資金額は，40,000千円（＝200千ドル×200円／ドル）である。
- P社およびB社の決算日は3月31日である。
- 法定実効税率は30％である。
- X1年3月期末にP社は，以下の意思決定を行った。
  (1) X3年3月期の期首にB社株式を第三者に売却する。
  (2) 売却にあたり，まずB社の利益剰余金全額を配当金として受け取り，その後株式を売却する。
- X1年3月期の期末日のB社の貸借対照表は，以下のとおりである。

|  | 外貨<br>（千ドル） | 換算レート<br>（円／ドル） | 円貨<br>（千円） |
| --- | --- | --- | --- |
| 諸資産 | 2,000 | 100 | 200,000 |
| 資産合計 | 2,000 |  | 200,000 |
| 諸負債 | 1,400 | 100 | 140,000 |
| 資本金 | 200 | 200 | 40,000 |
| 期末利益剰余金 | 400 | 150 | 60,000 |
| 為替換算調整勘定 | － |  | △40,000 |
| 負債及び資本合計 | 2,000 |  | 200,000 |

- B社の利益剰余金全額を配当金として受け取る場合，追加で納付が見込まれる税金の額は，以下のとおりである。
  - (1) P社は配当金の額に対して10%の外国源泉所得税が課される。当該外国源泉所得税は，P社においても，B社においても，税務上の損金に算入されないものとする。
  - (2) P社において当該配当金のうち税務上の益金に5％算入される。

    したがって，P社が追加で納入すると見込まれる税金の額は，配当金の額に対する外国源泉所得税10%および税務上の益金に算入される額（配当金の額の5％）に法定実効税率30%を乗じた1.5%を合計したもの，すなわち，配当金の額に対して11.5%と見込まれる。
- X2年3月期の期末日のB社の貸借対照表は，次のとおりである。

| | 外貨<br>（千ドル） | 換算レート<br>（円／ドル） | 円貨<br>（千円） |
|---|---|---|---|
| 諸資産 | 2,600 | 90 | 234,000 |
| 　資産合計 | 2,600 | | 234,000 |
| 諸負債 | 1,800 | 90 | 162,000 |
| 資本金 | 200 | 200 | 40,000 |
| 期首利益剰余金 | 400 | 150 | 60,000 |
| 当期純利益 | 200 | 100 | 20,000 |
| 期末利益剰余金 | 600 | | 80,000 |
| 為替換算調整勘定 | ― | | △48,000 |
| 　負債及び資本合計 | 2,600 | | 234,000 |

- X3年3月期の期首にP社はB社の利益剰余金600千ドルを全額配当金として受け取り，その後にB社株式をすべて200千ドルで第三者へ売却した。配当金の受取時および売却時における為替レートは，90円／ドル（X2年3月期の期末日の為替レートと同一）であった。

### 会計処理（連結修正仕訳）

＜X1年3月期＞

① 留保利益に係る繰延税金負債の計上

| （借）　法人税等調整額 | 10,600 | （貸）　繰延税金負債*1 | 10,600 |
|---|---|---|---|

* 1　配当金の受取りにより解消する将来加算一時差異に関する繰延税金負債4,600*2
　＋B社株式の売却により解消する将来加算一時差異に関する繰延税金負債6,000*3＝
　10,600

* 2 配当金の受取りにより解消する将来加算一時差異40,000(＝400千ドル×決算日レート100円／ドル)×11.5%＝4,600(税効果適用指針第24項および第25項)

* 3 取得後利益剰余金60,000のうち，40,000は配当金受取りにより解消するが，残り20,000はB社株式売却により将来加算一時差異が解消するため，繰延税金負債は20,000×30%＝6,000

② B社株式売却の意思決定に伴い，為替換算調整勘定に係る繰延税金資産の計上

| (借) | 繰延税金資産 | 12,000 | (貸) | 為替換算調整勘定* 4 | 12,000 |
|---|---|---|---|---|---|

* 4 為替換算調整勘定△40,000×30%＝△12,000(税効果適用指針第27項および第116項)の税効果は，B社株式売却により実現する。

＜X2年3月期＞
① 開始仕訳

| (借) | 利益剰余金期首残高 | 10,600 | (貸) | 繰延税金負債 | 10,600 |
|---|---|---|---|---|---|
| (借) | 繰延税金資産 | 12,000 | (貸) | 為替換算調整勘定 | 12,000 |

② 留保利益に係る繰延税金負債の計上

| (借) | 法人税等調整額 | 3,410 | (貸) | 繰延税金負債* 5 | 3,410 |
|---|---|---|---|---|---|

* 5 配当金の受取りにより解消する将来加算一時差異に関する繰延税金負債6,210* 6 ＋B社株式の売却により解消する将来加算一時差異に関する繰延税金負債7,800* 7 ＝14,010
　繰延税金負債の追加計上は，14,010－前期末計上額10,600* 1 ＝3,410

* 6 配当金の受取りにより解消する将来加算一時差異54,000(＝600千ドル×決算日レート90円／ドル)×11.5%＝6,210(税効果適用指針第24項および第25項)

* 7 取得後利益剰余金80,000のうち，54,000は配当金受取りにより解消するが，残り26,000はB社株式売却により将来一時差異が解消するため，繰延税金負債は26,000×30%＝7,800

③ B社株式売却の意思決定に伴い，為替換算調整勘定に係る繰延税金資産の計上

| (借) | 繰延税金資産* 8 | 2,400 | (貸) | 為替換算調整勘定 | 2,400 |
|---|---|---|---|---|---|

* 8 為替換算調整勘定△48,000×30%＝△14,400(税効果適用指針第27項および第116項)の税効果は，B社株式売却により実現する。
　繰延税金資産の追加計上は，14,400－前期末計上額12,000* 4 ＝2,400

＜X3年3月期＞
① 開始仕訳

| (借) | 利益剰余金期首残高 | 14,010 | (貸) | 繰延税金負債 | 14,010 |
|---|---|---|---|---|---|

| （借） | 繰延税金資産 | 14,400 | （貸） | 為替換算調整勘定 | 14,400 |

② 配当金の受取りとB社株式の売却

| （借） | 受取配当金*9 | 54,000 | （貸） | 利益剰余金 | 80,000 |
| （借） | B社株式売却損*10 | 26,000 | | | |
| （借） | 繰延税金負債 | 14,010 | （貸） | 法人税等調整額 | 14,010 |

＊9 受取配当金600千ドル×受取時為替レート90円／ドル＝54,000
＊10 取得後利益剰余金80,000－54,000＊9＝26,000
　　なお，前期末に計上されていた為替換算調整勘定△48,000は，B社株式売却により実現し，売却損に含めて計上されている（税効果適用指針第116項）ため，連結修正は行わない。

③ B社株式の売却に伴う為替換算調整勘定の取崩しおよび繰延税金資産の取崩し

| （借） | 為替換算調整勘定 | 14,400 | （貸） | 繰延税金資産 | 14,400 |

　為替換算調整勘定実現による取崩しに伴い，為替換算調整勘定に係る繰延税金資産も取り崩す。

（税効果適用指針　設例5　参照）

## (6)　繰延税金資産または繰延税金負債計上時の相手勘定

　子会社への投資に係る一時差異に対する繰延税金資産または繰延税金負債は，次の場合を除き，法人税等調整額を相手勘定として計上する（税効果適用指針第27項）。

①　次の子会社または関連会社（以下「子会社等」という。）への投資に係る連結財務諸表固有の一時差異に関する繰延税金資産または繰延税金負債については，その他の包括利益を相手勘定として計上する。

　ⅰ）親会社等の投資後に子会社等が計上したその他有価証券評価差額金に係る連結財務諸表固有の一時差異

　ⅱ）親会社等の投資後に子会社等が計上した繰延ヘッジ損益に係る連結財務諸表固有の一時差異

　ⅲ）親会社等の投資後に子会社等が計上した退職給付に係る負債または退職給付に係る資産に関する連結財務諸表固有の一時差異

　ⅳ）為替換算調整勘定に係る連結財務諸表固有の一時差異

② 次の子会社への投資に係る連結財務諸表固有の一時差異に関する繰延税
金資産または繰延税金負債については，資本剰余金を相手勘定として計上
する。
i） 子会社への投資について追加取得に伴い生じた親会社の持分変動によ
る差額に係る連結財務諸表固有の一時差異
ii） 子会社への投資について当該子会社の時価発行増資等に伴い生じた親
会社の持分変動による差額に係る連結財務諸表固有の一時差異

## (7) グループ法人税制により連結会社間における子会社株式等の売却に伴い生じた売却損益を税務上繰り延べる場合の連結財務諸表における取扱い

連結会社間における子会社株式等の売却に伴い生じた売却損益について，グ
ループ法人税制の要件を満たし課税所得計算において当該売却損益を繰り延べ
る場合（法人税法第61条の13）であって，当該子会社株式等を売却した企業の
個別財務諸表において，売却損に係る減額税金の見積額について回収可能性を
判断した結果，または売却益に係る増額税金の見積額について企業が清算する
までに課税所得が生じないことが合理的に見込まれるかどうか判断した結果，
当該売却損益に係る一時差異に対して繰延税金資産または繰延税金負債が計上
されているときは，連結決算手続上，当該一時差異に係る繰延税金資産または
繰延税金負債の額は修正しない。これは当該一時差異が，企業集団内の完全支
配関係にある国内会社間における資産の移転による譲渡損益の繰延べに係る税
務上の調整資産または負債として生じたものであり，投資に係る一時差異とは
性格が異なるものであるため，連結財務諸表においても，個別財務諸表上にお
いて認識された繰延税金資産または繰延税金負債が計上されることになる。

なお，連結会社間における子会社株式等の売却の意思決定等に伴い，子会社
等への投資に関連する連結財務諸表固有の一時差異に係る繰延税金資産または
繰延税金負債のうち，当該売却により解消される一時差異に係る繰延税金資産
または繰延税金負債を売却時に取り崩す。また，当該子会社株式等の売却に伴
い，追加的にまたは新たに生じる一時差異については，子会社への投資に係る
税効果の取扱いに従って処理する。これは，連結会社間における子会社株式等
の売却の結果，個別貸借対照表上の投資簿価が購入側の取得原価（税務上の簿

価)に置き換わることにより,子会社株式等の連結貸借対照表上の簿価との差額である,連結財務諸表固有の一時差異の全部または一部が解消するためである(税効果適用指針第39項および第143項)。

  連結会社間における子会社株式の売却に伴い生じた売却損益を税務上繰り延べる場合の取扱い

前提
- S1社は,P社の100%子会社,S2社はS1社の100%子会社であり,これらの会社は,完全支配関係(法人税法第2条第12号の7の6)にある。
- 各社の決算日は3月31日である。
- X1年3月期末のS1社におけるS2社株式の個別貸借対照表上の簿価は400,連結貸借対照表上の簿価は500であった。
- S1社は,X1年3月期末にP社へS2社株式を売却する意思決定を行った(なお,当該意思決定以前は税効果適用指針第23項の要件を満たしていない。)。
- S1社は,X2年3月期の期首にP社へS2社株式を1,000で売却した。なお,売却益600は,税務上の要件を満たし課税所得計算において繰り延べる(法人税法第61条の13)。
- P社のS1社からの配当金およびS1社のS2社からの配当金はすべてが税務上の益金に算入されないため,追加で納付する税金は見込まれないものとする。
- 各社の法定実効税率は30%とする。

会計処理(連結修正仕訳)

＜X1年3月期＞
P社の連結財務諸表における仕訳
S2株式売却の意思決定に伴い,留保利益に係る将来加算一時差異に関する繰延税金負債の計上

| (借) 法人税等調整額 | 30 | (貸) 繰延税金負債*1 | 30 |
|---|---|---|---|

*1 S2株式に係る将来加算一時差異100(＝S2株式の連結貸借対照表上の簿価500－個別貸借対照表上の簿価400)×30％＝30

＜X2年3月期＞
① S1社の個別財務諸表における仕訳

| (借) 現金預金 | 1,000 | (貸) S2株式 | 400 |
|---|---|---|---|
|  |  | (貸) 子会社株式売却益 | 600 |

| （借）　法人税等調整額 | 180 | （貸）　繰延税金負債＊2 | 180 |
| --- | --- | --- | --- |

＊2　子会社株式売却益600×30％＝180

　　　P 社と S1社は完全支配関係にあるため，S1社の課税所得計算において，子会社株式売却益600は繰り延べられる。これにより税務上，譲渡損益調整負債が計上されるが，今後，P 社が S2株式を企業集団外部へ売却する等税務上の要件を満たしたときに認容され，S1社の課税所得を増加させる効果があるため，将来加算一時差異に該当し，繰延税金負債を計上する（税効果適用指針第17項）。

②　P 社の個別財務諸表における仕訳

| （借）　S2社株式 | 1,000 | （貸）　現金預金 | 1,000 |
| --- | --- | --- | --- |

③　P 社の連結財務諸表における仕訳

ⅰ）開始仕訳

| （借）　利益剰余金期首残高 | 30 | （貸）　繰延税金負債 | 30 |
| --- | --- | --- | --- |

ⅱ）未実現利益の消去

| （借）　子会社株式売却益 | 600 | （貸）　S2株式 | 600 |
| --- | --- | --- | --- |

ⅲ）売却に伴う S2社株式に係る将来加算一時差異に関する繰延税金負債の取崩し

| （借）　繰延税金負債＊3 | 30 | （貸）　法人税等調整額 | 30 |
| --- | --- | --- | --- |

＊3　X1年 3 月期における P 社の連結財務諸表上の S2株式に係る将来加算一時差異100は，企業集団内部への売却の結果，S2株式の個別財務諸表上の簿価が1,000に置き換わったことにより解消する。そのため，P 社の連結財務諸表上，X1年 3 月期に計上した繰延税金負債を取り崩す。

　　　また，S2株式の連結財務諸表上の簿価500は，P 社の個別財務諸表上の簿価1,000を下回るため，新たに将来減算一時差異500が発生したことになるが，これに対する繰延税金資産については，P 社では S2社株式の売却に関する意思決定は行われておらず，回収可能性はないものと判断し，計上しない（税効果適用指針第22項および第39項）。

### ①で計上した繰延税金負債180の取扱い

　　S1社の個別財務諸表に計上された子会社株式売却益に係る将来加算一時差異に関する繰延税金負債180は，P 社の連結財務諸表で新たに生じた子会社への投資に係る将来減算一時差異とは異なるものであるため，P 社の連結財務諸表上，当該繰延税金負債180は修正されず，そのまま計上される（税効果適用指針第39項および第143項）。

（税効果適用指針　設例 8　参照）

**論点** 企業集団内部で子会社株式等を売買した場合に繰り延べられた譲渡損益に係る税効果

Q. 完全支配関係にある他の会社に投資(子会社株式または関連会社株式)を売却し,当該譲渡損益の繰延べに係る税務上の調整資産または負債に対し税効果が認識されている場合には,連結上の修正は行わないとされているのは,なぜか。

A. 税法上の譲渡損益調整勘定は,売手側の連結会社の個別財務諸表における一時差異であり,完全支配関係が解消する場合等税務上の要件に該当する場合に一時差異が解消される点で,子会社への投資に係る一時差異とは性質が異なるものである。また,通常の資産の取引等から生じる未実現損益に係る一時差異とは,課税関係が完了していないという点で性質が異なるものである。よって,譲渡資産が投資(子会社株式または関連会社株式)の場合には,連結財務諸表上においても,個別財務諸表において譲渡取引の損益の繰延べに関して認識した繰延税金資産または繰延税金負債をそのまま計上することになると考えられる。

## 8. 連結財務諸表固有の一時差異の会計処理⑦ 投資の一部売却や追加取得・時価発行増資等により生じた一時差異

### (1) 子会社への投資の一部売却後も親会社と子会社の支配関係が継続している場合における親会社の持分変動による差額に対応する法人税等相当額についての売却時の取扱い

　子会社への投資を一部売却した後も親会社と子会社の支配関係が継続している場合,連結財務諸表上,当該売却に伴い生じた親会社の持分変動による差額は資本剰余金として計上し,当該差額に対応する法人税等に相当する額(子会社への投資に係る税効果の調整を含む。)(以下「法人税等相当額」という。)については資本剰余金から控除することとされている(連結会計基準第29項および(注9(2)))。

このため，子会社への投資を一部売却した場合，売却に伴い生じた親会社の持分変動による差額に対応する法人税等相当額について，連結財務諸表上，売却時に，法人税，住民税及び事業税などその内容を示す勘定を相手勘定として資本剰余金から控除することとされている。

　資本剰余金から控除する法人税等相当額は，売却元の課税所得や税金の納付額にかかわらず，原則として，親会社の持分変動による差額に法定実効税率を乗じて計算する（税効果適用指針第28項および第117項）。ただし，税金の納付が生じていない場合に資本剰余金から控除する額をゼロとするなど他の合理的な計算方法によることを妨げるものではない（税効果適用指針第118項）。

　**設例**　子会社への投資の一部売却（売却後も親会社と子会社の支配関係が継続している場合）

|前提|

- P社はX1年3月31日にC社株式の100%を2,000で取得した。取得時のC社（国内会社）の純資産（簿価）は1,400（資本金400および利益剰余金1,000）であり，600の資産の含み益（評価差額（繰延税金負債考慮前））を有している。当該含み益は，C社株式の売却時まで実現しない。
- 各社の決算日は3月31日である。
- C社株式の取得により生じたのれんの償却期間は4年とし，X2年3月期からX5年3月期にわたり均等償却された。
- P社がC社の留保利益を配当金として受け取るときに，P社では配当金のすべてが税務上の益金に算入されないため，追加で納付する税金は見込まれない。
- P社はX6年3月にC社株式の20%を売却する意思決定を行い，X6年4月1日（X7年3月期）に600で売却する。
- 各社の法定実効税率は30%である。
- P社のC社株式に係る持分計算，のれんの額およびのれんの償却累計額の算定およびC社株式の売却に係る影響額の算定は，（表1）から（表3）のとおりである。
- 繰延税金資産および繰延税金負債に関する仕訳以外のX2年3月期からX7年3月期の開始仕訳等は省略している。

（表１）　Ｐ社のＣ社株式に係る持分計算

( )：貸方

| | 取得時の<br>簿価 | 時価<br>評価 | 時価<br>評価後 | X6年<br>3月末 |
|---|---|---|---|---|
| 資本金 | (400) | | (400) | (400) |
| 取得時利益剰余金 | (1,000) | | (1,000) | (1,000) |
| 　利益 | | | | (800) |
| 　配当 | | | | 220 |
| 利益剰余金残高 | (1,000) | | (1,000) | (1,580) |
| 評価差額 | | (600) | | |
| 　評価差額に係る繰延税金負債 | | 180 | | |
| 評価差額残高 | | (420) | (420) | (420) |
| 計Ⓐ | (1,400) | (420) | (1,820) | (2,400) |
| 親会社持分Ⓐ×100% | (1,400) | (420) | (1,820) | (2,400) |

（表２）　のれんの額およびのれんの償却累計額の算定

• 取得時に生じるのれんの額

| | |
|---|---|
| Ｃ社株式の取得原価 | 2,000 |
| Ｃ社株式取得時のＣ社純資産（時価） | 1,820 |
| のれん（差引） | 180 |

• X2年3月期から X6年3月期におけるのれんの償却累計額

のれん180÷のれんの償却期間4年＝45/年

のれん償却累計額　45/年×4年＝180

（表３）Ｐ社の個別損益計算書におけるＣ社株式の売却に係る影響額の算定

( )：貸方

| | X7年3月期 | |
|---|---|---|
| 売却額 | (600) | |
| 売却原価（取得原価） | 400 | |
| 売却益（税金費用控除前） | (200) | |
| 法人税，住民税及び事業税 | 60 | * |
| 法人税等調整額 | － | |
| 売却益（税金費用控除後） | (140) | |

第3章
連結財務諸表における税効果会計

\* P社の法人税，住民税及び事業税に係る税率30%

## 会計処理（連結修正仕訳）

<X1年3月期>

- C社の資産および負債の時価評価による評価差額に係る一時差異に関する繰延税金負債の計上

| （借） | 資産 | 600 | （貸） | 純資産（評価差額） | 600 |
|---|---|---|---|---|---|
| （借） | 純資産（評価差額） | 180 | （貸） | 繰延税金負債\*1 | 180 |

\*1　評価差額600×法定実効税率30%＝180

- C社株式取得に伴い認識したのれんについて，繰延税金負債を計上しない。

<X6年3月期>

- C社株式の売却の意思決定に伴い，留保利益等から生じるC社株式に係る将来加算一時差異に関する繰延税金負債の計上

| （借） | 法人税等調整額 | 24 | （貸） | 繰延税金負債\*2 | 24 |
|---|---|---|---|---|---|

\*2　X6年3月期末利益剰余金残高1,580－取得時利益剰余金1,000－のれん償却額180
　　＝取得後の利益剰余金増加額400
　　400×売却持分比率20%×法定実効税率30%＝24

<X7年3月期>　C社株式の売却

① 開始仕訳

| （借） | 利益剰余金期首残高 | 24 | （貸） | 繰延税金負債 | 24 |
|---|---|---|---|---|---|

② C社株式売却に伴う売却益の修正

| （借） | C社株式 | 400 | （貸） | 非支配株主持分\*3 | 480 |
|---|---|---|---|---|---|
| （借） | 株式売却益 | 80 | | | |

\*3　売却時C社純資産額2,400×売却持分比率20%＝480

③ C社株式売却によるC社株式に係る将来加算一時差異の解消に伴う繰延税金負債の取崩し

| （借） | 繰延税金負債\*4 | 24 | （貸） | 法人税等調整額 | 24 |
|---|---|---|---|---|---|

\*4　C社株式売却に伴いX6年3月期に計上した繰延税金負債の取崩し

④ 株式売却益の資本剰余金への振替

| （借） | 株式売却益\*5 | 120 | （貸） | 資本剰余金 | 120 |
|---|---|---|---|---|---|

＊5　Ｐ社個別損益計算書上の株式売却益200－②の株式売却益の修正額80＝120（親会
　　社の持分変動による差額）

⑤　Ｃ社株式の売却に伴うＰ社の持分変動による差額に係る法人税等相当額の
　　計上

| （借）　資本剰余金＊6 | 36 | （貸）　法人税，住民税及び事業税 | 36 |
|---|---|---|---|

＊6　④の親会社の持分変動による差額120×法定実効税率30％＝36

（税効果適用指針　設例4－1　参照）

第3章

連結財務諸表における税効果会計

**(参考)** 売却直前の子会社への投資の個別貸借対照表上の投資簿価（以下の表では「個別上の簿価」という。）および連結貸借対照表上の価額（以下の表では「連結上の価額」という。）ならびに投資の売却価額との関係

（注）　上記の（　）内の金額は税金費用である。

＊１　当該差額は，支配獲得後の子会社の利益剰余金の変動およびのれんの償却額から生じるものである。投資を売却する意思決定が行われ，税効果適用指針第22項または第23項に従って当該差額に係る一時差異（80）に関する繰延税金資産または繰延税金負債（24）を計上するときの相手勘定は，法人税等調整額になる（税効果適用指針第27項参照）。また，投資の売却により当該一時差異が解消するときに繰延税金資産または繰延税金負債を取り崩す場合の相手勘定は，法人税等調整額になる。

＊２　当該差額は，親会社の持分変動による差額であり，投資の一部売却後も親会社と子会社の支配関係が継続している場合，資本剰余金に計上し，関連する法人税等は資本剰余金から控除する（連結会計基準第29項および（注９）(2)）。したがって，投資の売却時に，当該差額に対応する法人税等相当額（36）について，法人税，住民税及び事業税を相手勘定として資本剰余金から控除することとなる（税効果適用指針第28項参照）。

## (2) 子会社への投資を一部売却したことにより親会社と子会社の支配関係が継続していない場合における残存する投資の額に係る一時差異に関する繰延税金資産または繰延税金負債についての売却時の取扱い

　子会社への投資の一部売却により被投資会社が子会社に該当しなくなった場合，連結財務諸表上，残存する当該被投資会社への投資は個別財務諸表上の帳簿価額をもって評価するとされている（税効果適用指針第29項）。この場合，利益剰余金に計上されていた当該被投資会社の留保利益（または負の値である場合の留保利益）の親会社持分相当額とのれん償却累計額または負ののれんの利益計上額との合計額（差引額）のうち，残存する当該被投資会社への投資に相当する部分は「連結株主資本等変動計算書上の利益剰余金の区分に，連結除外に伴う利益剰余金減少高（または増加高）等その内容を示す適当な名称をもって計上する」（資本連結実務指針第46項）とされている（税効果適用指針第119項）。

　また，資産または負債の評価替えにより生じた評価差額等や親会社の持分変動による差額には該当しないため，法人税等調整額を相手勘定として計上した当該子会社への投資に係る連結財務諸表固有の一時差異に関する繰延税金資産または繰延税金負債のうち，売却に伴い上記のように投資の帳簿価額を修正したことにより解消した一時差異に係る繰延税金資産または繰延税金負債は，売却時に利益剰余金を相手勘定として取り崩す（税効果適用指針第29項および第120項）。

## (3) 親会社の持分変動による差額に対して繰延税金資産または繰延税金負債を計上していた場合の子会社への投資を売却した時の取扱い

### ① 子会社への投資の追加取得

　子会社への投資の追加取得に伴う親会社の持分変動による差額は，資本剰余金として計上する（連結会計基準第28項）。親会社の持分変動による差額は連結財務諸表固有の一時差異に該当し，当該親会社の持分変動による差額に係る繰延税金資産または繰延税金負債を計上する場合，資本剰余金を相手勘定とし

第3章

連結財務諸表における税効果会計

83

て計上する（税効果適用指針第27項(2)①）。

　なお，追加取得を行った子会社への投資に係る連結財務諸表固有の一時差異は，上記の資本剰余金に関連する部分の他，当該子会社の留保利益など利益剰余金に関連する部分を含むこととなる（税効果適用指針第121項）。

### ②　子会社の時価発行増資等

　親会社と子会社の支配関係が継続している場合，子会社の時価発行増資等に伴う親会社の持分変動による差額は資本剰余金として計上する（連結会計基準第30項）。親会社の持分変動による差額は連結財務諸表固有の一時差異に該当し，当該親会社の持分変動による差額に係る繰延税金資産または繰延税金負債を計上する場合，資本剰余金を相手勘定として計上する（税効果適用指針第27項(2)②）。

　なお，時価発行増資等を行った子会社への投資に係る連結財務諸表固有の一時差異は，上記の資本剰余金に関連する部分の他，当該子会社の留保利益など利益剰余金に関連する部分を含むこととなる（税効果適用指針第122項）。

### ③　①や②の後に子会社への投資を一部売却した場合

　子会社への投資の追加取得や子会社の時価発行増資等に伴い生じた親会社の持分変動による差額に係る連結財務諸表固有の一時差異について，上記①や②のように資本剰余金を相手勘定として繰延税金資産または繰延税金負債を計上していた場合，当該子会社への投資を売却した時に当該売却により解消した一時差異に係る繰延税金資産または繰延税金負債を取り崩す。当該繰延税金資産または繰延税金負債については，法人税等調整額を相手勘定として取り崩す（税効果適用指針第30項）。この会計処理は，従来の連結税効果実務指針の「連結財務諸表上，追加取得や子会社の時価発行増資等により生じた資本剰余金の額について，法人税等調整額に相当する額を控除した後の額で計上し，売却時に繰延税金資産または繰延税金負債の取崩額を法人税等調整額に計上することにより，適切な額を税金費用として計上するためである。」という考えを踏襲したものである（税効果適用指針第123項）。

## 設例　子会社への投資の全部売却（追加取得がある場合）

### 前提

- 「4．連結財務諸表固有の一時差異の会計処理　③子会社の資産および負債の時価評価による評価差額」の設例のS社株式の発行済株式の20％を，X2年3月31日に600で追加取得した。
- S社は，X2年3月期において，X1年3月31日に時価評価した資産のうちその他の資産の一部を売却し，これに係る評価差益100（繰延税金負債考慮前）が実現した。
- X1年3月期に発行済株式数の80％を取得した際に発生したのれん64については，X2年3月期に全額償却した。また，X2年3月期のS社の当期純利益は200であった。
- X2年3月期においては，S社株式の売却の意思決定等は行われていない（税効果適用指針第22項または第23項に定める繰延税金資産または繰延税金負債を計上する要件を満たしていない。）。また，P社は，S社の利益を配当しない方針を採用している（税効果適用指針第24項第2段落参照）。
- X3年3月期において，X4年3月期にS社株式を第三者へすべて売却する意思決定を行った（税効果適用指針第22項または第23項に定める繰延税金資産または繰延税金負債を計上する要件を満たしている。）。また，X3年3月期のS社の当期純利益は200であった。
- X4年3月期において，S社株式を第三者に2,680ですべて売却した。
- 各社の法定実効税率は30％である。
- 繰延税金資産および繰延税金負債に関する仕訳以外のX2年3月期からX4年3月期の開始仕訳等は省略している。

### 会計処理（連結修正仕訳）

＜X2年3月期＞

① その他の資産の売却に伴う繰延税金負債の取崩し

| （借） | 繰延税金負債*1 | 30 | （貸） | 法人税等調整額 | 30 |
|---|---|---|---|---|---|

＊1　その他の資産の売却により実現した評価差益100×法定実効税率30％＝30

② 追加取得したS社株式と非支配株主持分の消去

| （借） | 非支配株主持分*2 | 410 | （貸） | S社株式 | 600 |
|---|---|---|---|---|---|
| （借） | 資本剰余金 | 190 | | | |

＊2　X2年3月末のS社純資産2,050×追加取得持分比率20％＝410
　　　親会社の追加取得分と追加投資額との差額として将来減算一時差異が生じるが，X2

年3月期では税効果適用指針第22項の要件を満たしていないため，繰延税金資産を計上しない。

**（表1） S社の純資産額推移**

|  | X1年3月末 | X2年3月期 | X3年3月期 |
|---|---|---|---|
| 期首残高 |  | (1,920) | (2,050) |
| 評価差額の実現 |  | 100 |  |
| 繰延税金負債の取崩し |  | (30) |  |
| 当期純利益 |  | (200) | (200) |
| 計 | (1,920) | (2,050) | (2,250) |
| 親会社持分の増減額 |  | (104) | (200) |

＜X3年3月期＞ S社株式の売却の意思決定

① 追加取得により生じた親会社の持分変動による差額に係る繰延税金資産の計上

| （借） 繰延税金資産＊3 | 57 | （貸） 資本剰余金 | 57 |
|---|---|---|---|

＊3 追加取得により発生した資本剰余金190×法定実効税率30％＝57
S社株式の売却意思決定を行っており，税効果適用指針第22項の要件を満たすため，追加取得に伴い発生した親会社の持分変動による差額に係る連結財務諸表固有の将来減算一時差異について，資本剰余金を相手勘定として繰延税金資産を計上する。

② 留保利益等から生じるS社株式に係る将来加算一時差異に関する繰延税金負債の計上

| （借） 法人税等調整額 | 72 | （貸） 繰延税金負債＊4 | 72 |
|---|---|---|---|

＊4 S社に係る留保利益304（＝104＋200（表1）より）＋のれんの償却累計額△64＝240
240×法定実効税率30％＝72

（注） 上記①および②は，仕訳の便宜上，繰延税金資産および繰延税金負債を両建てで計上しているが，納税主体が同一である場合，両者を相殺して表示する。なお，同一の納税主体（P社）における同一の子会社（S社）への投資に係る一時差異であるため，繰延税金資産および繰延税金負債を相殺し，回収可能性または支払可能性について判断する。

＜X4年3月期＞

① 開始仕訳

| （借） | 利益剰余金期首残高 | 72 | （貸） | 資本剰余金 | 57 |
|---|---|---|---|---|---|
| | | | （貸） | 繰延税金負債＊5 | 15 |

＊5　同一の納税主体に係る繰延税金資産および繰延税金負債であるため，X3年3月期に計上した繰延税金資産57と繰延税金負債72を相殺表示。

② S社株式の売却に伴う子会社への投資に係る将来加算一時差異に関する繰延税金負債の取崩し

| （借） | 繰延税金負債 | 15 | （貸） | 法人税等調整額＊6 | 15 |
|---|---|---|---|---|---|

＊6　①の繰延税金負債のうち，X3年3月期に資本剰余金を相手勘定として計上した15についても法人税等調整額を相手勘定として取り崩すこととなる（税効果適用指針第30項参照）。

**第3章**

連結財務諸表における税効果会計

**（表2）　P社の個別財務諸表および連結財務諸表におけるS社株式売却益の算定**

（　）：貸方

| | 個別財務諸表 | 連結財務諸表 | |
|---|---|---|---|
| 売却額 | (2,680) | (2,680) | |
| 売却原価（取得原価） | 2,200 | 2,200 | ＊2 |
| 　資本剰余金の減少 | － | (190) | ＊3 |
| 　利益剰余金の増加 | － | 240 | ＊4 |
| 売却益（税金費用控除前） | (480) | (430) | |
| 法人税，住民税及び事業税 | 144　＊1 | 144 | |
| 法人税等調整額 | － | (15) | ＊5 |
| 売却益（税金費用控除後） | (336) | (301) | |

＊1　P社の法人税，住民税及び事業税に係る税率30%

＊2　親会社の個別財務諸表上の投資簿価

＊3　＜X2年3月期＞の②

＊4　＜X3年3月期＞の②

＊5　＜X4年3月期＞の②

（税効果適用指針　設例4−3　参照）

**(参考)** 売却直前のP社の個別貸借対照表上の投資簿価(以下の表では「個別上の簿価」という。)および売却直前のS社への投資の連結貸借対照表上の価額(以下の表では「連結上の価額」という。)ならびにS社株式の売却価額との関係

(注) 上記の( )内の金額は税金費用である。

*1 S社への投資について,追加取得に伴い生じた親会社(P社)の持分変動による差額に係る連結財務諸表固有の将来減算一時差異(190)は,S社株式を売却する意思決定が行われ,回収可能と判断された場合,資本剰余金を相手勘定として繰延税金資産(57)を計上する(税効果適用指針第22項および第27項(2)①参照)。なお,その後,S社株式の売却により当該一時差異が解消する場合,法人税等調整額を相手勘定として繰延税金資産を取り崩す(税効果適用指針第30項参照)。

*2 S社への投資について留保利益およびのれんの償却額から生じた連結財務諸表固有の将来加算一時差異(240)は,S社株式を売却する意思決定が行われた場合,法人税等調整額を相手勘定として繰延税金負債(72)を計上する(税効果適用指針第23項および第27項参照)。なお,その後,S社株式の売却により当該一時差異が解消する場合,法人税等調整額を相手勘定として繰延税金負債を取り崩す。

## (4) 親会社の持分変動による差額に対して繰延税金資産または繰延税金負債を計上していなかった場合の子会社への投資を売却した時の取扱い

子会社への投資の追加取得や子会社の時価発行増資等に伴い生じた親会社の持分変動による額を資本剰余金としている場合で，かつ，当該子会社への投資の売却の意思決定とその売却の時期が同一の事業年度となったことなどにより，売却直前に繰延税金資産または繰延税金負債を計上していなかった場合，当該子会社への投資を売却したときに，当該資本剰余金に対応する法人税等調整額に相当する額について，法人税，住民税及び事業税などその内容を示す科目を相手勘定として資本剰余金から控除する（税効果適用指針第31項）。

売却直前に資本剰余金を相手勘定として親会社の持分変動による差額に係る繰延税金資産または繰延税金負債を計上していなかった場合，資本剰余金の額が法人税等調整額に相当する額を控除した額とならないこととなる。そのため，資本剰余金の額が，売却前に繰延税金資産または繰延税金負債を計上した場合と同じ結果になるように，子会社への投資を売却したときに，資本剰余金とした親会社の持分変動による差額に対応する法人税等調整額に相当する額を，資本剰余金から控除することとしている。

なお，資本剰余金から法人税等調整額に相当する額を控除する際に法人税，住民税及び事業税などその内容を示す科目を相手勘定とするのは，子会社への投資を売却したときより前に計上した繰延税金資産または繰延税金負債の取崩しの処理ではないためである（税効果適用指針第124項）。

### 設例　子会社への投資の全部売却（追加取得があり，かつ，子会社株式売却の意思決定と同一の事業年度に売却が行われる場合）

|前提|

- 「4．連結財務諸表固有の一時差異の会計処理　③子会社の資産および負債の時価評価による評価差額」の設例のS社株式の発行済株式の20%を，X2年3月31日に600で追加取得した。
- S社は，X2年3月期において，X1年3月31日に時価評価した資産のうちその他の資産の一部を売却し，これに係る評価差益100（繰延税金負債考慮前）が

実現した。

- X1年3月期に発行済株式数の80%を取得した際に発生したのれん64については，X2年3月期に全額償却した。また，X2年3月期のS社の当期純利益は200であった。
- X2年3月期においては，S社株式の売却の意思決定等は行われていない（税効果適用指針第22項または第23項に定める繰延税金資産または繰延税金負債を計上する要件を満たしていない。）。また，P社は，S社の利益を配当しない方針を採用している（税効果適用指針第24項第2段落参照）。
- P社は，X3年3月期中にS社株式を第三者に2,680ですべて売却した。
- 各社の法定実効税率は30%である。
- X2年3月期およびX3年3月期の開始仕訳等は省略している。

### 会計処理（連結修正仕訳）

＜X2年3月期＞　S社株式の追加取得

追加取得したS社株式と非支配株主持分の消去仕訳

| （借）　非支配株主持分＊1 | 410 | （貸）　S社株式 | 600 |
| （借）　資本剰余金 | 190 | | |

＊1　(3)の設例の＜X2年3月期＞②を参照。

＜X3年3月期＞　S社株式売却の意思決定及び売却

追加取得により生じた親会社の持分変動による差額に対応する法人税等相当額の計上

| （借）　法人税，住民税及び事業税 | 57 | （貸）　資本剰余金＊2 | 57 |

＊2　X2年3月期の追加取得により生じた資本剰余金190×法定実効税率30%＝57

S社への投資について，売却の意思決定と同一の事業年度に売却したため，売却前に税効果適用指針第27項(2)に従って資本剰余金を相手勘定としてP社の持分変動による差額に係る繰延税金資産を計上していなかった。資本剰余金の額が法人税等調整額に相当する額を控除後の金額とならないため，売却前に繰延税金資産を計上した場合と同じ結果になるように，親会社の持分変動による差額に対応する法人税等調整額に相当する額57を，資本剰余金から控除する（税効果適用指針第31項および第124項）。

（税効果適用指針　設例4－4　参照）

## 9．連結財務諸表固有の一時差異の会計処理⑧ 連結手続上生じた繰延税金資産の回収可能性 （第5章参照）

　連結財務諸表固有の将来減算一時差異（未実現利益の消去に係る将来減算一時差異を除く。）に係る繰延税金資産は，納税主体ごとに個別財務諸表における繰延税金資産（繰越外国税額控除に係る繰延税金資産を除く。）と合算し，回収可能性を判断した結果，税金負担額を軽減することができると認められる範囲内で計上する（税効果適用指針第8項(3)）。また，繰延税金資産から控除すべき金額の見直しを毎期行う（回収可能性適用指針第8項）。

　なお，将来加算一時差異に基づく回収可能性の判断にあたっては，未実現損失の消去に係る将来加算一時差異の解消見込額を含めないこととする（回収可能性適用指針第9項）。

## 10．表　　示

　第8章参照。

## 11．持分法を適用する場合の税効果会計

### ⑴　概　　要

　税効果適用指針は，税効果会計基準が適用される連結財務諸表に適用する（税効果適用指針第2項）が，持分法を適用する場合には，会計制度委員会報告第9号「持分法会計に関する実務指針」（以下「持分法実務指針」という。）に定められた持分法会計に関する税効果会計の適用に係る取扱いを適用する（税効果適用指針第3項）。

　持分法適用上生じた一時差異は，持分法適用会社に帰属するものと，投資会社に帰属するものがある。投資会社に帰属する一時差異は，投資会社自体に係るものと持分法適用会社に係るものがある。各一時差異については，その一時差異が帰属する会社において税効果を認識すべきか否かを検討し，繰延税金資産または繰延税金負債を計上するかどうかを決定する（持分法実務指針第23

項)。

なお,以下の各会計処理においては,その他の包括利益累計額がないことを前提とする。

## (2) 持分法適用会社に係る評価差額

持分法の適用にあたっては,持分法の適用日において,持分法適用会社の資産および負債を株式取得日における時価により評価しなければならない。持分法適用会社の資産および負債の時価による評価額と当該資産および負債の個別貸借対照表上の金額との差額(以下「評価差額」という。)は,持分法適用会社の資本とする。なお,評価差額の計算は,個々の資産または負債ごとに行う。また,評価差額は税効果会計の対象となる(持分法実務指針第6項)。

株式取得日における持分法適用会社の資産および負債の評価差額に係る一時差異は,持分法適用会社の持分法上の価額と個別貸借対照表上の簿価が異なることから生じたものであり,持分法適用会社に帰属する。したがって,この一時差異については,持分法適用の前処理として個別貸借対照表上,繰延税金資産または繰延税金負債を計上する。繰延税金資産を計上する場合には,当該持分法適用会社に係る回収可能性の検討が必要となる(持分法実務指針第24項)。

 設例　持分法適用会社の資産および負債の時価評価による評価差額に係る一時差異の取扱い

|前提|
- P社およびS社の決算日は3月31日である。
- P社は,X1年3月31日にS社の発行済株式の20%を280で取得した。
- P社およびS社の法定実効税率は30%である。
- S社は,回収可能性適用指針第17項に定める(分類1)に該当する企業であり,繰延税金資産の全額について回収可能性があるものとする。
- 取得日現在のS社の資産および負債の簿価と時価は,(表1)のとおりである。

**（表１）　Ｓ社の資産および負債の簿価と時価（X1年３月31日）**

（　）：貸方

|  | 簿価 | 時価 | 差額 | 左のうち，Ｐ社の持分比率（20％）相当額 |
|---|---|---|---|---|
| 現金預金 | 450 | 450 | — | — |
| 売上債権 | 500 | 500 | — | — |
| 有形固定資産 | 1,000 | 1,500 | 500 | 100 |
| その他有価証券 | 400 | 400 | — | — |
| その他の資産 | 150 | 300 | 150 | 30 |
| 計 | 2,500 | 3,150 | 650 | 130 |
| 仕入債務 | (400) | (400) | — | — |
| 借入金 | (500) | (500) | — | — |
| 未払金 | (100) | (100) | — | — |
| その他の負債 | (500) | (600) | (100) | (20) |
| 計 | (1,500) | (1,600) | (100) | (20) |
| 純資産の部 | (1,000) | (1,550) | (550) | (110) |
|  | (2,500) | (3,150) | (650) | (130) |

**会計処理**

＜X1年３月期＞

(1)　持分法適用の前処理

①　Ｓ社の資産および負債の評価（評価差額の計上）

| （借）　資産 | 130 | （貸）　負債 | 20 |
|---|---|---|---|
|  |  | （貸）　純資産（評価差額） | 110 |

②　評価差額に係る繰延税金資産および繰延税金負債の計上

| （借）　繰延税金資産 | 6 | （貸）　繰延税金負債 | 39 |
|---|---|---|---|
| （借）　純資産（評価差額）*¹ | 33 |  |  |

＊１　資産および負債は，株式の取得日ごとに当該日の時価で評価し，個別財務諸表上の金額との差額のうちＰ社持分に対応する部分の金額（税効果控除後）を評価差額として計上する（持分法実務指針第６項および第６－２項）。

　　　110×法定実効税率30％＝33

③　投資額と資本持分額の調整計算

　　のれんの金額算定のためだけの計算。持分法であるため，実際には仕訳なし。

| | |
|---|---|
| Ｓ社株式の取得原価 | 280 |
| 株式取得時のＳ社資本勘定のＰ社持分 | 1,000×20％＝200 |
| 評価差額 | 110－33＝77 |
| のれん（差引） | 3 |

(2)　Ｐ社の連結財務諸表

仕訳なし。

　　Ｓ社株式に含まれるのれん3は，X2年3月期から償却する。


## (3)　持分法適用会社が売手側となって発生した未実現損益

　持分法適用会社が売手側となって発生した未実現利益の消去に係る一時差異については，連結会社の未実現損益の消去に係る一時差異の取扱い（税効果適用指針第34項）において売却元で繰延税金資産を計上するものとしているので，持分法適用会社に帰属するものとして扱うことになる。したがって，この一時差異については，持分法適用会社の貸借対照表上，繰延税金資産を計上することとなるが，当該一時差異の額については，売却元である持分法適用会社の売却年度の課税所得額を超えてはならない。

　また，未実現損失についても同様に処理するが，当該未実現損失の消去に係る一時差異の額は，売却元である持分法適用会社の当該未実現損失に係る損金を計上する前の課税所得を超えてはならない。

　持分法適用会社が売手側となって発生した未実現損益の消去について税効果会計を適用するにあたっては，税効果適用指針第34項から第37項に準じて行う（持分法実務指針第25項）。

設例  持分法適用会社が売手側となって発生した未実現利益（アップストリーム）

|前提|
- P 社および S 社の決算日は 3 月31日である。
- S 社は，P 社の持分法適用関連会社であり，P 社は S 社株式の20％を保有している。
- X1年 3 月期に P 社は S 社から製品 A を1,500で仕入れた。なお，当該製品の売上原価は1,000である。また，P 社は，X1年 3 月期の期末において当該製品 A を棚卸資産として保有している。
- X1年 3 月期における S 社の税引前当期純利益および課税所得は500，X2年 3 月期における P 社の税引前当期純利益および課税所得は500である。
- X2年 3 月期に P 社は当該 A 製品をすべて企業集団外部の顧客に2,000で販売した。
- 各社の法定実効税率および法人税，住民税及び事業税の税率は30％である。

|会計処理（連結修正仕訳）|

＜X1年 3 月期＞
① S 社の当期純利益の取り込み

| （借）　S 社株式*1 | 70 | （貸）　持分法による投資損益 | 70 |

＊1　S 社の当期純利益350（＝500－500×30％）× P 社持分比率20％＝70

② 未実現利益の消去

| （借）　持分法による投資損益*2 | 100 | （貸）　棚卸資産（P 社） | 100 |

＊2　製品 A に含まれる未実現利益500（＝1,500－1,000）× P 社持分比率20％＝100

③ 未実現利益消去に伴う繰延税金資産の計上

| （借）　S 社株式*3 | 30 | （貸）　持分法による投資損益 | 30 |

＊3　未実現利益消去に係る将来減算一時差異500× S 社（売却元）の売却年度における法定実効税率30％× P 社持分比率20％＝30

＜X2年 3 月期＞
① 開始仕訳

| （借）　S 社株式 | 100 | （貸）　棚卸資産（P 社） | 100 |

② X1年 3 月期に消去した未実現利益の実現

| （借） | 棚卸資産（Ｐ社） | 100 | （貸） | 持分法による投資損益 | 100 |

③ 未実現利益の実現に伴う繰延税金資産の取崩し

| （借） | 持分法による投資損益 | 30 | （貸） | Ｓ社株式 | 30 |

## (4) 連結会社が売手側となって発生した未実現損益

　連結会社が売手側となって発生した未実現利益は，その対象が棚卸資産，有価証券または固定資産等である場合には，持分法適用会社における翌期以降の売却または償却等により実現するので，その消去に係る一時差異は，連結会社に帰属するものとして税効果を認識する。当該将来減算一時差異の額については，売手側である連結会社の売却年度の課税所得額を超えていないことを確かめる。

　また，未実現損失についても同様に処理するが，その将来加算一時差異の額は，売手側である連結会社の当該未実現損失に係る損金を計上する前の課税所得を超えてはならない（持分法実務指針第26項）。

設例　連結会社が売手側となって発生した未実現利益（ダウンストリーム）

|前提|
- Ｐ社およびＳ社の決算日は３月31日である。
- Ｓ社は，Ｐ社の持分法適用関連会社であり，Ｐ社はＳ社株式の20％を保有している。
- X1年３月期にＳ社はＰ社から製品Ａを1,500で仕入れた。なお，当該製品の売上原価は1,000である。また，Ｓ社は，X1年３月期の期末において当該製品Ａを棚卸資産として保有している。
- X1年３月期におけるＰ社の税引前当期純利益および課税所得は500，X2年３月期におけるＳ社の税引前当期純利益および課税所得は500である。
- X2年３月期にＳ社は当該Ａ製品をすべて企業集団外部の顧客に2,000で販売した。
- 各社の法定実効税率および法人税，住民税及び事業税の税率は30％である。

**会計処理（連結修正仕訳）**

＜X1年3月期＞

① 未実現利益の消去

| （借） 売上高（P社）*¹ | 100 | （貸） S社株式 | 100 |
|---|---|---|---|

*1 製品Aに含まれる未実現利益500（＝1,500－1,000）×P社持分比率20％＝100

② 未実現利益消去に伴う繰延税金資産の計上

| （借） 繰延税金資産（P社）*² | 30 | （貸） 法人税等調整額（P社） | 30 |
|---|---|---|---|

*2 未実現利益消去に係る将来減算一時差異500×P社（売却元）の売却年度における法定実効税率30％×P社持分比率20％＝30

＜X2年3月期＞

① 開始仕訳

| （借） 繰延税金資産（P社） | 30 | （貸） S社株式 | 100 |
|---|---|---|---|
| （借） 利益剰余金期首残高 | 70 | | |

② X1年3月期に消去した未実現利益の実現

| （借） S社株式 | 100 | （貸） 売上高（P社） | 100 |
|---|---|---|---|

③ 未実現利益の実現に伴う繰延税金資産の取崩し

| （借） 法人税等調整額（P社） | 30 | （貸） 繰延税金資産（P社） | 30 |
|---|---|---|---|

④ S社の当期純利益の取り込み

| （借） S社株式*³ | 70 | （貸） 持分法による投資損益 | 70 |
|---|---|---|---|

*3 S社の当期純利益350（＝500－500×30％）×P社持分比率20％＝70

第3章
連結財務諸表における税効果会計

## (5) 株式取得後に生じた留保利益

　株式取得後に生じた留保利益の投資会社の持分額（以下「留保利益」という。）については，連結貸借対照表上の投資会社の投資価額は，個別貸借対照表上の投資簿価と比べて留保利益の額だけ多くなるため，投資会社において将来加算一時差異が生じることがある。留保利益は，配当金として受け取ったとき，株

97

式を売却し売却損益として実現したとき，または清算により清算配当を受け取ったときに投資会社で課税対象となる場合には一時差異に該当し，税効果会計の対象となる。

ただし，投資会社が，その投資の売却を自ら決めることができることを前提として予測可能な将来の期間に売却する意思がない場合には，配当金により回収するものを除き，留保利益について税効果を認識しない。

留保利益に係る税効果会計の適用にあたっては，税効果適用指針第23項および第24項に準じて行う（持分法実務指針第27項）。

### 設例　株式取得後に生じた留保利益

[前提]
- P社はX1年3月31日にC社株式の20%を500で取得し，関連会社として持分法を適用した。株式取得時のC社（国内会社）の純資産（簿価）は1,000（資本金800および利益剰余金200）であり，資産および負債に評価差額はない。
- 持分法適用にあたり生じたのれんの償却期間は5年とし，X2年3月期からX6年3月期にわたり均等償却される。
- P社はX2年3月31日にX3年3月期首にC社株式をすべて売却する意思決定を行った。
- C社は配当を行わない方針であることについて，P社はC社の他の株主と合意し，覚書を締結している。
- 各社の決算日は，3月31日である。
- P社の法定実効税率は30%である。

（表1）　C社の純資産額推移

|  | X1年3月末 | X2年3月期 | X3年3月期 |
| --- | --- | --- | --- |
| 資本金Ⓐ | 800 | 800 | 800 |
| 期首利益剰余金 | 0 | 200 | 600 |
| 当期純利益 | 200 | 400 | 300 |
| 期末利益剰余金Ⓑ | 200 | 600 | 900 |
| 純資産合計Ⓐ＋Ⓑ | 1,000 | 1,400 | 1,700 |

## 会計処理（連結修正仕訳）

### ＜X1年3月期＞

① 投資額と資本持分額の調整計算

> 仕訳なし。

のれんの金額算定のためだけの計算。持分法であるため，実際には仕訳なし。
S社株式に含まれるのれん300は，X2年3月期から償却する。

| | |
|---|---|
| S社株式の取得原価 | 500 |
| 株式取得時のS社資本勘定のP社持分 | 1,000×20％＝200 |
| のれん（差引） | 300 |

### ＜X2年3月期＞

① S社の当期純利益の取り込み

| （借） S社株式＊1 | 80 | （貸） 持分法による投資損益 | 80 |
|---|---|---|---|

＊1 S社の当期純利益400×P社持分比率20％＝80

② のれんの償却

| （借） 持分法による投資損益＊2 | 60 | （貸） S社株式 | 60 |
|---|---|---|---|

＊2 300/5年＝60

③ S社株式の売却意思決定に伴い，留保利益から生じるS社株式に係る将来加算一時差異に関する繰延税金負債の計上

| （借） 法人税等調整額＊3 | 6 | （貸） 繰延税金負債 | 6 |
|---|---|---|---|

＊3 （X2年3月期末利益剰余金残高600－投資時利益剰余金200）×P社持分比率20％－のれん償却累計額60＝取得後の利益剰余金増加額20
 20×法定実効税率30％＝6

### ＜X3年3月期＞

① 開始仕訳

| （借） S社株式 | 20 | （貸） 繰延税金負債 | 6 |
|---|---|---|---|
| | | （貸） 利益剰余金期首残高 | 14 |

② S社株式売却に伴う売却益の修正

| （借） 株式売却益 | 20 | （貸） S社株式＊4 | 20 |
|---|---|---|---|

＊4 S社株式をすべて売却したため，連結上の簿価と個別財務諸表上の簿価の差異として，取得後の利益剰余金増加額20（＜X2年3月期＞の＊3参照）の全額について，

個別財務諸表上の株式売却益を修正する。

③　S社株式売却によるS社株式に係る将来加算一時差異の解消に伴う繰延税金負債の取崩し

| （借）　繰延税金負債＊5 | 6 | （貸）　法人税等調整額 | 6 |

＊5　S社株式売却に伴いX2年3月期に計上した繰延税金負債の取崩し

## (6)　留保利益のうち配当金による回収

　持分法適用会社の留保利益のうち将来の配当により追加納付が発生すると見込まれる税金額を投資会社の繰延税金負債として計上する。すなわち，国内会社の場合には受取配当金の益金不算入として取り扱われない額，また，在外会社の場合には配当予定額に係る追加負担見込税額を繰延税金負債として計上する。

　ただし，持分法適用会社に留保利益を半永久的に配当させないという投資会社の方針または株主間の協定がある場合には，税効果を認識しない。

　配当金に係る税効果会計の適用にあたっては，税効果適用指針第24項から第26項に準じて行う（持分法実務指針第28項）。

## (7)　のれんの償却額および負ののれんの処理額

　のれんおよび負ののれんの当初残高については，持分法適用会社において繰延税金資産または繰延税金負債を計上しない。

　しかし，のれんを償却または負ののれんを処理すると，投資会社においてのれんの償却額または負ののれんの処理額だけ持分法上の投資価額と個別貸借対照表上の投資簿価との間に差異が生じ，当該差異も留保利益と同様に株式を売却したとき（または清算したとき）に解消されるので税効果会計の対象となる。

　投資会社が，その投資の売却を自ら決めることができることを前提として予測可能な将来の期間に売却する意思がない場合には，当該一時差異に対しては繰延税金資産または繰延税金負債を計上しない。一方，予測可能な将来の期間に投資を売却するか，税務上の損金算入が認められる評価減の要件を満たす可

能性が高くなった場合には当該将来減算一時差異に対して繰延税金資産を計上し，売却するという意思決定を行った場合は当該将来加算一時差異に対して繰延税金負債を計上する。

予想される配当以外の留保利益に係る税効果とのれんの償却額および負ののれんの処理額に係る税効果は，持分法適用会社に係る投資会社に帰属する税効果である。各税効果による繰延税金資産および繰延税金負債の純額が繰延税金負債となる場合，持分法適用会社の株式の売却を自ら決めることができることを前提として予測可能な将来の期間に売却する見込みを判断の上，また，両者の純額が繰延税金資産となる場合，同様の前提の下で予測可能な将来の期間に投資を売却するか，税務上の損金算入が認められる評価減の要件を満たす可能性が高いかどうかを判断の上，繰延税金資産または繰延税金負債の計上の可否を決定する（持分法実務指針第29項）。

## (8) 持分法適用会社の欠損金

持分法適用会社が，自己の税務上の欠損金について，欠損金の繰越期間に一時差異等加減算前課税所得が発生する可能性が高いと見込まれること，含み益のある資産を売却する等一時差異等加減算前課税所得を発生させるようなタックス・プランニングが存在すること，または繰越欠損金と相殺される将来加算一時差異の解消が見込まれることのいずれかの要件を満たす場合には，持分法適用会社の税効果として認識する。

他方，持分法適用会社が自己の税務上の欠損金について実現可能性の要件を満たさず，税効果を認識できない場合であっても，当該持分法適用会社が持分法適用日以降に欠損金を計上したときには，投資会社は当該持分法適用会社の株式につき減損，清算または売却等によって，取得後欠損金に係る法人税等の減額効果を享受することができるので，当該取得後欠損金は投資会社において税効果の対象となる。

投資会社が，その投資の売却を自ら決めることができることを前提として予測可能な将来の期間に売却の意思がないため欠損金について税効果を認識してこなかった場合であっても，次の要件をすべて満たすこととなったときには，それを満たした範囲内で投資会社の持分法上の投資価額と個別貸借対照表上の投資簿価との差額につき将来減算一時差異として税効果を認識し，繰延税金資

産を計上する（持分法実務指針第30項）。

① 投資会社が予測可能な将来の期間に持分法適用会社への投資について税務上の損金算入が認められる評価減の要件を満たすか，または当該持分法適用会社の清算もしくは当該投資の売却によって当該将来減算一時差異を解消する可能性が高いこと

② 投資会社の繰延税金資産の計上につき，回収可能性に係る判断要件を満たすこと

| 第4章 | # 四半期財務諸表・中間財務諸表等における税効果会計 |

本章では，四半期連結財務諸表および四半期個別財務諸表（以下合わせて「四半期財務諸表」という。）や中間連結財務諸表および中間財務諸表（以下合わせて「中間財務諸表等」という。）において適用される税効果会計について，解説する。

## 1. 四半期財務諸表における税金費用の会計処理

　四半期財務諸表における税効果会計は，原則として，年度決算と同様の方法により適用する（企業会計基準第12号「四半期財務諸表に関する会計基準」（以下「四半期会計基準」という。）第9項本文，第20項本文）。ただし，税金費用の計算については，四半期特有の会計処理を採用することができる（四半期会計基準第11項，第22項）。

### (1)　四半期財務諸表の性格

　四半期財務諸表の性格付けについては，「実績主義」と「予測主義」という2つの異なる考え方がある。

　「実績主義」とは，四半期会計期間を年度と並ぶ一会計期間とみた上で，四半期財務諸表を，原則として年度の財務諸表と同じ会計方針を適用して作成することにより，当該四半期会計期間に係る企業集団または企業の財政状態，経営成績およびキャッシュ・フローの状況に関する情報を提供するという考え方である。

　一方，「予測主義」は，四半期会計期間を年度の一構成部分と位置付けて，四半期財務諸表を，年度の財務諸表と部分的に異なる会計方針を適用して作成することにより，当該四半期会計期間を含む年度の業績予測に資する情報を提供するという考え方である。

　我が国では，国際的な会計基準の動向も踏まえて検討を行った結果，「実績主義」を基本として四半期財務諸表を作成することとされている（四半期会計基準第39項）。

## (2) 原則的な取扱い

前述のとおり，我が国では，四半期財務諸表の性格付けとして基本的には「実績主義」を採用していることから，四半期財務諸表における税効果会計についても，原則として，年度決算と同様の方法により適用することになる。

## (3) 四半期特有の会計処理

四半期会計基準では，税金費用の計算については年度決算と同様の方法を原則としつつ，当該方法に代えて，中間財務諸表等において税金費用の計算方法として認められている簡便法と同様の会計処理である四半期特有の会計処理を採用することを認めている（四半期会計基準第48項）。

四半期特有の会計処理を採用する場合の繰延税金資産の回収可能性の判断は，原則として四半期決算日時点で見直すことになるが，四半期決算においては，年度および中間会計期間における決算手続よりも迅速性が求められているため，前年度末に計上した繰延税金資産の各四半期決算日時点での見直しにあたっては，財務諸表利用者の判断を誤らせない限り，後述の「4．(2) 繰延税金資産の回収可能性の判断における簡便的な取扱い」によることも認められる（企業会計基準適用指針第14号「四半期財務諸表に関する会計基準の適用指針」（以下「四半期適用指針」という。）第18項なお書）。

なお，四半期会計期間に係る四半期損益及び包括利益計算書または四半期損益計算書および四半期包括利益計算書の開示を行う場合には，各四半期会計期間の税金費用の計上額は，原則として，期首からの累計期間における税金費用の額から直前の四半期会計期間の末日までの期首からの累計期間における税金費用の額を差し引いて計算する（四半期適用指針第18項本文）。

## (4) 簡便的な会計処理の容認

四半期財務諸表は，原則として年度の財務諸表の作成にあたって適用される会計方針に準拠して作成されなければならない一方，年度の財務諸表や中間財務諸表よりも開示の迅速性が求められている（四半期会計基準第47項）。

そのため，四半期財務諸表の開示対象期間に係る企業または企業集団の財政

状態,経営成績およびキャッシュ・フローの状況に関する財務諸表利用者の判断を誤らせない限り,簡便的な会計処理によることができる(四半期会計基準第9項ただし書,第20項ただし書)。

## 2.原則法による税金費用の計算

### (1) 原則法による税金費用の計算

　原則法を採用する場合,年度決算と同様の方法により,税金費用の計算を行う。具体的には,法人税等については,四半期会計期間を含む年度の法人税等の計算に適用される税率に基づき,原則として年度決算と同様の方法により計算し,繰延税金資産および繰延税金負債については,回収可能性等を検討した上で,四半期貸借対照表に計上する(四半期会計基準第14項本文)。

設例　原則法による税金費用の計算

前提
- 当第1四半期における期首からの累計期間に係る税引前四半期純利益は800,貸倒引当金繰入限度超過額(将来減算一時差異)は200,交際費(税務上の損金に算入されない項目)は100である。当該将来減算一時差異は,当第1四半期における期首からの累計期間において生じたものとする。
- 交際費は,一時差異等に該当しない項目である。
- 四半期会計期間を含む年度の法人税,住民税及び事業税の計算に適用される税率,法定実効税率は,ともに30%とする。
- 前事業年度の期末に一時差異等は有していないものとする。

当第1四半期における法人税等の計算

| | |
|---|---:|
| 当第1四半期(期首からの累計期間)に係る税引前四半期純利益 | 800 |
| 貸倒引当金繰入限度超過額(将来減算一時差異) | 200 |
| 交際費(税務上の損金に算入されない項目) | 100 |
| 当第1四半期(期首からの累計期間)に係る課税所得 | 1,100 |
| 税率 | 30% |
| 法人税,住民税及び事業税 | 330 |

**当第1四半期における法人税等調整額の計算**

| | |
|---|---|
| 繰延税金資産（当期首） | ― |
| 繰延税金資産（当第1四半期決算日） | *1 60 |
| 法人税等調整額 | (60) |

*1　繰延税金資産60＝将来減算一時差異残高200×法定実効税率30％

**当第1四半期（期首からの累計期間）の仕訳**

| （借） | 法人税，住民税及び事業税 | 330 | （貸） | 未払法人税等 | 330 |
|---|---|---|---|---|---|
| （借） | 繰延税金資産 | 60 | （貸） | 法人税等調整額 | 60 |

（中間税効果適用指針　設例1　参照）

###  四半期における繰延税金資産の回収可能性の判断のための課税所得の見積り

Q. 回収可能性適用指針における（分類4）に該当する会社において，第1四半期末では，繰延税金資産の回収可能性を判断する際に使用する見積課税所得について，以下のいずれの期間の課税所得を用いるべきか。
- 翌期の一時差異等加減算前課税所得の見積額
- 当期の一時差異等加減算前課税所得の見積額
- 第1四半期末から起算して1年分の一時差異等加減算前課税所得の見積額

A. 四半期会計基準第39項では，四半期会計期間を年度と並ぶ一会計期間とみた上で，四半期財務諸表を，原則として年度の財務諸表と同じ会計処理の原則および手続を適用して作成する，「実績主義」が基本とされている。

　ここで，回収可能性適用指針における（分類4）に該当する会社は，翌期の一時差異等加減算前課税所得の見積額に基づいて繰延税金資産の回収可能性を判断することから，第1四半期においては，第1四半期末から起算して1年分の一時差異等加減算前課税所得に基づいて繰延税金資産の回収可能性を判断することになると考えられる。

## (2) 税金費用の計算に用いる税法が改正された場合の取扱い

　原則法により税金費用を計算している場合，年度決算と同様の方法により計算するため，税法が改正された場合には，税効果適用指針の定めを適用する。

　具体的には，繰延税金資産および繰延税金負債の計算に用いる税法の改正に伴い税率やその他の納付税額の計算方法が変更されたこと等により，繰延税金資産および繰延税金負債の額が修正された場合，次の場合を除き，当該修正差額を当該税率等が変更された期首からの累計期間において，法人税等調整額を相手勘定として計上する（税効果適用指針第51項，第53項）。

① **資産または負債の評価替えにより生じた評価差額等を直接純資産の部に計上する場合**

　当該評価差額等に係る一時差異に関する繰延税金資産および繰延税金負債の差額について，税率等が変更されたことによる修正差額を，当該税率等が変更された期首からの累計期間において，純資産の部の評価・換算差額等を相手勘定として計上する。

② **資産または負債の評価替えにより生じた評価差額等をその他の包括利益で認識した上で純資産の部のその他の包括利益累計額に計上する場合**

　当該評価差額等に係る一時差異に関する繰延税金資産および繰延税金負債の差額について，税率等が変更されたことによる修正差額を，当該税率等が変更された期首からの累計期間において，その他の包括利益を相手勘定として計上する。

　なお，税法が改正されたことにより土地再評価差額金に係る繰延税金資産または繰延税金負債の額が修正された場合，当該修正差額は上記①または②に従って当該税法が改正された期首からの累計期間において，純資産の部の評価・換算差額等（土地再評価差額金）またはその他の包括利益を相手勘定として計上する（税効果適用指針第54項）。

　また，税法が改正されたことにより諸準備金等に係る繰延税金負債の額が修正された場合，当該修正差額は当該税法が改正された期首からの累計期間において，法人税等調整額を相手勘定として処理するとともに，同額の諸準備金等

の計上または取崩しを行う（税効果適用指針第55項）。

## 3．四半期特有の会計処理

### (1)　四半期特有の会計処理による税金費用の計算

　四半期特有の会計処理を採用する場合，四半期会計期間を含む年度の税引前当期純利益に対する税効果会計適用後の実効税率を合理的に見積り，税引前四半期純利益に当該見積実効税率を乗じて期首からの累計期間における税金費用を計算する。

> 税金費用＝税引前四半期純利益×見積実効税率

　この場合，四半期貸借対照表計上額は未払法人税等その他適当な科目により流動負債として（または繰延税金資産その他適当な科目により投資その他の資産として）表示し，前年度末の繰延税金資産および繰延税金負債については，回収可能性や適用税率の変更等を検討した上で，四半期貸借対照表に計上する（四半期会計基準第14項ただし書，第48項ただし書）。

### (2)　見積実効税率の算定方法

　四半期特有の会計処理における税金費用の計算に使用する見積実効税率の算定方法は，中間税効果適用指針の規定に準じて処理する（四半期適用指針第19項）。

#### ①　原則的な方法

　次の算式により見積実効税率を計算する（中間税効果適用指針第12項）。

　ここで，法定実効税率は，四半期会計期間を含む事業年度における法人税等の額を計算する際に適用される税率に基づくものをいう。

> 見積実効税率＝予想年間税金費用÷予想年間税引前当期純利益
>
> 予想年間税金費用＝（予想年間税引前当期純利益±一時差異等に該当しない項目）
> 　　　　　　　　×法定実効税率
>
> 　予想年間税金費用は，予想年間税引前当期純利益の額と予想年間課税所得の額との差異のうち一時差異等に該当しない項目に係る税金費用を含む。
> 　見積実効税率の算定においては，必要に応じて税額控除を考慮することに留意する。

　一時差異等に該当しない項目とは，「税引前当期純利益の計算においては収益または費用として計上されるが，課税所得計算においては永久に税務上の益金または損金に算入されないもの」（税効果適用指針第77項）をいう。具体的な例は図表4－1のとおりである。

**図表4－1　一時差異等に該当しない項目の例**

- 会計上，収益として計上された受取配当金のうち，課税所得計算において永久に税務上の益金に算入されないもの
- 会計上，費用として計上された交際費のうち，課税所得計算において永久に税務上の損金に算入されないもの

　期首において繰延税金資産を計上していなかった重要な一時差異等について，期首からの累計期間において将来の税金負担額を軽減する効果を有することとなったと判断された場合，見積実効税率の算定にあたり，次の算式のとおり税金の回収が見込まれる金額を予想年間税金費用の額から控除する。

> 予想年間税金費用＝（予想年間税引前当期純利益±一時差異等に該当しない項目）
> 　　　　　　　　×法定実効税率－期首において繰延税金資産を計上していなかった重要な一時差異等について税金の回収が見込まれる金額

　なお，見積実効税率の算定において，財務諸表利用者の判断を誤らせない限り，一時差異に該当しない差異や税額控除等の算定にあたり，重要な項目に限

定する方法によることができる（四半期適用指針第19項）。

> 設例  四半期特有の会計処理による税金費用の計算
>
> **前提**
> - 当第１四半期における期首からの累計期間に係る税引前四半期純利益は800，貸倒引当金繰入限度超過額（将来減算一時差異）は200，交際費（税務上の損金に算入されない項目）は100である。当該将来減算一時差異は，当第１四半期における期首からの累計期間において生じたものとする。
> - 交際費は，一時差異等に該当しない項目である。
> - 当第１四半期会計期間を含む事業年度に係る予想年間税引前当期純利益は4,000，交際費は600と予想している。
> - 法定実効税率は30％とする。
> - 前事業年度の期末に一時差異等は有していないものとする。
>
> **見積実効税率の計算**
>
> | | | |
> |---|---|---|
> | (a) | 予想年間税引前当期純利益 | 4,000 |
> | (b) | 予想年間交際費（税務上の損金に算入されない項目） | 600 |
> | (c) | 小計（(a)＋(b)） | 4,600 |
> | (d) | 法定実効税率 | 30.0％ |
> | (e) | 予想年間税金費用（(c)×(d)） | 1,380 |
> | (f) | 見積実効税率（(e)÷(a)） | 34.5％ |
>
> **税金費用の計算**
>
> | | |
> |---|---|
> | 当第１四半期（期首からの累計期間）に係る税引前四半期純利益 | 800 |
> | 見積実効税率 | 34.5％ |
> | 税金費用 | 276 |
>
> **当第１四半期（期首からの累計期間）の仕訳**
>
> | | | | | |
> |---|---|---|---|---|
> | （借） | 法人税，住民税及び事業税 | 276 | （貸）未払法人税等 | 276 |

（中間税効果適用指針　設例１　参照）

設例  期首において繰延税金資産を計上していなかった重要な一時差異等について，将来の税金負担額を軽減する効果を有することとなったと判断された場合の見積実効税率の計算

### 前提

- 当第2四半期における期首からの累計期間に係る税引前四半期純利益は800，貸倒引当金繰入限度超過額（将来減算一時差異）は200，交際費（税務上の損金に算入されない項目）は100である。
- 交際費は，一時差異等に該当しない項目である。
- 前事業年度の期末において，税務上の繰越欠損金を800有していた。当該税務上の繰越欠損金に係る繰延税金資産については，回収可能性が見込まれないため，計上していなかった。また，税務上の繰越欠損金を除く一時差異等は有していなかった。
- 当第2四半期における期首からの累計期間では，前期末における税務上の繰越欠損金に係る繰延税金資産の全額について回収可能性があると判断した。
- 当第2四半期会計期間を含む事業年度に係る予想年間税引前当期純利益は1,500，交際費は300と予想している。また，前事業年度の期末における税務上の繰越欠損金残高800は，全額，当第2四半期会計期間を含む事業年度の年間課税所得の計算上控除されるものと予想する。
- 法定実効税率は30％とする。
- 前事業年度の期末に繰延税金資産および繰延税金負債は計上されていないものとする。

### 見積実効税率の計算

期首において繰延税金資産を計上していなかった税務上の繰越欠損金800について，当第2四半期決算日において，当第2四半期会計期間を含む事業年度の税金負担額を軽減する効果を有することとなったと判断されたため，見積実効税率の算定にあたり，税金の回収が見込まれる金額を予想年間税金費用の額から控除する。

| | | |
|---|---|---:|
| (a) | 予想年間税引前当期純利益 | 1,500 |
| (b) | 予想年間交際費（税務上の損金に算入されない項目） | 300 |
| (c) | 税務上の繰越欠損金の年間控除見込額 | △800 |
| (d) | 小計 ((a)+(b)+(c)) | 1,000 |
| (e) | 法定実効税率 | 30.0% |
| (f) | 予想年間税金費用 ((d)×(e)) | 300 |
| (g) | 見積実効税率 ((f)÷(a)) | 20.0% |

（中間税効果適用指針　設例3　参照）

## ② 税金費用の計算に用いる税法が改正された場合の取扱い

期首からの累計期間において，繰延税金資産および繰延税金負債の計算に用いる税法が改正された場合，予想年間税金費用について，「①　原則的な方法」に代えて，次の算式により，計算する（中間税効果適用指針第13項本文，設例6）。

---

予想年間税金費用＝予想年間納付税額（四半期会計期間を含む事業年度の法人税等の予想額）＋予想年間法人税等調整額

予想年間納付税額＝予想年間課税所得に基づき計算した当事業年度における予想納付税額の合計額

予想年間課税所得＝予想年間税引前当期純利益＋一時差異の予想年間増減額±一時差異等に該当しない項目

予想年間法人税等調整額＝一時差異の予想年間増減額×当事業年度における納付税額の計算に用いる税率（法定実効税率）＋当事業年度末に存在すると予想される一時差異に係る税率変更の影響額

---

四半期特有の会計処理では，年間の税金費用と税引前当期純利益を見積るが，四半期決算日時点における一時差異等は把握しないため，税率変更があったとしても原則法のように厳密にその影響を計算することは想定されていない。しかしながら，四半期特有の会計処理であっても原則法になるべく近似させることが必要であるとの考えに基づき，予想年間納付税額と予想年間法人税等調整額の合計額を使用することとされた（中間税効果適用指針第38項）。

なお，期首の繰延税金資産および繰延税金負債の大部分が当該事業年度の期末における繰延税金資産および繰延税金負債を構成することが見込まれる場合は，次のとおり処理することができる（中間税効果適用指針第13項ただし書）。

ⅰ）「①　原則的な方法」の見積実効税率を用いて計算した税金費用を計上する。

ⅱ）税法が改正されたことによる期首の繰延税金資産および繰延税金負債の修正差額を計算し，ⅰ）で計上した税金費用に加減する。

設例

### 税法が改正された場合の見積実効税率の計算

|前提|

- 当第2四半期における期首からの累計期間に係る税引前四半期純利益は800，貸倒引当金繰入限度超過額（将来減算一時差異）は400，交際費（税務上の損金に算入されない項目）は100である。当該将来減算一時差異の前期末（当期首）残高は200であったものとする。
- 交際費は，一時差異等に該当しない項目である。
- 当第2四半期会計期間を含む事業年度に係る予想年間税引前当期純利益は1,500，貸倒引当金繰入限度超過額は600（当事業年度の課税所得計算上400が加算される。），交際費は200と予想している。
- 四半期会計期間を含む年度の法人税等の計算に適用される税率は30%とする。
- 法定実効税率は30%だったが，当第2四半期における期首からの累計期間に税法が改正され，25%に変更となったとする（四半期会計期間を含む年度の法人税等の計算に適用される税率は変更なし）。

|予想年間納付税額の計算|

　期首からの累計期間において，税法の改正に伴い税率が変更されたため，予想年間税金費用は，予想年間納付税額と予想年間法人税等調整額の合計額を用いて計算する。

| | | |
|---|---|---:|
|(a)|予想年間税引前当期純利益|1,500|
|(b)|貸倒引当金繰入限度超過額（将来減算一時差異）|400|
|(c)|予想年間交際費（税務上の損金に算入されない項目）|200|
|(d)|予想年間課税所得　((a)+(b)+(c))|2,100|
|(e)|年度の法人税等の計算に適用される税率|30.0%|
|(f)|予想年間納付税額　((d)×(e))|630|

予想年間法人税等調整額の計算

| | |
|---|---|
| 繰延税金資産（当期首） | *1 60 |
| 繰延税金資産（当期末） | *2 150 |
| 法人税等調整額 | (90) |

* 1　繰延税金資産（当期首）60＝将来減算一時差異残高（当期首）200×法定実効税率30%
* 2　繰延税金資産（当期末）150＝将来減算一時差異残高（当期末）600×法定実効税率25%

見積実効税率の計算

| (a) | 予想年間納付税額 | 630 |
|---|---|---|
| (b) | 予想年間法人税等調整額 | △90 |
| (c) | 予想年間税金費用（(a)＋(b)） | 540 |
| (d) | 予想年間税引前当期純利益 | 1,500 |
| (e) | 見積実効税率（(c)÷(d)） | 36.0% |

（中間税効果適用指針　設例6　参照）

③　見積実効税率を用いて税金費用を計算すると著しく合理性を欠く結果となる場合の取扱い

　「①　原則的な方法」の見積実効税率を用いて期首からの累計期間に係る税金費用を計算すると著しく合理性を欠く結果となる場合，法定実効税率を用いて当該税金費用を計算する（中間税効果適用指針第14項）。著しく合理性を欠く結果となる場合の例は図表4－2のとおりである。

---

**図表4－2　原則的な方法の見積実効税率を用いて期首からの累計期間に係る税金費用を計算すると著しく合理性を欠く結果となる場合の例**

- 予想年間税引前当期純利益がゼロまたは損失となる場合
- 予想年間税金費用がゼロまたはマイナスとなる場合
- 期首からの累計期間の損益と当事業年度のその後の期間の損益とが相殺されるため，一時差異等に該当しない項目に係る税金費用の影響が予想年間税引前当期純利益に対して著しく重要となる場合

図表4－2に例示した場合において，見積実効税率を用いて期首からの累計期間に係る税金費用を計算すると著しく合理性を欠く結果となると考えられている理由は次のとおりである。

見積実効税率は，「予想年間税金費用÷予想年間税引前当期純利益」によって算定される。そのため，予想年間税金費用または予想年間税引前当期純利益が発生しない場合には，見積実効税率を算定することができないこととなる（中間税効果適用指針第39項(1)）。

また，予想年間税金費用には一時差異等に該当しない項目の税額への影響が反映される。そのため，期首からの累計期間と当事業年度のその後の期間で損益が相殺されるため予想年間税引前当期純利益が期首からの累計期間または当事業年度のその後の期間に計上される税引前純利益に比して著しく小さく，その結果，一時差異等に該当しない項目に係る税金費用の影響が著しく重要となる場合には，例えば，見積実効税率が100％を超過したり，または0％に近くなったりすることも考えられる。このような見積実効税率では期首からの累計期間に係る適正な税金費用を計算できないこととなるため，年度決算との整合性を図る観点から，このような場合には法定実効税率を用いて税金費用を計算する（中間税効果適用指針第39項(2)，第40項）。

法定実効税率を用いる場合，期首からの累計期間に係る税金費用は次のとおり計算する（中間税効果適用指針第15項）。

---

ｉ）税引前四半期純利益のとき

税金費用＝（税引前四半期純利益±（重要な場合）一時差異等に該当しない項目）
　　　　　×法定実効税率

ｉｉ）税引前四半期純損失のとき

税金費用＝（税引前四半期純損失±（重要な場合）一時差異等に該当しない項目）×
　　　　　法定実効税率

---

なお，税引前四半期純損失に法定実効税率を乗じて計算した税金費用に対応する四半期貸借対照表上の資産の額については，期首における繰延税金資産の額と合算して，税効果適用指針第8項(1)に従って繰延税金資産の回収可能性を判断し，回収が見込まれる額を計上することとなる。

設例　期首からの累計期間が利益の場合で，当事業年度のその後の期間に損失が見込まれるときの四半期特有の会計処理による税金費用の計算

|前提|

- 当第2四半期における期首からの累計期間に係る税引前四半期純利益は800，貸倒引当金繰入限度超過額（将来減算一時差異）は200，交際費（税務上の損金に算入されない項目）は100である。当該将来減算一時差異は，当第2四半期における期首からの累計期間において生じたものとする。
- 交際費は，一時差異等に該当しない項目である。
- 当事業年度のその後の期間において損失（1,200）が見込まれるため，当第2四半期会計期間を含む事業年度に係る予想年間税引前当期純損失は400，交際費は200と予想している。
- 四半期会計期間を含む年度の法人税等の計算に適用される税率，法定実効税率は，ともに30％とする。
- 前事業年度の期末に一時差異等は有していないものとする。

|税金費用の計算|

　予想年間税引前当期純利益が損失のため，見積実効税率でなく法定実効税率により当第2四半期（期首からの累計期間）に係る税金費用を計算する。

| | |
|---|---:|
| 当第2四半期（期首からの累計期間）に係る税引前四半期純利益 | 800 |
| 交際費（税務上の損金に算入されない項目） | 100 |
| 小計 | 900 |
| 法定実効税率 | 30.0％ |
| 税金費用 | 270 |

|当第2四半期（期首からの累計期間）の仕訳|

| （借）　法人税，住民税及び事業税 | 270 | （貸）　未払法人税等 | 270 |
|---|---|---|---|

（中間税効果適用指針　設例4　参照）

設例  期首からの累計期間が損失の場合で，当事業年度のその後の期間に利益が見込まれるときの四半期特有の会計処理による税金費用の計算

### 前提
- 当第2四半期における期首からの累計期間に係る税引前四半期純損失は800，貸倒引当金繰入限度超過額（将来減算一時差異）は200，交際費（税務上の損金に算入されない項目）は100である。当該将来減算一時差異は，当第2四半期における期首からの累計期間において生じたものとする。
- 交際費は，一時差異等に該当しない項目である。
- 当事業年度のその後の期間において利益（1,000）が見込まれるため，当第2四半期会計期間を含む事業年度に係る予想年間税引前当期純利益は200，交際費は200と予想している。
- 四半期会計期間を含む年度の法人税等の計算に適用される税率，法定実効税率は，ともに30％とする。
- 前事業年度の期末に一時差異等は有していないものとする。
- 税務上の繰越欠損金の繰戻還付は，認められていないものとする。

### 見積実効税率の計算

| | | |
|---|---|---:|
| (a) | 予想年間税引前当期純利益 | 200 |
| (b) | 予想年間交際費（税務上の損金に算入されない項目） | 200 |
| (c) | 小計（(a)＋(b)） | 400 |
| (d) | 法定実効税率 | 30.0％ |
| (e) | 予想年間税金費用（(c)×(d)） | 120 |
| (f) | 見積実効税率（(e)÷(a)） | 60.0％ |

　見積実効税率が60％と計算されたが，これは，期首からの累計期間の損失と当事業年度のその後の期間の利益とが相殺されたり，一時差異等に該当しない項目に係る税金費用の影響が予想年間税引前当期純利益に対して著しく重要となったことによるものであり，見積実効税率を用いて税金費用を計算すると著しく合理性を欠く結果となると考えられるため，見積実効税率ではなく法定実効税率により当第2四半期（期首からの累計期間）に係る税金費用を計算する。

## 税金費用の計算

| | |
|---|---:|
| 当第2四半期（期首からの累計期間）に係る税引前四半期純損失 | △800 |
| 交際費（税務上の損金に算入されない項目） | 100 |
| 小計 | △700 |
| 法定実効税率 | 30.0% |
| 税金費用 | △210 |

## 当第2四半期（期首からの累計期間）の仕訳

| （借） 繰延税金資産 | 210 | （貸） 法人税, 住民税及び事業税 | 210 |
|---|---|---|---|

（中間税効果適用指針　設例5　参照）

④　**法定実効税率を用いて税金費用を計算するにあたり，税金費用の計算に用いる税法が改正された場合**

　見積実効税率を用いて税金費用を計算すると著しく合理性を欠く結果となるため，法定実効税率を用いて税金費用を計算するにあたっては，期首からの累計期間において税法が改正された場合，当該四半期会計期間を含む事業年度の期末に存在すると見込まれる一時差異等の額を見積り，税法の改正による繰延税金資産および繰延税金負債の修正差額を期首からの累計期間および当該事業年度のその後の期間に合理的な方法により配分し，期首からの累計期間に配分した修正差額を期首からの累計期間に係る税金費用に加減する（中間税効果適用指針第16項）。

　これは四半期特有の会計処理であっても原則法になるべく近似させることが必要であるという立場によるものであり，税法の改正による繰延税金資産および繰延税金負債の修正差額を期首からの累計期間および当該事業年度のその後の期間に配分する合理的な方法とは，各会社の状況，一時差異の性質等を総合的に勘案して決められる妥当な方法を意味している。

　例えば，四半期会計期間を含む事業年度の末日に存在すると見込まれる一時差異が1つしかない会社で，その一時差異が棚卸資産の評価損に係るものであり，その棚卸資産の評価損が期首からの累計期間にのみ生じたものであれば，全額当該期間に配分すべきであり，期首からの累計期間および当該事業年度のその後の期間の発生に係るものであれば，それぞれの金額をもとに期首からの

累計期間および当該事業年度のその後の期間に配分することになる(中間税効果適用指針第41項)。

 **設例** 税金費用の計算について四半期特有の会計処理を採用し、法的実効税率を用いて税金費用を計算するにあたり、税法が改正された場合の税金費用の計算

### 前提
- 当第2四半期における期首からの累計期間に係る税引前四半期純利益は800とする。
- 減価償却費の損金算入限度超過額(将来減算一時差異)の前期末(当期首)残高は200であり、その全額について回収可能性があると判断していた。当該繰延税金資産は当2第四半期決算日においても回収可能性があると判断している。
- 減価償却費の損金算入限度超過額(将来減算一時差異)の当第2四半期会計期間を含む事業年度の当期末残高は600(当事業年度の課税所得計算上400が加算される。)となることが見込まれている。
- 四半期特有の会計処理により税金費用を計算しているが、予想年間税引前当期純利益がゼロまたは損失となることが見込まれているため、見積実効税率を用いて税金費用を計算すると著しく合理性を欠く結果となることから、法定実効税率を用いて税金費用を計算している。
- 四半期会計期間を含む年度の法人税等の計算に適用される税率は30%とする。
- 当該将来減算一時差異の解消が見込まれる期の法定実効税率は30%だったが、当第2四半期における期首からの累計期間に税法が改正され、25%に変更となったとする(四半期会計期間を含む年度の法人税等の計算に適用される税率は変更なし)。

### 法定実効税率を用いた税金費用の計算

| | |
|---|---|
| 当第2四半期(期首からの累計期間)に係る税引前四半期純利益 | 800 |
| 法定実効税率 | 30.0% |
| 税金費用 | 240 |

### 税法の改正による修正差額の配分

将来減算一時差異の当期末残高600に含まれる当期首残高200についての税法の改正による影響額10(=200×(30%−25%))は原則法との整合性を踏まえ、当第2四半期(期首からの累計期間)に配分する。一方、当事業年度に生じるこ

とが見込まれる将来減算一時差異400についての税法の改正による影響額は，期首からの累計期間および当該事業年度のその後の期間にそれぞれ10（＝400×（30％−25％）×（6月/12月））配分する。

（中間税効果適用指針　設例7　参照）

**論点** 💬 　税金費用の計算について四半期特有の会計処理を採用している場合，税金費用の計算にあたり税引前四半期純利益に加減すべき「一時差異等に該当しない項目」

Q. 予想年間税引前利益が損失であるため，法定実効税率を使用して税金費用を計算する。期首からの累計期間において繰延税金資産を計上できないスケジューリング不能な将来減算一時差異が発生した場合，税金費用の計算にあたり当該一時差異を「一時差異等に該当しない項目」に含めて税引前四半期純利益に加減すべきか。

A. 見積実効税率を用いて税金費用を計算すると著しく合理性を欠く結果となるため税引前四半期純利益に法定実効税率を乗じて税金費用を計算する場合であって，一時差異等に該当しない項目が重要な場合は，その金額を税引前四半期純利益に加減した上で法定実効税率を乗じることになる。

　　ここでいう，税引前四半期純利益に加減する「一時差異等に該当しない項目」とは，税引前当期純利益の計算においては費用または収益として計上されるが，課税所得の計算においては，永久に税務上の益金または損金に算入されないもの（中間税効果適用指針第12項，税効果適用指針第77項）とされており，繰延税金資産を計上できないスケジューリング不能な将来減算一時差異は含まれないと考えられる。

　　また，中間決算における簡便法では，中間決算時点の一時差異等は把握しないことが前提とされており（中間税効果適用指針第38項），税金費用に関する四半期特有の会計処理を採用している場合も，同様に四半期決算時点の一時差異等は把握しないことが前提と考えられることから，税金費用の計算にあたって，繰延税金資産を計上できないスケジューリング不能な将来減算一時差異を税引前四半期純利益に加減することはないと考えられる。

国内子会社から多額の配当を受け取っている場合の四半期特有の会計処理による税金費用の計算

Q. 会社は税金費用の計算について，四半期特有の会計処理を採用し，税引前四半期純利益に見積実効税率を乗じて税金費用を計算している。

会社は第１四半期に国内子会社から多額の配当を受け取り，単体の税金費用計算上は当該配当による利益を含めた金額に対して見積実効税率を乗じて，税金費用を計算している。

連結上は当該受取配当金が消去され，税引前四半期純利益は受取配当金部分が少なく計上されることとなるが，税金費用は調整されないため，税金等調整前四半期純利益に比して多額に費用計上される結果となる。

このような状況において，国内子会社からの受取配当金には税金費用がかからないことから，以下のような算定方法を採用することは認められるか。

- 見積実効税率＝予想年間税金費用÷（予想年間税引前純利益－受取配当金）
- 税金費用＝（税引前四半期純利益－受取配当金）×見積実効税率

A. 第１四半期に関係会社から多額の配当金を受け取っている場合，見積実効税率を用いて当第１四半期の税金費用を計算すると著しく合理性を欠く結果となる場合に相当するケースとして，中間税効果適用指針第14項から第16項に従い，見積実効税率ではなく，法定実効税率を使用する方法により税金費用を計算することは考えられる。

しかしながら，本ケースで示された算定方法は法定実効税率ではなく，調整した見積実効税率を用いて税金費用を算定しようとするものであり，そのような算定方法は中間税効果適用指針において示されていない。また，四半期適用指針第19項では，見積実効税率を用いると著しく合理性を欠く場合の取扱いは，中間税効果適用指針第14項から第16項に準じて処理するものとされていることから，中間財務諸表等において認められない処理は，四半期財務諸表においても認められないものと考えられる。

税金費用の計算について四半期特有の会計処理を採用している場合における土地売却に伴う土地再評価差額金に係る繰延税金資産または繰延税金負債の取扱い

Q. 会社は税金費用の計算について，四半期特有の会計処理を採用し，税引前四半期純利益に見積実効税率を乗じて税金費用を計算している。

　土地売却に伴い土地再評価差額金の取崩しを行った場合，土地再評価差額金に係る繰延税金資産または繰延税金負債を取り崩すべきか。

A. 税金費用の計算における四半期特有の会計処理は，中間財務諸表作成基準と同様の会計処理として認められている（四半期会計基準第48項）ため，四半期における会計処理は中間財務諸表等における税効果会計に関する取扱いに準じて検討することになると思われる。

　税金費用として処理されない評価差額の税効果については，原則法と同様に処理するとしている中間税効果適用指針第36項に準じて四半期において繰延税金資産または繰延税金負債の額を修正するものと考えられる。他方，税金費用として処理される評価差額の税効果については，中間税効果適用指針第11項に準じて，期首における繰延税金資産の全部または一部が将来の税金負担額を軽減する効果を有さなくなったと判断された場合，計上していた繰延税金資産のうち回収可能性がない金額を取り崩すのみで，一時差異等の減少による繰延税金資産または繰延税金負債の取崩しは行わないと考えられる。

　土地売却に伴い取り崩される土地再評価差額金に係る繰延税金資産または繰延税金負債は税金費用として処理される評価差額の税効果であるため，四半期においては取り崩さない処理が適当と考えられる。

## 4．税金費用の簡便的な取扱い

### (1) 年度決算と同様の方法による税金費用の計算における簡便的な取扱い

　法人税等については，財務諸表利用者の判断を誤らせない限り，納付税額の算出等において，簡便的な方法によることができる。例えば，課税所得の計算における加減算項目や税額計算における税額控除項目を，重要なものに限定す

る方法がある（四半期適用指針第15項）。

## ⑵　繰延税金資産の回収可能性の判断における簡便的な取扱い

### ①　経営環境に著しい変化が生じていない場合

　四半期財務諸表に計上された繰延税金資産についても，原則として，年度決算と同様の方法により回収可能性の判断を行うため，四半期決算日ごとに，将来の回収見込みについて見直しを行うこととなる。しかし，四半期会計期間ごとに一時差異等加減算前課税所得や将来加算一時差異等について，改めて年度決算と同様の判断をすることは，実務上過度な負担になるとも考えられる（四半期適用指針第94項）。

　そのため，重要な企業結合や事業分離，業績の著しい好転または悪化，その他経営環境に著しい変化が生じておらず，かつ一時差異等の発生状況について前年度末から大幅な変動がないと認められる場合には，繰延税金資産の回収可能性の判断にあたり，前年度末の検討において使用した将来の業績予測やタックス・プランニングを利用することができる（四半期適用指針第16項）。

### ②　経営環境に著しい変化が生じた場合

　重要な企業結合や事業分離，業績の著しい好転または悪化，その他経営環境に著しい変化が生じるか，または，一時差異等の発生状況について前年度末から大幅な変動があると認められる場合には，繰延税金資産の回収可能性の判断にあたり，前年度末の検討において使用した将来の業績予測やタックス・プランニングをそのまま利用することはできないものの，財務諸表利用者の判断を誤らせない範囲において，前年度末の検討において使用した将来の業績予測やタックス・プランニングに，当該著しい変化または大幅な変動による影響を加味したものを使用することができる（四半期適用指針第17項）。

　なお，重要な企業結合や事業分離，業績の著しい好転または悪化，その他経営環境に著しい変化が生じるか，または，一時差異等の発生状況について前年度末から大幅な変動があると認められる場合とは，具体的には回収可能性適用指針第15項から第32項に従って判断される企業の分類が変わる程度の著しい変化または大幅な変動が生じた場合などが考えられる（四半期適用指針第94項）。

③　四半期特有の会計処理を採用する場合の繰延税金資産の回収可能性の判断

　四半期特有の会計処理を採用する場合の繰延税金資産の回収可能性の判断は，原則として四半期決算日時点で見直すことになるが，四半期決算においては，年度および中間会計期間における決算手続よりも迅速性が求められているため前年度末に計上した繰延税金資産の見直しにあたっては，財務諸表利用者の判断を誤らせない限り，①，②の方法によることも認められる（四半期適用指針第18項なお書）。

### 論点 💬 原則的な会計処理から簡便的な会計処理への変更

**Q.** 原則的な会計処理から四半期会計基準に定められている簡便的な会計処理への変更は認められるか。認められる場合，会計方針の変更に該当するか。

**A.** 四半期会計基準に定められている簡便的な会計処理については，もともと財務諸表利用者の判断を誤らせない限り認められるものであり，原則的な会計処理から簡便的な会計処理への変更は，財務諸表利用者の判断を誤らせない限り認められ，会計方針の変更には該当しないと考えられる。

### 論点 💬 簡便的な会計処理から四半期特有の会計処理への変更

**Q.** 四半期における税金費用の計算を年度決算と同様の方法によっている場合における簡便的な会計処理から四半期特有の会計処理に変更することは，会計方針の変更に該当するか。

**A.** 簡便的な会計処理については，もともと財務諸表利用者の判断を誤らせない限り認められるものであり，これを変更したとしても会計方針の変更に該当しない。また，年度決算と同様の方法と四半期特有の会計処理は，継続適用を前提に選択適用でき，いずれを適用するかは会計方針であると考えられる。

　したがって，四半期における税金費用の計算について，年度決算と同様の方法によっている場合における簡便的な会計処理から四半期特有の会計処理に変更することは，その変更に正当な理由がある場合，会計方針の変更に該当する。そのため，過去の期間に遡及適用を行うとともに，会計方針の変更に関する注記の対象となる。

## (3) 重要性が乏しい連結会社における簡便的な会計処理

連結財務諸表における重要性が乏しい連結会社(親会社および連結子会社)にまで年度と同様の方法あるいは四半期特有の会計処理を求めると,四半期決算の迅速性が阻害されることもある(四半期適用指針第96項)。

このため,連結財務諸表における重要性が乏しい連結会社(親会社および連結子会社)において,重要な企業結合や事業分離,業績の著しい好転または悪化およびその他の経営環境に著しい変化が発生しておらず,かつ,四半期財務諸表上の一時差異等の発生状況について前年度末から大幅な変動がない場合には,期首からの累計期間における税金費用について,次のとおり計算することができる(四半期適用指針第20項)。

> 税金費用＝税引前四半期純利益×前年度の損益計算書における税効果会計適用後の法人税等の負担率

なお,この方法は,当該連結会社の前年度末に計上された繰延税金資産および繰延税金負債の回収可能性等の判断結果が当該四半期会計期間末まで継続している場合にのみ認められるため,前年度末に計上された繰延税金資産および繰延税金負債については,同額を四半期貸借対照表に計上することになる。

### 設例 重要性が乏しい連結会社における簡便的な会計処理

前提
- 親会社P社の連結財務諸表において,連結子会社S社は重要性が乏しく,四半期財務諸表におけるS社の税金費用の計算にあたり,重要性が乏しい連結会社における簡便的な会計処理を採用している。
- 前年度のS社の損益計算書(抜粋)は次のとおりであった。

| 税引前当期純利益 | 800 |
|---|---|
| 法人税,住民税及び事業税 | 300 |
| 法人税等調整額 | △20 |
| 当期純利益 | 520 |

- 当第3四半期におけるS社の期首からの累計期間に係る税引前四半期純利益

は600である。

- S社の四半期財務諸表上の一時差異等の発生状況について，前年度末から大幅な変動はない。

### 前年度の損益計算書における税効果会計適用後の法人税等の負担率の計算

| | | |
|---|---|---|
| (a) | 法人税，住民税及び事業税 | 300 |
| (b) | 法人税等調整額 | △20 |
| (c) | 税効果会計適用後の法人税等 ((a)＋(b)) | 280 |
| (d) | 税引前当期純利益 | 800 |
| (e) | 税効果会計適用後の法人税等の負担率 ((c)÷(d)) | 35.0% |

### 当第3四半期の期首からの累計期間における税金費用の計算

| | |
|---|---|
| 当第3四半期（期首からの累計期間）に係る税引前四半期純利益 | 600 |
| 前年度の損益計算書における税効果会計適用後の法人税等の負担率 | 35.0% |
| 法人税等 | 210 |

### 第3四半期末（期首からの累計期間）の仕訳

| | | | | |
|---|---|---|---|---|
| （借）法人税，住民税及び事業税 | 210 | （貸）未払法人税等 | | 210 |

（四半期適用指針　設例3　参照）

# ５．四半期連結財務諸表における会計処理

## ⑴　連結会社の個別財務諸表上の税金費用

　連結会社ごとに，「２．原則法による税金費用の計算」，「３．四半期特有の会計処理」または「４．税金費用の簡便的な取扱い」のいずれかの方法により税金費用を計算するとされている（四半期適用指針第21項）。

## ⑵　連結手続上生じる一時差異に係る法人税等調整額

　連結手続上行われた修正仕訳に係る一時差異については，四半期会計期間を含む年度の法人税等の計算に適用される税率に基づいて，法人税等調整額を計算する（四半期適用指針第21項）。

## ⑶　未実現利益消去に係る税効果

　期首から四半期会計期間末までの連結会社間での取引により生じた未実現利益を四半期連結の手続上で消去するにあたって，当該未実現利益額が，売却元の年間見積課税所得額（税金費用の計算について四半期特有の会計処理による場合には，予想年間税引前当期純利益）を上回っている場合には，連結消去に係る一時差異の金額は，当該年間見積課税所得（税金費用の計算について四半期特有の会計処理による場合には，予想年間税引前当期純利益）を限度とする（四半期適用指針第22項）。

　ここで，期首から四半期会計期間末までの連結会社間の取引により生じた未実現利益を四半期の連結手続上で消去する場合，当該未実現利益額に係る一時差異の金額の限度額については，以下の２つの考え方がある。

①　売却元の期首からの累計期間に係る見積課税所得額
②　年間見積課税所得

　①の方法によった場合，四半期連結財務諸表においては，同じ年度内で売却元の期首からの累計期間に係る課税所得が四半期を経るごとに変動することに

伴い一時差異の限度額も変動し，法人税等調整額等が変動することになる結果，1株当たり四半期純損益の算定基礎となる四半期純損益が大きく変動する可能性があるという指摘がある。一方，②の方法によれば，年間見積課税所得が変わらない限り，未実現利益の消去を行った四半期会計期間以外の四半期純損益に影響を及ぼさず，また，実際の税金費用は年度の課税所得をもって確定することから，四半期会計期間においても年間見積課税所得額を一時差異の限度額として用いることによって年度との整合性を図ることにより，年間の業績見通しに資する情報を提供することになると考えられる。

このような点を踏まえ，四半期適用指針では②の考え方が採用されている（四半期適用指針第97項）。

 **設例　未実現利益の消去に係る税効果**

**［前提］**
- X1年4月1日に，親会社P社は100%連結子会社S社に土地（帳簿価額1,000）を2,000で売却した。売却益はP社において課税される。
- S社はP社から取得後，継続して当該土地を保有している。
- P社およびS社はともに3月決算会社である。
- X2年3月期において，P社は当該取引以外に未実現利益が生じる連結会社間の取引を実施していない。
- P社に適用される法人税等の税率は30%である。

**［第1四半期末（X1年6月30日）］**
- 第1四半期末におけるP社の期首からの累計期間に係る見積課税所得は300，年間見積課税所得は1,200であった。

（未実現利益の消去）

| （借） | 土地売却益 | 1,000 | （貸） | 土地 | 1,000 |
|---|---|---|---|---|---|

（未実現利益の消去に係る税効果の計算）

| （借） | 繰延税金資産 | 300 | （貸） | 法人税等調整額 | 300 |
|---|---|---|---|---|---|

　未実現利益の消去に係る将来減算一時差異1,000は，期首からの累計期間に係る見積課税所得300を超えているが，売却元P社の年間見積課税所得1,200を超えないため，1,000全額について税効果を認識する。
　繰延税金資産300＝1,000×30%

第2四半期末（X1年9月30日）

- 第2四半期末におけるP社の期首からの累計期間に係る見積課税所得は400，年間見積課税所得は600に減少した。なお，第1四半期に計上した仕訳については，洗替処理している。

（未実現利益の消去）

| （借） | 土地売却益 | 1,000 | （貸） | 土地 | 1,000 |
|---|---|---|---|---|---|

（未実現利益の消去に係る税効果の計算）

| （借） | 繰延税金資産 | 180 | （貸） | 法人税等調整額 | 180 |
|---|---|---|---|---|---|

未実現利益の消去に係る将来減算一時差異1,000は，売却元P社の年間見積課税所得600を超えるため，年間見積課税所得600を限度として税効果を認識する。

繰延税金資産180＝600×30%

（四半期適用指針　設例4　参照）

## (4) 連結納税制度を採用した場合における四半期特有の会計処理の適用の可否

連結納税制度を採用した場合であっても，予想年間税金費用と予想年間税引前当期純利益を合理的に見積ることができるときには，期首からの累計期間に係る税金費用について，四半期特有の会計処理を適用することができる（四半期適用指針第23項）。

第4章

四半期財務諸表・中間財務諸表等における税効果会計

# 6．中間財務諸表等における会計処理

改正ポイント🔍

　平成30年2月に中間税効果適用指針が公表された。これは従来の日本公認会計士協会から公表されていた会計制度委員会報告第11号「中間財務諸表等における税効果会計に関する実務指針」（以下「中間税効果実務指針」という。）等のうち，中間財務諸表等における税効果会計の適用に係る取扱いについて，企業会計基準委員会に移管して公表されたものである。ただし，基本的に従来の中間税効果実務指針等の内容を踏襲した上で表現の見直しを行ったものであり，実質的な内容の変更は意図していないため，会計基準等の改正に伴う会計方針の変更には該当しないものとして取り扱われる（中間税効果適用指針第23項，第46項）。中間税効果適用指針は，平成30年4月1日以後開始する中間連結会計期間および中間会計期間の期首から適用される（中間税効果適用指針第22項）。
　なお，中間税効果適用指針が公表されたことを受け，中間税効果実務指針は廃止されている。

## (1)　中間財務諸表における税金費用の会計処理

　中間財務諸表における税金費用は，原則として，年度決算と同様の方法により計算するが，簡便法を採用することも認められている（税効果会計基準第二 二 5，中間税効果適用指針第5項）。

　中間財務諸表については，四半期財務諸表と同様に実績主義により作成されるため，中間財務諸表における税効果会計も，原則的には年度決算と同様に計算することになる。ただし，法人税等は事業年度末において確定するため，税引前中間純利益に見積実効税率を乗じて税金費用を計算する簡便法も認められている（中間税効果適用指針第31項）。

### ①　原則法

　中間会計期間を一事業年度とみなして，年度決算と同様の方法により中間財

務諸表における税金費用を計算する。

**② 簡便法**

中間会計期間を含む事業年度の税効果会計適用後の実効税率を合理的に見積り，税引前中間純利益に当該見積実効税率を乗じて中間財務諸表における税金費用を計算する。

## (2) 原則法による税金費用の計算

中間財務諸表における原則法による税金費用は，年度決算と同様の方法により計算する（中間税効果適用指針第6項）。具体的には次のとおりである。

**① 法人税等**

年度決算と同様の方法により計算する。

**② 繰延税金資産**

「① 法人税等」の計算により生じた将来減算一時差異および税務上の繰越欠損金等については税効果適用指針第8項(1)に従って，繰延税金資産を計上する。具体的には，将来の会計期間における将来減算一時差異の解消，税務上の繰越欠損金と課税所得（税務上の繰越欠損金控除前）との相殺等に係る減額税金の見積額について，回収可能性適用指針に従いその回収可能性を判断し，繰延税金資産を計上する。

したがって，例えば，中間会計期間において税務上の繰越欠損金に対して見積られる繰延税金資産の計上額が，事業年度の期末において予想される税務上の繰越欠損金に対して見積られる繰延税金資産の計上額より多額であったとしても，当該中間会計期間後において税務上の繰越欠損金が課税所得の見積額（税務上の繰越欠損金控除前）と相殺されることが合理的に見込まれる場合，繰延税金資産を計上することになる（中間税効果適用指針第32項）。

ただし，組織再編に伴い受け取った子会社株式等（事業分離に伴い分離元企業が受け取った子会社株式等を除く。）に係る将来減算一時差異のうち，当該株式の受取時に生じていたものについては，予測可能な将来の期間に，その売却等を行う意思決定または実施計画が存在する場合を除き，繰延税金資産を計

第4章
四半期財務諸表・中間財務諸表等における税効果会計

131

上しない。

③　繰延税金負債

「①　法人税等」の計算により生じた将来加算一時差異については，税効果適用指針第8項(2)に従って，繰延税金負債を計上する。具体的には，将来の会計期間における将来加算一時差異の解消に係る増額税金の見積額について，次の場合を除き，繰延税金負債を計上する。

　　i ) 企業が清算するまでに課税所得が生じないことが合理的に見込まれる場合

　　ii ) 子会社株式等に係る将来加算一時差異（事業分離に伴い分離元企業が受け取った子会社株式等を除く。）について，親会社または投資会社がその投資の売却等を当該会社自身で決めることができ，かつ，予測可能な将来の期間に，その売却等を行う意思がない場合

④　繰延税金資産および繰延税金負債の相手勘定

繰延税金資産および繰延税金負債を計上するにあたっては，税効果適用指針第9項の定めが適用される。すなわち，次の場合を除き，年度の期首における繰延税金資産の額と繰延税金負債の額の差額と中間決算日における当該差額の増減額を，法人税等調整額を相手勘定として計上する。

　　i ) 資産または負債の評価替えにより生じた評価差額等を直接純資産の部に計上する場合

当該評価差額等に係る一時差異に関する繰延税金資産および繰延税金負債の差額について，年度の期首における当該差額と中間決算日における当該差額の増減額を，純資産の部の評価・換算差額等を相手勘定として計上する。

　　ii ) 資産または負債の評価替えにより生じた評価差額等をその他の包括利益で認識した上で純資産の部のその他の包括利益累計額に計上する場合

当該評価差額等に係る一時差異に関する繰延税金資産および繰延税金負債の差額について，年度の期首における当該差額と中間決算日における当該差額の増減額を，その他の包括利益を相手勘定として計上する。

⑤　繰延税金資産および繰延税金負債の計算に用いる税法および税率

繰延税金資産および繰延税金負債の計算に用いる税法および税率については，

税効果適用指針第44項から第49項の定めを適用する（中間税効果適用指針第7項）。具体的には次のとおりである。

ⅰ）繰延税金資産および繰延税金負債の計算に用いる税法

繰延税金資産および繰延税金負債の額は，中間決算日において国会で成立している税法に規定されている方法に基づき計算する。

中間決算日において国会で成立している税法とは，中間決算日以前に成立した税法を改正するための法律を反映した後の税法をいう。

ⅱ）繰延税金資産および繰延税金負債の計算に用いる税率

繰延税金資産または繰延税金負債の額は，回収または支払が行われると見込まれる期の税率に基づき計算する。

当該税率は，法人税および地方法人税については中間決算日において国会で成立している法人税法等（法人税および地方法人税の税率が規定されている税法）に規定されている税率，住民税（法人税割）および事業税（所得割）（以下合わせて「住民税等」という。）については中間決算日において国会で成立している地方税法等（住民税等の税率が規定されている税法）に基づく税率である。

⑥　租税特別措置法上の諸準備金等の積立てまたは取崩しの取扱い

中間財務諸表における税金費用の計算にあたって，圧縮積立金，特別償却準備金，その他租税特別措置法上の諸準備金等（以下「諸準備金等」という。）の積立てまたは取崩しについては，次のとおり取り扱う（中間税効果適用指針第9項）。

ⅰ）諸準備金等の積立ての原因となる会計事象が中間会計期間に生じ，当該中間会計期間を含む事業年度に係る剰余金の処分により，当該諸準備金等の積立額が税務上の損金に算入されることが確実な場合

当該税務上の損金の算入見込額を考慮して当該中間会計期間に係る税金費用を計算する。

ⅱ）中間会計期間を含む事業年度において諸準備金等の取崩額が税務上の益金に算入される場合

当該取崩額のうち中間会計期間に係る税務上の益金の算入見込額を考慮して当該中間会計期間に係る税金費用を計算する。

第4章
四半期財務諸表・中間財務諸表等における税効果会計

設例  中間会計期間を含む事業年度において租税特別措置法上の諸準備金等の積立てが予定されている場合の原則法による税金費用の計算

|前提|

- 当中間会計期間に係る税引前中間純利益は800，交際費（税務上の損金に算入されない項目）は100である。
- 当中間会計期間に取得した固定資産について，当中間会計期間を含む事業年度において租税特別措置法上の特別償却準備金200を積み立てることが確実である。
- 交際費は，一時差異等に該当しない項目である。
- 中間会計期間を含む年度の法人税等の計算に適用される税率，法定実効税率は，ともに30％とする。
- 前事業年度の期末に一時差異等は有していないものとする。

|法人税等の計算|

| 税引前中間純利益 | 800 |
| 特別償却準備金の損金算入見込額 | △200 |
| 交際費（税務上の損金に算入されない項目） | 100 |
| 中間会計期間に係る課税所得 | 700 |
| 税率 | 30％ |
| 法人税等 | 210 |

|法人税等調整額の計算|

| 繰延税金負債（当期首） | — |
| 繰延税金負債（中間決算日） | *1 (60) |
| 法人税等調整額 | 60 |

*1　繰延税金負債60＝将来加算一時差異残高200×法定実効税率30％

|当中間会計期間の仕訳|

| （借） | 法人税，住民税及び事業税 | 210 | （貸） | 未払法人税等 | 210 |
| （借） | 法人税等調整額 | 60 | （貸） | 繰延税金負債 | 60 |

（中間税効果適用指針　設例2　参照）

なお，簡便法により税金費用を計算する場合，諸準備金等に係る一時差異の変動は税引前当期純利益に対する税金費用の比率に影響を及ぼさないため，見積実効税率の計算にあたり諸準備金等に係る一時差異の変動を考慮する必要はない。

#### ⑦　前事業年度の期末において税務上の繰越欠損金を有する場合の取扱い

前事業年度の期末において税務上の繰越欠損金を有する場合，当該税務上の繰越欠損金については，中間会計期間に係る課税所得（税務上の繰越欠損金控除前）から控除して，当該中間会計期間に係る税金費用を計算する（中間税効果適用指針第10項）。

ここで，当該税務上の繰越欠損金の控除の方法については，以下の2つが考えられる。

ⅰ）上期（中間会計期間）と下期の課税所得（税務上の繰越欠損金控除前）から平均的に控除する方法

ⅱ）上期の課税所得（税務上の繰越欠損金控除前）から優先的に控除する方法

この点，中間税効果適用指針では，中間会計期間を一事業年度とみなして年度決算と同様に処理するという考えにより，「ⅱ）上期の課税所得（税務上の繰越欠損金控除前）から優先的に控除する方法」を採用している（中間税効果適用指針第35項）。

## (3)　簡便法による税金費用の計算

#### ①　税金費用の計算方法

中間財務諸表における簡便法による税金費用は，次のとおり計算する（中間税効果適用指針第11項）。

税金費用＝税引前中間純利益×見積実効税率

#### ②　繰延税金資産および繰延税金資産の回収可能性の見直し

期首における繰延税金資産および繰延税金負債については，中間決算日において税効果適用指針第8項(1)に従って繰延税金資産の回収可能性を見直す。具

体的には，将来減算一時差異および税務上の繰越欠損金等に係る繰延税金資産の全部または一部が将来の税金負担額を軽減する効果を有さなくなったと判断された場合，計上していた繰延税金資産のうち回収可能性がない金額を取り崩す（中間税効果適用指針第11項）。

## (4) 見積実効税率の計算方法

### ① 原則的な方法

見積実効税率は，原則として，次の算式により計算する（中間税効果適用指針第12項）。

> 見積実効税率＝予想年間税金費用÷予想年間税引前当期純利益
>
> 予想年間税金費用＝（予想年間税引前当期純利益±一時差異等に該当しない項目）×
> 　　　　　　　　　法定実効税率
>
> 　予想年間税金費用の算定においては，必要に応じて税額控除を考慮する。
> 　法定実効税率は，中間会計期間を含む事業年度における法人税等の額を計算する際に適用される税率に基づくものをいう。

### ② 期首において繰延税金資産を計上していなかった重要な一時差異等について，当中間会計期間において将来の税金負担額を軽減する効果を有することとなったと判断された場合

簡便法において税金費用は納付税額と法人税等調整額（税効果額）に区分することなく一括して計算されるため，見積実効税率の算定にあたっては，基本的に一時差異等を考慮する必要がない。これは，中間会計期間における一時差異等の変動は税引前中間純利益に対する税金費用に影響を与えないためである。したがって，見積実効税率の算定にあたり，税金費用に影響するものとして一時差異等に該当しない項目のみを考慮すれば足りることとなる。

しかしながら，例えば，当期首に繰延税金資産を計上していなかった税務上の繰越欠損金を当期または将来に充当することが確実になった場合には，その予想充当額は，一時差異等に該当しない項目と同様，税金費用に影響することとなる。同様に当期首に繰延税金資産として計上していなかった一時差異等が

ある場合においても，当期または将来にその全部または一部が実現すると確実に見込まれるときは，当該見積実効税率の算定にあたり，その税金費用への影響を考慮する必要がある（中間税効果適用指針第37項）。

そのため，期首において繰延税金資産を計上していなかった重要な一時差異等について，当中間会計期間において将来の税金負担額を軽減する効果を有することとなったと判断された場合，見積実効税率の算定にあたり，税金の回収が見込まれる金額を予想年間税金費用の額から控除する必要がある（中間税効果適用指針第12項(2)）。

### ③　税金費用の計算に用いる税法が改正された場合の取扱い

中間会計期間において，繰延税金資産および繰延税金負債の計算に用いる税法が改正された場合，予想年間税金費用について，「①　原則的な方法」に代えて，次の算式により，計算する（中間税効果適用指針第13項）。

---

予想年間税金費用＝予想年間納付税額（中間会計期間を含む事業年度の法人税等の予想額）＋予想年間法人税等調整額

予想年間納付税額＝予想年間課税所得に基づき計算した当事業年度における予想納付税額の合計額

予想年間課税所得＝予想年間税引前当期純利益＋一時差異の予想年間増減額±一時差異等に該当しない項目

予想年間法人税等調整額＝一時差異の予想年間増減額×当事業年度における納付税額の計算に用いる税率（法定実効税率）＋当事業年度末に存在すると予想される一時差異に係る税率変更の影響額

---

なお，期首の繰延税金資産および繰延税金負債の大部分が当該事業年度の期末における繰延税金資産および繰延税金負債を構成することが見込まれる場合，次のとおり処理することができる。

ⅰ）「①　原則的な方法」の見積実効税率を用いて計算した税金費用を計上する。

ⅱ）税法が改正されたことによる期首の繰延税金資産および繰延税金負債の修正差額を計算し，ⅰ）で計上した税金費用に加減する。

④ 見積実効税率を用いて税金費用を計算すると著しく合理性を欠く結果となる場合の取扱い

「① 原則的な方法」の見積実効税率を用いて中間会計期間に係る税金費用を計算すると著しく合理性を欠く結果となる場合，法定実効税率を用いて当該税金費用を計算する（中間税効果適用指針第14項）。著しく合理性を欠く結果となる場合の例は図表4－3のとおりである。

図表4－3　原則的な方法の見積実効税率を用いて中間会計期間に係る税金費用を計算すると著しく合理性を欠く結果となる場合の例

- 予想年間税引前当期純利益がゼロまたは損失となる場合
- 予想年間税金費用がゼロまたはマイナスとなる場合
- 上期（中間会計期間）の損益と下期の損益とが相殺されるため，一時差異等に該当しない項目に係る税金費用の影響が予想年間税引前当期純利益に対して著しく重要となる場合

法定実効税率を用いる場合，中間会計期間に係る税金費用は次のとおり計算する（中間税効果適用指針第15項）。

ⅰ）税引前中間純利益のとき

税金費用＝（税引前中間純利益±一時差異等に該当しない項目）×法定実効税率
　一時差異等に該当しない項目は，重要な場合のみ税引前中間純利益に加減する。

ⅱ）税引前中間純損失のとき

税金費用＝（税引前中間純損失±一時差異等に該当しない項目）×法定実効税率
　一時差異等に該当しない項目は，重要な場合のみ税引前中間純損失に加減する。

なお，税引前中間純損失に法定実効税率を乗じて計算した税金費用に対応する中間貸借対照表上の資産の額については，期首における繰延税金資産の額と合算して，税効果適用指針第8項(1)に従って繰延税金資産の回収可能性を判断し，回収が見込まれる額を計上することとなる。

⑤ **法定実効税率を用いて税金費用を計算するにあたり，税金費用の計算に用いる税法が改正された場合の取扱い**

　見積実効税率を用いて税金費用を計算すると著しく合理性を欠く結果となるため，法定実効税率を用いて税金費用を計算するにあたっては，中間会計期間において税法が改正された場合，当該中間会計期間を含む事業年度の期末に存在すると見込まれる一時差異等の額を見積り，税法の改正による繰延税金資産および繰延税金負債の修正差額を上期（中間会計期間）および下期に合理的な方法により配分し，上期に配分した修正差額を中間会計期間に係る税金費用に加減する（中間税効果適用指針第16項）。

⑥ **更正等による追徴または還付に伴い過年度の法人税等の納付税額が変更された場合の取扱い**

　中間会計期間において，更正等による追徴または還付に伴い過年度の法人税等の納付税額が変更された場合の簡便法における税金費用の取扱いについては，次の考えが参考になる（中間税効果適用指針第42項）。

ⅰ）中間会計期間中に更正決定または修正申告により過年度の納付税額が変更された場合の中間会計期間に帰属する税金費用は，「① 原則的な方法」の算式を用いてまず計算する。

ⅱ）この場合，追徴の対象とされた一時差異に係る税額部分は，当中間会計期間にいったん税金費用に含められても，同額の将来減算一時差異が発生し，当該一時差異に係る税金費用のマイナス額を計上する結果となる。

ⅲ）したがって，過年度に発生した一時差異に係る追徴税額は，当中間会計期間における税金費用合計に影響を及ぼさない。

ⅳ）しかしながら，中間財務諸表等規則の第52条第4項では，重要な法人税等の更正決定等による納付税額または還付税額の区分表示を求めており，当該区分表示をした場合には，過年度に発生した一時差異に係る追徴税額に相当する部分は税金費用から控除して，中間損益計算書に計上することになる。

## (5) 中間連結財務諸表における税金費用の会計処理

### ① 連結会社の中間会計期間に係る税金費用

　連結会社ごとに原則法または簡便法のいずれかの方法を選択適用して，中間会計期間に係る税金費用を計算する（中間税効果適用指針第17項）。

　簡便法により計算される税金費用の金額は，原則法により計上される税金費用の金額に近似するものと考えられているため，中間連結財務諸表の作成上，原則法または簡便法のいずれかに統一して適用することは要求されず，連結会社ごとに原則法または簡便法を選択することができると解されている（中間税効果適用指針第43項）。

### ② 連結財務諸表固有の一時差異に係る法人税等調整額

　年度決算と同様の方法により連結財務諸表固有の一時差異に係る法人税等調整額を計算する（中間税効果適用指針第17項）。

### ③ 未実現利益の消去に係る一時差異の取扱い

　中間連結会計期間に係る連結会社間の取引に伴い生じた未実現利益の消去に係る連結財務諸表固有の将来減算一時差異の額については，売却元の連結会社の売却年度（当該中間会計期間を含む事業年度）における課税所得の見積額（簡便法による場合，予想年間税引前当期純利益）を上限として，当該未実現利益に係る税金の額を繰延税金資産として計上する（中間税効果適用指針第18項，第19項本文）。

　これは，実際の税金費用は年度の課税所得をもって確定することから，中間連結会計期間においても売却年度における課税所得の見積額を将来減算一時差異の限度額として用いることによって年度との整合性を図ることにより，年間の業績見通しに資する情報を提供することとなるという考えに基づくものである（中間税効果適用指針第44項）。

　ただし，簡便法による場合であって，前事業年度の期末に税務上の繰越欠損金を有するときは，未実現利益の消去に係る将来減算一時差異の額については，予想年間税引前当期純利益から当該税務上の繰越欠損金の控除見込額を控除した額を上限とする（中間税効果適用指針第19項ただし書）。

# 7. 開 示

## (1) 表 示

### ① 四半期財務諸表における税金費用の表示

　四半期連結損益計算書または四半期損益計算書上，税金費用については，原則として，「法人税，住民税及び事業税」と「法人税等調整額」に区分して表示する（四半期連結財務諸表規則第77条第1項，四半期財務諸表等規則第69条第1項）。ただし，これらを一括して表示することも認められている（四半期連結財務諸表規則第77条第2項，四半期財務諸表等規則第69条第2項）。

　なお，税金費用の計算について四半期特有の会計処理を採用した場合は，「法人税，住民税及び事業税」と「法人税等調整額」を区分せずに計算するため，一括して表示することになる。この場合，四半期貸借対照表計上額は未払法人税等その他適当な科目により流動負債として（または繰延税金資産その他適当な科目により投資その他の資産として）表示する（四半期会計基準第14項）。

### ② 中間財務諸表等における税金費用の表示

　中間連結損益計算書または中間損益計算書上，税金費用については，原則として，「法人税，住民税及び事業税」と「法人税等調整額」に区分して表示する（中間連結財務諸表規則第64条第1項，中間財務諸表等規則第52条第1項）。ただし，四半期と同様にこれらを一括して表示することも認められている（中間連結財務諸表規則第64条第2項本文，中間財務諸表等規則第52条第2項本文）。

　他方，簡便法による税金費用は，中間連結損益計算書または中間損益計算書において法人税，住民税及び事業税などその内容を示す科目をもって表示する。当該簡便法による税金費用の相手勘定について，中間連結貸借対照表または中間貸借対照表において負債に計上される場合は，流動負債の区分に未払法人税等などその内容を示す科目をもって表示し，資産に計上される場合は投資その他の資産の区分に繰延税金資産などその内容を示す科目をもって表示する（中間税効果適用指針第20項）。

## 改正ポイント🔍

　平成30年２月に公表された税効果会計基準一部改正により，繰延税金資産および繰延税金負債をすべて非流動区分に表示することになったことに伴い，四半期財務諸表における四半期特有の会計処理および中間財務諸表等における簡便法において計上される税金費用の相手勘定についても，平成30年４月１日以後開始する連結会計年度および事業年度の第１四半期会計期間ならびに平成30年４月１日以後開始する中間連結会計期間および中間会計期間より，資産に計上される場合は投資その他の資産の区分に繰延税金資産などその内容を示す科目をもって表示することとなった。

### (2)　四半期財務諸表における注記事項

　四半期財務諸表の作成にあたり，四半期特有の会計処理を採用している場合には，その旨およびその内容を注記する（四半期会計基準第19項(6)，第25項(5)）。ただし，重要性が乏しい場合には，注記を省略することができる（四半期適用指針第37項）。

---

**図表４－４　税金費用の計算について四半期特有の会計処理を採用している場合の注記例**

　税金費用については，当第１四半期連結会計期間を含む連結会計年度の税引前当期純利益に対する税効果会計適用後の実効税率を合理的に見積り，税引前四半期純利益に当該見積実効税率を乗じて計算しております。

---

### (3)　中間財務諸表における注記事項

#### ①　税金費用を一括して記載している場合

　中間連結損益計算書または中間損益計算書において「法人税，住民税及び事業税」と「法人税等調整額」を区分せずに一括して記載している場合，その旨

を注記する（中間連結財務諸表規則第64条第2項ただし書，中間財務諸表等規則第52条第2項ただし書）。

---

**図表4－5　税金費用を一括して記載している場合の注記例**

　中間連結会計期間における税金費用については，法人税等調整額を「法人税等」に含めて表示しております。

---

② **簡便法により税金費用を計算している場合**

　簡便法により税金費用を計算している場合，中間連結損益計算書または中間損益計算書において「法人税，住民税及び事業税」などその内容を示す科目をもって表示している旨を注記する（中間税効果適用指針第20項）。

---

**図表4－6　簡便法により税金費用を計算している場合の注記例**

　中間連結会計期間における税金費用については，簡便法により計算しているため，法人税等調整額は「法人税，住民税及び事業税」に含めて表示しております。

---

③ **中間会計期間において租税特別措置法上の諸準備金等を積み立てたものまたは取り崩したものとみなして税金費用を計算している場合**

　中間会計期間において諸準備金等の積立てまたは取崩しを行わず，諸準備金等を積み立てたものまたは取り崩したものとみなして税金費用を計算している場合，その旨を注記する（中間税効果適用指針第21項）。

---

**図表4－7　中間会計期間において租税特別措置法上の諸準備金等を積み立てたものまたは取り崩したものとみなして税金費用を計算している場合の注記例**

　中間会計期間に係る法人税等の額および法人税等調整額は，当事業年度において予定している圧縮積立金および特別償却準備金の積立ておよび取崩しを前提として，当中間会計期間に係る金額を計算しております。

---

第4章

四半期財務諸表・中間財務諸表等における税効果会計

| 第5章 | # 繰延税金資産の回収可能性 |
|---|---|

繰延税金資産の計上は，発生した将来減算一時差異について将来の税金負担額を軽減する効果を有するかどうかを根拠とする。繰延税金資産の回収可能性は，将来予測に基づくという不確実性を有していることから，繰延税金資産の計上額を決める回収可能性については十分な検討が求められる。

税効果会計における多様な論点のうち，繰延税金資産の回収可能性は，企業の分類や将来の課税所得の見積りの検討などにおいて判断を必要とする場面が多く，かつ，その判断に困難を伴うケースが多くある分野と言える。現在の企業を取り巻く外部環境，企業自らの内部環境等から将来の事象をどのように合理的に予測するかによって，繰延税金資産および負債の計上額は変動することとなり，財務諸表数値に重要な影響を与えることが想定される。

また，繰延税金資産の計上額は，会社法上の分配可能額に含まれる。この点も，繰延税金資産の回収可能性の検討が重要と位置付けられる理由と考えられている。つまり，繰延税金資産の計上額の変動がそのまま会社法上の分配可能額に影響を与えるため，繰延税金資産の計上額は合理的な根拠に基づく必要があると考えられる。

本章では，このような企業にとって重要となる繰延税金資産の回収可能性について解説する。

## 1．繰延税金資産の回収可能性の判断および手順

本節では，繰延税金資産の計上，繰延税金資産の回収可能性の判断，繰延税金資産の回収可能性の判断手順などについて解説する。

### (1) 繰延税金資産の計上

繰延税金資産または繰延税金負債は，一時差異等に係る税金の額から将来の会計期間において回収または支払が見込まれない税金の額を控除して計上しなければならない（税効果会計基準第二　二　1）。したがって，繰延税金資産として計上すべき金額は，将来の会計期間における将来減算一時差異の解消または税務上の繰越欠損金の一時差異等加減算前課税所得との相殺および繰越外国税額控除の余裕額の発生等に係る減額税金の見積額である（回収可能性適用

指針第4項）。

　繰延税金資産は，将来の課税所得の発生に伴う法人税等の支払額を減額する効果を有し，一般的には法人税等の前払額に相当するため資産としての性格を有するものと考えられる（意見書第二．2）。よって，繰延税金資産は，発生した将来減算一時差異等の解消によって将来の税金負担額を軽減する効果があるかどうか，法人税等の前払額が将来の課税所得の発生により回収することができるかどうかを検討した上で計上することが必要となる。

## (2)　繰延税金資産の回収可能性の判断

　繰延税金資産の回収可能性は，以下の3つの要素に基づいて，将来の税金負担額を軽減させる効果を有するかどうかを判断する。当該判断は3つの要素のいずれかを満たしているかどうかにより判断するものとされている。

### ①　収益力に基づく一時差異等加減算前課税所得 （回収可能性適用指針第6項(1)）

　将来減算一時差異の解消見込年度およびその解消見込年度を基準として税務上の欠損金の繰戻しおよび繰越しが認められる期間において，当該将来減算一時差異または税務上の繰越欠損金の解消額を十分に吸収できる一時差異等加減算前課税所得が発生する可能性が高いと見込まれるかどうかを検討する。また，税務上の繰越欠損金が生じた事業年度の翌期から繰越期限切れとなるまでの期間に，一時差異等加減算前課税所得が生じる可能性が高いと見込まれるかどうかを検討する。

　そのためには，過去の業績や納税状況，将来の業績予測等を総合的に勘案して予想される損益から予想される申告調整額を加減することで，一時差異等加減算前課税所得を合理的に見積る必要がある。ただし，繰延税金資産の回収可能性を判断するための将来の課税所得は，期末に存在する将来減算一時差異等の解消額を反映する前の一時差異等加減算前課税所得となることに留意が必要である（一時差異等加減算前課税所得の内容および具体的な計算方法については，後述の「(3)　一時差異等加減算前課税所得の考え方」を参照）。

② **タックス・プランニングに基づく一時差異等加減算前課税所得**（回収可能性適用指針第6項(2)）

　将来減算一時差異の解消見込年度および繰戻・繰越期間または繰越期間に，含み益のある固定資産または有価証券を売却する等のタックス・プランニングに基づく一時差異等加減算前課税所得が生じる可能性が高いと見込まれるかどうかを検討する。

　タックス・プランニングでは，その生じる可能性が高いと見込まれるかどうかが重要であり，単に含み益を有する資産を保有しているだけでなく，当該資産の売却という具体的な計画等が存在していることが必要である。実務上は，取締役会等により機関決定された事業計画において，当該資産の売却が具体的に反映されているといった，実現可能性が高いことを合理的に説明できることが必要と考えられる（回収可能性適用指針第33項および第34項参照）。

③ **将来加算一時差異の十分性**（回収可能性適用指針第6項(3)）

　将来加算一時差異を有していて，将来の一時差異等加減算前課税所得とは別に，その解消見込年度の解消額が将来減算一時差異または税務上の繰越欠損金の解消額を十分に吸収できるものであるかどうかを検討する。

　具体的には，解消額を合理的に計算できる圧縮記帳対象の償却性資産や，税務上一定の期間で取り崩される特別償却準備金等が対象になると考えられる。

　以上の3つの要素に基づいて，将来減算一時差異および税務上の繰越欠損金に係る繰延税金資産の回収可能性を判断した結果，当該将来減算一時差異（複数の将来減算一時差異が存在する場合は，それらを合計する。）および税務上の繰越欠損金が将来の一時差異等加減算前課税所得の見積額および将来加算一時差異の解消見込額と相殺され，税金負担額を軽減することができると認められる範囲内で繰延税金資産を計上するものとし，その範囲を超える額については控除しなければならない（税効果会計基準（注5）および回収可能性適用指針第7項）。

## (3) 一時差異等加減算前課税所得の考え方

　繰延税金資産の回収可能性について判断する際に，理解することが重要な用

**第5章**

繰延税金資産の回収可能性

147

語の1つに一時差異等加減算前課税所得がある。「一時差異等加減算前課税所得」とは，将来の事業年度における課税所得の見積額から，当該事業年度において解消することが見込まれる当期末に存在する将来加算（減算）一時差異の額（および該当する場合は，当該事業年度において控除することが見込まれる当期末に存在する税務上の繰越欠損金の額）を除いた額をいい（回収可能性適用指針第3項(9)），法人税法に基づき算定される「課税所得」とは異なる定義づけをしている。

　また，回収可能性適用指針においては，目的に応じて，「一時差異等加減算前課税所得」と「課税所得」を使い分けている。具体的には，過去に関する要件については，過去において将来減算一時差異が解消した時に税金負担額を軽減したかどうかに関する実績を把握する必要があるため，「課税所得」を使用している。一方，将来に関する要件については，将来において当期末に存在する将来減算一時差異が解消する時に税金負担額を軽減する効果を有するかどうかを判断する必要があるため，「一時差異等加減算前課税所得」を使用している（回収可能性適用指針第58項）。つまり，繰延税金資産の回収可能性を判断する際には，過去の事象と将来の事象について検討する項目が異なる。

| 事象 | 検討する目的 | 検討する項目 |
|---|---|---|
| 過去の事象 | 過去において将来減算一時差異が解消した時に税金負担額が軽減したかどうかに関する実績を把握する必要があるため | 課税所得 |
| 将来の事象 | 将来において当期末に存在する将来減算一時差異が解消する時に税金負担額を軽減する効果を有するかどうかを判断する必要があるため | 一時差異等加減算前課税所得 |

　繰延税金資産の回収可能性は，将来の事象の検討となることから，収益力に基づく一時差異等加減算前課税所得の十分性に基づいて行われる。

　ここで，会計上の損益は，会計基準に準拠して会社の経営成績を適正に表示するものである一方で，課税所得は，タックス・プランニングと言われることがあるように経営者が税金という社外流出をコントロールして計上されるものであるため，本質的なところは異なっていると考えられる。

| 設例 | 一時差異等加減算前課税所得の算定方法 |

**前提条件**

- X1年（当期）に賞与引当金繰入額6,000を計上した。X2年に同額の賞与の支給を予定している。
- X1年（当期）に固定資産Ａの減価償却費600を計上した。固定資産Ａは過年度に取得したものであり，その償却期間はX1年に終了した。
- X2年の税引前当期純利益の予測を7,500とする。当該予測にあたっては，賞与引当金繰入額5,250を見込んでいる。また，X3年に同額の賞与の支給を見込んでいる。なお，X2年に見込んでいる固定資産の減価償却費は税務上の償却限度額（固定資産Ａの償却限度額を除く。）と一致している。
- X3年の税引前当期純利益の予測を7,050とする。当該予測にあたっては，賞与引当金繰入額5,700を見込んでいる。また，X4年に同額の賞与の支給を見込んでいる。なお，X3年に見込んでいる固定資産の減価償却費は税務上の償却限度額（固定資産Ａの償却限度額を除く。）と一致している。
- 賞与については，税務上，賞与を支給する事業年度に全額損金に算入される。
- 固定資産ＡのX1年における税務上の償却限度額は300であり，X1年において減価償却超過額300が損金不算入項目として税務上加算される。当該減価償却超過額は，X2年に150が，X3年に150がそれぞれ認容されて損金に算入される。
- それぞれの事業年度の期末において，賞与引当金繰入限度超過額および減価償却超過額以外の将来減算一時差異，将来加算一時差異および税務上の繰越欠損金は有していない。

**期末における将来減算一時差異**

　X1年の期末においては，税務上，賞与引当金繰入限度超過額6,000および減価償却超過額300が加算される。したがって，X1年の期末において，賞与引当金に係る将来減算一時差異6,000および減価償却超過額に係る将来減算一時差異300を有している。

　なお，当該将来減算一時差異は，X2年に6,150（賞与引当金に係る将来減算一時差異6,000および減価償却超過額に係る将来減算一時差異150）およびX3年に150（減価償却超過額に係る将来減算一時差異150）解消することが見込まれている。

**一時差異等加減算前課税所得の算定**

　一時差異等加減算前課税所得とは，将来の事業年度における課税所得の見積額から，当該事業年度において解消することが見込まれる当期末に存在する将来加算（減算）一時差異の額（および該当する場合は，当該事業年度において

第5章
繰延税金資産の回収可能性

149

控除することが見込まれる当期末に存在する税務上の繰越欠損金の額）を除いた額をいう。

(1) X1年の期末における X2年の一時差異等加減算前課税所得の見積額の算定

① X1年の期末において，X2年の課税所得の見積額は（図表1）のとおりである。

**（図表1） X2年の課税所得の見積額の算定過程**

| 項　目 | | |
|---|---|---|
| 税引前当期純利益の予測 | | 7,500 |
| 税務上の加減算項目 | 賞与引当金繰入限度超過額の認容 | △6,000 | |
| | 減価償却超過額の認容 | △150 | |
| | 賞与引当金繰入限度超過額 | 5,250 | |
| 小計 | | △900 |
| 課税所得の見積額 | | 6,600 |

② X1年の期末における X2年の一時差異等加減算前課税所得の見積額の算定過程

（図表1）の X2年における加減算項目のうち，X1年の期末に存在する将来減算一時差異に関する加減算項目は，賞与引当金繰入限度超過額の認容△6,000および減価償却超過額の認容△150である。X2年における一時差異等加減算前課税所得は，X1年の期末に存在する将来加算（減算）一時差異を加算（減算）する前のものであるため，X2年の課税所得の見込みに賞与引当金繰入限度超過額の認容△6,000および減価償却超過額の認容△150を調整して算定する。具体的には，X2年における一時差異等加減算前課税所得は，次のとおり算定される。

| | 項　目 | |
|---|---|---|
| （A） | X2年の課税所得の見積額 | 6,600 |
| | X1年の期末に存在する将来減算一時差異の X2年における解消見込み | |
| | 賞与引当金繰入限度超過額に係る将来減算一時差異 | 6,000 |
| | 減価償却超過額に係る将来減算一時差異 | 150 |
| （B） | 小計 | 6,150 |
| （A＋B） | X2年の一時差異等加減算前課税所得の見積額 | 12,750 |

(2) X1年の期末における X3年の一時差異等加減算前課税所得の見積額の算定

① X1年の期末において，X3年の課税所得の見積額は（図表2）のとおりである。

（図表２）X3年の課税所得の見積額の算定過程

| 項　目 | | | |
|---|---|---|---|
| 税引前当期純利益の予測 | | | 7,050 |
| 税務上の加減算項目 | 賞与引当金繰入限度超過額の認容 | △5,250 | |
| | 減価償却超過額の認容 | △150 | |
| | 賞与引当金繰入限度超過額 | 5,700 | |
| 小計 | | | 300 |
| 課税所得の見積額 | | | 7,350 |

② X1年の期末における X3年の一時差異等加減算前課税所得の見積額の算定過程

（図表２）の X3年における加減算項目のうち，X1年の期末に存在する将来減算一時差異に関する加減算項目は，減価償却超過額の認容△150である。X3年における一時差異等加減算前課税所得は，X1年の期末に存在する将来加算（減算）一時差異を加算および減算する前のものであり，X3年の課税所得の見積額に減価償却超過額の認容△150を調整して算定する。具体的には，X3年における一時差異等加減算前課税所得は，次のとおり算定される。

| | 項　目 | |
|---|---|---|
| （A） | X3年の課税所得の見積額 | 7,350 |
| | X1年の期末に存在する将来減算一時差異の X3年における解消見込み | |
| | 　賞与引当金繰入限度超過額に係る将来減算一時差異 | — |
| | 　減価償却超過額に係る将来減算一時差異 | 150 |
| （B） | 小計 | 150 |
| （A＋B） | X3年の一時差異等加減算前課税所得の見積額 | 7,500 |

## (4)　繰延税金資産の回収可能性の判断に関する手順

繰延税金資産の回収可能性を判断する場合の具体的な手順は，以下のとおりである（回収可能性適用指針第11項）。

① 期末における将来減算一時差異の解消見込年度のスケジューリングを行う。

② 期末における将来加算一時差異の解消見込年度のスケジューリングを行う。

③ 将来減算一時差異の解消見込額と将来加算一時差異の解消見込額とを，解消見込年度ごとに相殺する。

④ ③で相殺し切れなかった将来減算一時差異の解消見込額については，解消見込年度を基準として繰戻・繰越期間の将来加算一時差異（③で相殺後）の解消見込額と相殺する。

⑤ ①から④により相殺し切れなかった将来減算一時差異の解消見込額については，将来の一時差異等加減算前課税所得の見積額（タックス・プランニングに基づく一時差異等加減算前課税所得の見積額を含む。）と解消見込年度ごとに相殺する。

⑥ ⑤で相殺し切れなかった将来減算一時差異の解消見込額については，解消見込年度を基準として繰戻・繰越期間の一時差異等加減算前課税所得の見積額（⑤で相殺後）と相殺する。

⑦ ①から⑥により相殺し切れなかった将来減算一時差異に係る繰延税金資産の回収可能性はないものとし，繰延税金資産から控除する。

また，期末に税務上の繰越欠損金を有する場合，その繰越期間にわたって，将来の課税所得の見積額（税務上の繰越欠損金控除前）に基づき，税務上の繰越欠損金の控除見込年度および控除見込額のスケジューリングを行い，回収が見込まれる金額を繰延税金資産として計上する。ただし，税務上の繰越欠損金には控除できる限度割合が設けられている。大法人の場合は平成29年4月1日から平成30年3月31日に開始する事業年度は繰越欠損金控除前の所得金額の55％，平成30年4月1日以後に開始する事業年度が繰越欠損金控除前の所得金額の50％と，使用制限が設けられていることに留意が必要である。

なお，将来加算一時差異が重要でない企業の場合，繰延税金資産の回収可能性を判断するにあたって，事業年度ごとに一時差異等加減算前課税所得の見積額および将来加算一時差異の解消見込額を合計して，将来減算一時差異の事業年度ごとの解消見込額と比較し，判断することができる（回収可能性適用指針第12項）。

税務上の欠損金の繰戻・繰越が認められる期間

Q. 税務上の欠損金の繰戻・繰越が認められる期間とはどういう意味か

A. 回収可能性適用指針第11項の(4), (6)において, 相殺し切れなかった将来減算一時差異の解消見込額については, 解消見込年度を基準として繰戻・繰越期間の将来加算一時差異の解消見込額と相殺するとされている。

　繰戻期間とは, 税務上の繰戻還付制度と関係している。繰戻還付制度とは欠損金が生じた場合にその事業年度開始の日前1年以内に開始したいずれかの事業年度に繰り戻すことができる制度で, 過去に支払った税金の還付を受けることができる制度である。現行の税制においては, ①解散等の事実が生じた場合の欠損金額②中小企業者等の各事業年度において生じた欠損金額について繰戻還付が認められており, この認められた期間を繰戻期間という。繰戻還付制度は大規模企業の適用を想定した制度ではないと考えられるが, 子会社等においては適用されることが想定されるため留意が必要と考えられる。

　繰越期間とは, ある年度で発生した税務上の欠損金を将来何年間かにわたって繰り越して, 将来の課税所得と相殺することができる期間のことをいう。現在の税務上の繰越期間は以下となっている。

| 発生年度 | 繰越期間 |
| --- | --- |
| 平成20年4月1日以後に終了する事業年度に生じた欠損金 | 9年 |
| 平成30年4月1日以後に開始する事業年度に生じた欠損金 | 10年 |

 スケジューリングされた将来減算一時差異と将来加算一時差異の相殺と会社分類との関係

Q. 回収可能性適用指針第11項では, 繰延税金資産の回収可能性を判断する手続の流れが明示され, スケジューリングされた将来減算一時差異と将来加算一時差異を相殺する手続が設けられている。

　このとき, 将来減算一時差異と将来加算一時差異の相殺を見込む期間は, 会社分類による一時差異等加減算前課税所得の見積期間と整合させる必要があるか。

A. 将来減算一時差異と将来加算一時差異の相殺を見込む期間は, 会社分類に

よる一時差異等加減算前課税所得の見積期間と整合させる必要はないと考えられる。

回収可能性適用指針第11項(5)では，相殺し切れなかった将来減算一時差異の解消見込額については，将来の一時差異等加減算前課税所得の見積額（タックス・プランニングに基づく一時差異等加減算前課税所得の見積額を含む。）と解消見込年度ごとに相殺するとされ，また，回収可能性適用指針第11項(6)では，(5)で相殺し切れなかった将来減算一時差異の解消見込額については，解消見込年度を基準として繰戻・繰越期間の一時差異等加減算前課税所得の見積額（(5)で相殺後）と相殺するとされている。

このように，スケジューリングされた将来加算一時差異と将来減算一時差異を相殺する手続は，一時差異等加減算前課税所得による繰延税金資産の回収可能性の判断の前段階で実施される。このため，会社分類による一時差異等加減算前課税所得の見積期間にかかわらず，将来加算一時差異と相殺可能な将来減算一時差異に係る繰延税金資産に関しては回収可能性があると判断される。

例えば，（分類5）の会社分類であったとしても，同一年度にスケジューリングされた将来加算一時差異と相殺されるスケジューリングされた将来減算一時差異に係る繰延税金資産については，回収可能性があると判断されることになる。

## (5) 繰延税金資産の回収可能性の見直し

### ① 繰延税金資産の回収可能性の見直し

繰延税金資産から控除すべき金額は毎期見直すことが求められている。繰延税金資産の回収可能性を判断した結果，将来減算一時差異および税務上の繰越欠損金に係る繰延税金資産の全部または一部が将来の税金負担額を軽減する効果を有さなくなったと判断された場合は，計上していた繰延税金資産のうち回収可能性がない金額を取り崩すことになる。

一方で，過年度に未計上であった繰延税金資産の回収可能性を見直した結果，将来の税金負担額を軽減する効果を有することとなったと判断された場合は，回収が見込まれる金額を繰延税金資産として計上することになる（回収可能性適用指針第8項）。

② 繰延税金資産の回収可能性の見直しにより生じた差額の処理

　繰延税金資産の回収可能性を見直した場合に生じた繰延税金資産の修正差額は，見直しを行った年度における法人税等調整額に計上する（回収可能性適用指針第10項）。

　ただし，資産または負債の評価替えにより生じた評価差額等をその他の包括利益で認識した上で純資産の部のその他の包括利益累計額に計上する場合，当該評価差額等に係る一時差異に関する繰延税金資産の回収可能性の見直しにより生じた差額は，見直しを行った年度におけるその他の包括利益で認識した上で純資産の部のその他の包括利益累計額に計上する。

　また，資産または負債の評価替えにより生じた評価差額等を直接純資産の部に計上する場合，当該評価差額等に係る一時差異に関する繰延税金資産の回収可能性の見直しにより生じた差額は，見直しを行った年度における純資産の部の評価・換算差額等に直接計上する。

## (6)　連結決算手続上生じた繰延税金資産の回収可能性

　連結決算手続上生じた将来減算一時差異（未実現利益の消去に係る将来減算一時差異を除く。）に係る繰延税金資産は，納税主体ごとに各個別財務諸表における繰延税金資産（繰越外国税額控除等に係る繰延税金資産を除く。）と合算し，繰延税金資産の回収可能性を判断し，連結財務諸表における計上の可否および計上額を決定する。また，繰延税金資産から控除すべき金額の見直しについても毎期行うことが求められている（回収可能性適用指針第9項）。

　なお，繰延税金資産の回収可能性の判断における3つの要素のうち，将来加算一時差異に基づく回収可能性の判断にあたっては，未実現損失の消去に係る将来加算一時差異の解消見込額を含めないこととしている。

## (7)　スケジューリング不能な一時差異に係る繰延税金資産の回収可能性

① スケジューリング不能な将来減算一時差異の取扱い

　スケジューリング不能な一時差異とは，次のいずれかに該当する，税務上の益金または損金の算入時期が明確でない一時差異をいう（回収可能性適用指針

第3項(5))。

ⅰ）一時差異のうち，将来の一定の事実が発生することによって，税務上の益金または損金の算入要件を充足することが見込まれるもので，期末に将来の一定の事実の発生を見込めないことにより，税務上の益金または損金の算入要件を充足することが見込まれないもの

ⅱ）一時差異のうち，企業による将来の一定の行為の実施についての意思決定または実施計画等の存在により，税務上の益金または損金の算入要件を充足することが見込まれるもので，期末に一定の行為の実施についての意思決定または実施計画等が存在していないことにより，税務上の益金または損金の算入要件を充足することが見込まれないもの

スケジューリング不能な一時差異のうち将来減算一時差異については，原則として，税務上の損金の算入時期が明確となった時点で回収可能性を判断して繰延税金資産を計上する。ただし，期末時点において税務上の損金の算入時期が明確ではない将来減算一時差異のうち，例えば，貸倒引当金等のように，将来発生が見込まれる損失を見積ったものであるが，その損失の発生時期を個別に特定し，スケジューリングすることが実務上困難なものは，過去の税務上の損金の算入実績に将来の合理的な予測を加味した方法等によりスケジューリングが行われている限り，スケジューリング不能な一時差異とは取り扱わない（回収可能性適用指針第13項）とされている。

② **スケジューリング不能な将来加算一時差異の取扱い**

スケジューリング不能な一時差異のうち将来加算一時差異については，将来減算一時差異の解消見込年度との対応ができないため，繰延税金資産の回収可能性の判断にあたって，当該将来加算一時差異を将来減算一時差異と相殺することはできない。ただし，固定資産圧縮積立金等の将来加算一時差異は，企業が必要に応じて当該積立金等を取り崩す旨の意思決定を行う場合，将来減算一時差異と相殺することができる（回収可能性適用指針第14項）。

## ２．企業の分類に応じた繰延税金資産の回収可能性

　回収可能性適用指針は，収益力に基づく一時差異等加減算前課税所得等に基づいて繰延税金資産の回収可能性を判断する際には，過去（３年）および当期の課税所得もしくは税務上の欠損金の発生状況，当期末の経営環境の著しい変化の有無等の一定の要件により企業を５つに分類し，その分類に応じて回収が見込まれる繰延税金資産の計上額を決定する枠組みを採用している。

　本節では，５つの企業の分類に応じた繰延税金資産の回収可能性に関する取扱いについて，分類毎に解説する。

### (1)　企業の分類に応じた繰延税金資産の回収可能性の取扱いの意義

　回収可能性適用指針は，一定の要件により企業を５つに分類し，その分類に応じて回収が見込まれる繰延税金資産の計上額を決定する枠組みを採用している。当該枠組みは，回収可能性適用指針が開発される以前に，企業の分類に応じた取扱いを定めていた日本公認会計士協会監査委員会報告第66号「繰延税金資産の回収可能性の判断に関する監査上の取扱い」（以下「監査委員会報告第66号」という。）における枠組みを基本的に踏襲したものである。

　なお，回収可能性適用指針の審議の過程では，当該取扱いは撤廃すべきであるとの意見が聞かれた。これは，当該取扱いは，我が国において税効果会計が初めて適用されるにあたって，将来の事象を勘案することが困難であったために設けられた監査上の取扱いであったが，その後，「固定資産の減損に係る会計基準」のように将来の事象を勘案する会計基準が導入されたことに加えて，監査委員会報告第66号のような詳細なガイダンスがない IFRS の任意適用が開始されていることを踏まえると当該取扱いを踏襲することは適切ではないとの考え方に基づいている。

　しかしながら，当該取扱いは財務諸表の作成実務および監査実務に浸透し定着しているほか，適用対象となる企業が広範にわたることを考慮すると当該取扱いを撤廃する場合には実務への影響が大きいと考えられることから，回収可能性適用指針ではこの枠組みを基本的に踏襲している（回収可能性適用指針第

63項)。

なお、その踏襲にあたって、監査委員会報告第66号において「例示区分」として示されていた事項や監査上の指針として示されていた内容を、会計上の指針として取扱いを明確にするため、回収可能性適用指針では、分類ごとに要件を設定することとし、要件に基づき企業を分類した上で、当該分類に応じて回収が見込まれる繰延税金資産の計上額を見積ることとしている（回収可能性適用指針第65項）。

## (2) 各分類の要件をいずれも満たさない場合の取扱い

各分類の一定の要件をいずれも満たさない企業は、過去の課税所得または税務上の欠損金の推移、当期の課税所得または税務上の欠損金の見込み、将来の一時差異等加減算前課税所得の見込み等を総合的に勘案し、各分類の要件からの乖離度合いが最も小さいと判断されるものに分類することが求められている（回収可能性適用指針第16項）。各分類の要件を設定するにあたって、すべてのケースを網羅するように定めると要件が複雑になり、実務上の判断が困難となり得ることが懸念されたため、分類の実行可能性の観点から、各分類の要件は必要と考えられるものが示されている（回収可能性適用指針第65項）。このように、分類の要件は必要と考えられるものに絞りこんで設定されているため、分類と分類の間に隙間が生じることを想定し、各分類の要件をいずれも満たさない場合の取扱いが定められたものと考えられる。

なお、乖離度合いが最も小さいかどうかの判断は、各分類の要件からの乖離度合いを定量的に検討することを意図するものではないため（回収可能性適用指針第65項）、留意が必要である。

当該取扱いを適用する結果、企業は5つの分類のいずれかに必ず分類されることになる。

---

**論点** 💬 企業の分類の要件から乖離するケース

Q. どのような場合に企業の分類の要件から乖離し、回収可能性適用指針第16項の取扱いを適用することになるのか。

A．例えば，（分類１）の要件について，「過去（３年）および当期のすべての事業年度において，期末における将来減算一時差異を十分に上回る課税所得が生じている」という要件は満たしているが，「当期末において，近い将来に経営環境に著しい変化が見込まれない」という要件を満たしていない場合がある。この場合においては他の分類の要件も満たしていないと考えられる。

　したがって，このような場合には，回収可能性適用指針第16項の適用が想定されていると考えられる。

---

論点 💬　新規設立会社における企業分類の考え方

Q．新規設立会社については企業の分類はどのように考えるのか。

A．新規に設立した企業についての詳細なガイダンスを記載することは，個々の企業によって置かれている状況が異なることから適切な判断を妨げる可能性があるため，回収可能性適用指針において明確な指針は設けられなかった。

　よって，実務上は，企業の分類の要件に準じて，企業の置かれている経営環境や過去の業績，将来の一時差異等加減算前課税所得の見積り等から企業の分類を判断することになると考えられる。

## (3)　（分類１）に該当する企業の取扱い

### ①　（分類１）に該当する企業の要件

| 分類の要件（回収可能性適用指針第17項） |
| --- |
| 　次の要件をいずれも満たす企業は，（分類１）に該当する。<br>ⅰ）過去（３年）および当期のすべての事業年度において，期末における将来減算一時差異を十分に上回る課税所得が生じている。<br>ⅱ）当期末において，近い将来に経営環境に著しい変化が見込まれない。 |

　ⅰ）（分類１）に係る分類の１つめの要件は，「期末における将来減算一時差異を十分に上回る課税所得を毎期（当期及びおおむね過去３年以上）計上している会社等」としていた監査委員会報告第66号の定めの内容を踏襲し

第５章

繰延税金資産の回収可能性

159

たものである。

　ここで，「十分に」とはどの程度の水準であるかについて回収可能性適用指針では特に示されていないため，企業が置かれた状況等に基づいて実態判断を行う必要があると考えられる。

ⅱ）「当期末において，近い将来に経営環境に著しい変化が見込まれない」という要件は，通常，近い将来に課税所得を獲得する収益力を大きく変化させるような経営環境の変化が見込まれない場合，将来においても一定水準の課税所得が生じると予測できる状況にあることを意図している（回収可能性適用指針第66項）。

## ②　（分類1）に該当する企業の繰延税金資産の回収可能性

| 繰延税金資産の計上額（回収可能性適用指針第18項） |
| --- |
| 原則として，繰延税金資産の全額について回収可能性があるものとする。 |

　（分類1）に該当する企業においては，通常，当該企業が，将来においても一定水準の課税所得を発生させることが可能であると予測できる。よって，そのような企業については，原則として，繰延税金資産の全額について，その回収可能性があるとされている。なお，この場合には，スケジューリングが不能な将来減算一時差異についても，将来スケジューリングが可能となった時点で課税所得が生じる可能性が高いことから，当該将来減算一時差異に係る繰延税金資産については，原則として，繰延税金資産の全額について回収可能性があるとされている。

### 改正ポイント🔍

ⅰ）改正の背景

　平成30年2月16日に，ASBJより，改正された企業会計基準適用指針第26号「繰延税金資産の回収可能性に関する適用指針」（以下「平成30年改正適用指針」という。）が公表された。平成30年改正適用指針は，税効果適用指針の公表に伴い，主に個別財務諸表における完全支配関係にある国内の子会社株式の評価損等に係る取扱いの明確化のため，所要の改正を行ったものとされている（平成30年改正適用指針第55－3項）。

ⅱ）改正の内容

（分類1）に該当する企業の取扱いを定めた回収可能性適用指針第18項について，平成30年改正適用指針では，「（分類1）に該当する企業においては，原則として，繰延税金資産の全額について回収可能性があるものとする。」と，「原則として，」の文言を追加する改正が行われた。

例えば，完全支配関係（法人税法第2条12の7の6号）にある国内の子会社株式の評価損のように，当該子会社株式を売却したときには税務上の損金に算入されるが，当該子会社を清算したときには税務上の損金に算入されないこととされているものがある。この点，企業が当該子会社を清算するまで当該子会社株式を保有し続ける方針がある場合等，将来において税務上の損金に算入される可能性が低い場合に当該子会社株式の評価損に係る繰延税金資産の回収可能性はないと判断することが適切であると考えられる。

したがって，平成30年改正適用指針においては，（分類1）に該当する企業において，将来の状況により税務上の損金に算入されない項目に係る一時差異について，例外的に回収可能性がないと判断する場合があることを明らかにするため，繰延税金資産の全額を回収可能性があるものとする取扱いに，「原則として，」との文言を追加したとされている（平成30年改正適用指針第67－4項）。

iii）適用時期等

平成30年改正適用指針は，平成30年4月1日以後開始する連結会計年度及び事業年度の期首から適用となる。早期適用は認められていない。また，経過的な取扱いは定められていないことから，過去のすべての期間に遡及適用が必要となる。

なお，（分類1）に該当する企業における繰延税金資産の回収可能性に関する判断の結果がこれまでの会計処理と異なるケースが生じ得ると考えられるため，平成30年改正適用指針第18項の定めを適用することによりこれまでの会計処理と異なることとなる場合，会計基準の改正等に伴う会計方針の変更として取り扱うこととしている（平成30年改正適用指針第49－3項，125－2項）。

## (4) （分類2）に該当する企業の取扱い

### ① （分類2）に該当する企業の要件

| 分類の要件（回収可能性適用指針第19項） |
| --- |
| 次の要件をいずれも満たす企業は，（分類2）に該当する。<br>i）過去（3年）および当期のすべての事業年度において，臨時的な原因により生じたものを除いた課税所得が，期末における将来減算一時差異を下回るものの，安定的に生じている。 |

ⅱ）当期末において，近い将来に経営環境に著しい変化が見込まれない。

ⅲ）過去（３年）および当期のいずれの事業年度においても重要な税務上の欠損金が生じていない。

ⅰ）（分類２）に係る分類の要件として示している「臨時的な原因により生じたものを除いた課税所得が，期末における将来減算一時差異を下回るものの，安定的に生じている」について，将来減算一時差異と比較する数値は，会計上の利益ではなく，課税所得とされている。これは，繰延税金資産の回収可能性の判断は収益力に基づく一時差異等加減算前課税所得に基づくこととしており，企業を分類するにあたって重視すべき要件としては課税所得がより適切であると考えられたためである（回収可能性適用指針第69項）。

当該要件の趣旨は，将来において一時差異等加減算前課税所得を安定的に獲得する収益力があるか否かを判断することを意図したものとされている（回収可能性適用指針第70項）。

ここで，（分類２）に係る分類の要件として，課税所得から「臨時的な原因により生じたもの」を除くこととしたのは，過去において臨時的な原因により生じた益金および損金は，将来において頻繁に生じることは見込まれないという推定に基づいている。この臨時的な原因により生じたものかどうかを判断する際においては，将来において頻繁に生じるかどうかを検討することになる。

具体的には，営業損益項目に係る益金および損金は，通常の事業活動から生じたものであることから，原則として，「臨時的な原因により生じたもの」に該当しないと考えられる。一方，営業外損益項目および特別損益項目に係る益金および損金のうち，企業が置かれた状況等に基づいて検討した場合に将来において頻繁に生じることが見込まれないものは「臨時的な原因により生じたもの」に該当することが考えられる。また，営業外損益項目に係る益金および損金は毎期生じるものが多く，通常は「臨時的な原因により生じたもの」に該当しないと考えられるが，項目の性質によっては「臨時的な原因により生じたもの」に該当するものが含まれることがあると考えられる。

なお，特別損益項目に係る益金および損金であっても必ずしも「臨時的な原因により生じたもの」に該当するとは限らず，企業が置かれた状況や

項目の性質等を勘案し，将来において頻繁に生じることが見込まれるかどうかを個々に項目ごとに判断することとなると考えられる（回収可能性適用指針第71項）。

ⅱ）「当期末において，近い将来に経営環境に著しい変化が見込まれない」という要件は，将来の事象を勘案する観点から求められているものである。

ⅲ）「過去（3年）および当期のいずれの事業年度においても重要な税務上の欠損金が生じていない」という要件は，臨時的な原因により重要な税務上の欠損金が生じた場合を想定し，（分類4）に係る分類の要件と重複しない点を明らかにするために設けられている（回収可能性適用指針第72項）。つまり，重要な税務上の欠損金が発生している場合，まずは（分類4）の要件に該当すると考えられる。

---

**論点** 💬 「臨時的な原因により生じたもの」の考え方

Q．小売業の業態においては，毎期，固定資産の減損損失が発生する場合も考えられる。この場合，会計基準上は原則として固定資産の減損損失は特別損失への計上が求められていることから，ここ数年間は，金額の重要性などを勘案し，発生した固定資産の減損損失を特別損失に計上している。

　このように業態の特性から毎期発生し，特別損失に計上した固定資産の減損損失についても「臨時的な原因により生じたもの」に該当すると考えてよいか。

A．回収可能性適用指針においては，「一方，特別損益項目に係る益金および損金であっても必ずしも「臨時的な原因により生じたもの」に該当するとは限らず，企業が置かれた状況や項目の性質等を勘案し，将来において頻繁に生じることが見込まれるかどうかを個々に項目ごとに判断することとなると考えられる」（回収可能性適用指針第71項）とされており，形式的な計上区分によって「臨時的な原因により生じたもの」に該当するか否かの判断は行わないことが求められている。

　よって，毎期発生する減損損失ということから「臨時的な原因により生じたもの」と判断できない場合もあると考えられる。

② （分類２）に該当する企業の繰延税金資産の回収可能性

| 繰延税金資産の計上額（回収可能性適用指針第20項，第21項） |
|---|
| 　一時差異等のスケジューリングの結果，繰延税金資産を見積る場合，当該繰延税金資産は回収可能性があるものとする。<br>　原則として，スケジューリング不能な将来減算一時差異に係る繰延税金資産について，回収可能性がないものとする。ただし，スケジューリング不能な将来減算一時差異のうち，税務上の損金の算入時期が個別に特定できないが将来のいずれかの時点で損金に算入される可能性が高いと見込まれるものについて，当該将来のいずれかの時点で回収できることを企業が合理的な根拠をもって説明する場合，当該スケジューリング不能な将来減算一時差異に係る繰延税金資産は回収可能性があるものとする。 |

ⅰ）原則的な取扱い

　（分類２）に該当する企業における繰延税金資産の回収可能性に関しては，一時差異がスケジューリング可能か否かによって取扱いが整理されている。ここで，スケジューリング不能な一時差異とスケジューリング可能な一時差異については，回収可能性適用指針第３項(5)において次のように定義されている。

| 用語 | 定　　　　　義 |
|---|---|
| スケジューリング不能な一時差異 | 次のいずれかに該当する，税務上の益金または損金の算入時期が明確でない一時差異をいう。<br>①　一時差異のうち，将来の一定の事実が発生することによって，税務上の益金または損金の算入要件を充足することが見込まれるもので，期末に将来の一定の事実の発生を見込めないことにより，税務上の益金または損金の算入要件を充足することが見込まれないもの<br>②　一時差異のうち，企業による将来の一定の行為の実施についての意思決定または実施計画等の存在により，税務上の益金または損金の算入要件を充足することが見込まれるもので，期末に一定の行為の実施についての意思決定または実施計画等が存在していないことにより，税務上の益金または損金の算入要件を充足することが見込まれないもの |
| スケジューリング可能な一時差異 | スケジューリング不能な一時差異以外の一時差異をいう。 |

（分類2）に該当する企業は，一時差異のスケジューリングを実施した上で，スケジューリング可能な一時差異とされたものについて繰延税金資産を見積る場合，当該繰延税金資産は回収可能性があるものとされている。

　他方，スケジューリング不能な一時差異とされたものについては，原則として，繰延税金資産の回収可能性はないとされている。

ii）スケジューリング不能な将来減算一時差異に関する例外的な取扱い

　スケジューリング不能な将来減算一時差異に関しては例外的な取扱いとして，「スケジューリング不能な将来減算一時差異のうち，税務上の損金の算入時期が個別に特定できないが将来のいずれかの時点で損金に算入される可能性が高いと見込まれるものについて，当該将来のいずれかの時点で回収できることを企業が合理的な根拠をもって説明する場合，当該スケジューリング不能な将来減算一時差異に係る繰延税金資産は回収可能性がある」とされている。

　例えば，業務上の関係を有する企業の株式（いわゆる政策保有株式）のうち過去に減損処理を行った上場株式について，当期末において，株式の売却時期の意思決定は行っていないが，市場環境，保有目的，処分方針等を勘案すると将来のいずれかの時点で売却する可能性が高いと見込む場合がある。この場合，当該上場株式の減損に係る将来減算一時差異は，期末時点では当該上場株式の売却時期の意思決定または実施計画等が存在していないことから，どの時点でスケジューリングが可能となるか特定されていないため，税務上の損金の算入時期が明確でない一時差異としてスケジューリング不能な将来減算一時差異に該当することとなると考えられる。

　このようなケースでは（分類2）に該当する企業においては，長期的に安定して一時差異等加減算前課税所得が生じることが見込まれるため，スケジューリングが可能となった場合，相殺できる課税所得（すなわち，当該上場株式の減損に係る将来減算一時差異以外の将来減算（加算）一時差異の解消額を減算（加算）した後の課税所得）が生じる可能性があれば，一定の回収可能性を認め得ると考えられる。また，売却予定がある土地の減損損失について，当該土地に関しては十分な流動性があり，一定期間のうちに売却する可能性が高い場合も繰延税金資産の計上が認められる場合もあると考えられる。そのため，（分類2）に該当する企業においては，

スケジューリング不能な将来減算一時差異のうち，税務上の損金の算入時期が個別に特定できないが将来のいずれかの時点で損金に算入される可能性が高いと見込まれるものについて，当該将来の税務上の損金の算入時点における課税所得が当該スケジューリング不能な将来減算一時差異の額を上回る見込みが高いことにより，繰延税金資産が回収可能であることを企業が合理的な根拠をもって説明する場合，当該スケジューリング不能な将来減算一時差異に係る繰延税金資産は回収可能性があるものとしている（回収可能性適用指針第75項）。

このように，スケジューリング不能な将来減算一時差異に係る繰延税金資産について回収可能性がないものとすることを原則的な定めとしつつ，スケジューリング不能な将来減算一時差異を回収できることを企業が合理的な根拠をもって説明する場合には原則とは異なる取扱いを容認することで，繰延税金資産の計上額が企業の実態をより適切に反映したものとなることを意図したものと考えられる（回収可能性適用指針第77項）。

なお，当該取扱いは，企業の検討に基づき適用する場合にのみ原則とは異なる取扱いを容認することを意図しているため，その意図を明確にするために検討を行う主体が企業であることが明示されている。また，当該検討においては根拠が必要であることを明示するために，「根拠をもって」と記載されている（回収可能性適用指針第78項）。

iii）スケジューリング不能なものとは取り扱わない一時差異との関係

期末において税務上の損金の算入時期が明確ではない将来減算一時差異のうち，例えば，貸倒引当金等のように，将来発生が見込まれる損失を見積ったものであるが，その損失の発生時期を個別に特定し，スケジューリングすることが実務上困難なものは，過去の税務上の損金の算入実績に将来の合理的な予測を加味した方法等によりスケジューリングが行われている限り，スケジューリング不能な一時差異とは取り扱わないとされている（回収可能性適用指針第13項ただし書き）。

この取扱いによりスケジューリング不能な将来減算一時差異とは取り扱わないとしているものは，（分類2）に該当する企業におけるスケジューリング不能な将来減算一時差異に関する例外的な取扱いには含まれないことに留意が必要である（回収可能性適用指針第76項）。

## ⑸ （分類3）に該当する企業の取扱い

### ① （分類3）に該当する企業の要件

| 分類の要件（回収可能性適用指針第22項） |
| --- |
| 次の要件をいずれも満たす企業は，回収可能性適用指針第26項⑵または⑶の要件を満たす場合を除き，（分類3）に該当する。<br>ⅰ）過去（3年）および当期において，臨時的な原因により生じたものを除いた課税所得が大きく増減している。<br>ⅱ）過去（3年）および当期のいずれの事業年度においても重要な税務上の欠損金が生じていない。<br>　なお，ⅰ）における課税所得から臨時的な原因により生じたものを除いた数値は負の値となる場合を含む。 |

ⅰ）過去（3年）および当期において，臨時的な原因により生じたものを除いた課税所得が大きく増減している

　（分類3）に係る分類の要件について，まず（分類2）における「臨時的な原因により生じたものを除いた課税所得が，期末における将来減算一時差異を下回るものの，安定的に生じている」という要件と整合するように，「臨時的な原因により生じたものを除いた課税所得が大きく増減している」と課税所得に基づく要件にしている。

　また，当該要件については，（分類2）と同様に将来において一時差異等加減算前課税所得を安定的に獲得するだけの収益力があるか否かを判断することを意図している。これを踏まえると，例えば，過去（3年）および当期における課税所得の増減幅は大きいものの，全体として一定の高い水準で推移している場合は（分類2）に該当するものと考えられる（回収可能性適用指針第80項）。

ⅱ）過去（3年）および当期のいずれの事業年度においても重要な税務上の欠損金が生じていない

　当該要件は，（分類4）に係る分類の要件と重複しない点を明らかにするため，（分類2）と同様に求められているものである。よって，重要な税務上の欠損金が生じている場合，まずは（分類4）の要件に該当すると

考えられる。

　ここで（分類3）においては，ⅰ）における課税所得から臨時的な原因により生じたものを除いた数値は負の値となる場合を含むこととされている。これは，（分類3）に区分される会社は臨時的な原因により生じたものを除いた課税所得が大きく増減している会社であり，過去（3年）及び当期において，重要ではない税務上の欠損金が生じている年度もあることを想定して，当該要件を定めているものと考えられる。

ⅲ）回収可能性適用指針第26項(2)または(3)の要件を満たす場合を除く

　「過去（3年）において，重要な税務上の欠損金の繰越期限切れとなった事実があること」（回収可能性適用指針第26項(2)），または「当期末において，重要な税務上の欠損金の繰越期限切れが見込まれること」（回収可能性適用指針第26項(3)）に該当しないことを（分類3）に係る分類の要件としている。

　これは，（分類4）に係る分類の要件と重複しない点を明らかにするためである（回収可能性適用指針第80項）。

② （分類3）に該当する企業の繰延税金資産の回収可能性

| 繰延税金資産の計上額（回収可能性適用指針第23項，第24項） |
| --- |
| 　将来の合理的な見積可能期間（おおむね5年）以内の一時差異等加減算前課税所得の見積額に基づいて，当該見積可能期間の一時差異等のスケジューリングの結果，繰延税金資産を見積る場合，当該繰延税金資産は回収可能性があるものとする。<br>　上記にかかわらず，臨時的な原因により生じたものを除いた課税所得が大きく増減している原因，中長期計画，過去における中長期計画の達成状況，過去（3年）および当期の課税所得の推移等を勘案して，5年を超える見積可能期間においてスケジューリングされた一時差異等に係る繰延税金資産が回収可能であることを企業が合理的な根拠をもって説明する場合，当該繰延税金資産は回収可能性があるものとする。 |

　（分類3）に該当する企業において，原則的な取扱いは，将来の合理的な見積可能期間（おおむね5年）以内の一時差異等加減算前課税所得の見積額に基づいて，当該見積可能期間の一時差異等のスケジューリングの結果，繰延税金資産を見積る場合，当該繰延税金資産は回収可能性があるものとされている。

ここで，将来の合理的な見積可能期間として「おおむね5年」とされているのは，企業は，一般的に，中長期計画を策定する場合，3年から5年の期間で見積っており，「おおむね5年」としていた監査委員会報告第66号における取扱いが実務に定着していることを踏まえ，当該取扱いの内容を踏襲することが適切であると考えられたためである（回収可能性適用指針第83項）。なお，将来の合理的な見積可能期間は，個々の企業の業績予測期間，業績予測能力，当該企業の置かれている経営環境等を勘案した結果，5年以内のより短い期間となる場合がある。その場合，当該期間を合理的な見積可能期間としている（回収可能性適用指針第25項）。

　一方で，将来の合理的な見積可能期間について一律に5年を限度とすることは，企業の実態を反映しない可能性があると考えられるため，臨時的な原因により生じたものを除いた課税所得が大きく増減している原因，中長期計画，過去における中長期計画の達成状況，過去（3年）および当期の課税所得の推移等を勘案して，5年を超える見積可能期間においてスケジューリングされた一時差異等に係る繰延税金資産が回収可能であることを企業が合理的な根拠をもって説明する場合，当該繰延税金資産は回収可能性があるものとする定めを設けている（回収可能性適用指針第84項）。このように，合理的な見積可能期間は「おおむね5年」を原則としつつ，5年を超える見積可能期間であっても回収できることを企業が合理的な根拠をもって説明する場合には原則とは異なる取扱いを容認することで，繰延税金資産の計上額が企業の実態をより適切に反映したものとなることを意図したものであると考えられる。

　なお，当該取扱いとして，以下が例示されている（回収可能性適用指針第85項）。

- 例えば，製品の特性により需要変動が長期にわたり予測できる場合，当該需要変動の推移から課税所得が大きく増減している原因を合理的な根拠をもって説明できる可能性がある。この場合，当期に策定した中長期計画等に基づき，5年を超える見積可能期間においてスケジューリングされた一時差異等に係る繰延税金資産が回収可能であることを企業が合理的な根拠をもって説明するときは，当該繰延税金資産は回収可能性があるものと考えられる。
- 例えば，過去においては課税所得が大きく増減していたが，長期契約が新たに締結されたことにより，長期的かつ安定的な収益が計上されることが明確になる場合も考えられる。この場合，長期契約の内容を勘案し，5年を超え

る見積可能期間においてスケジューリングされた一時差異等に係る繰延税金資産が回収可能であることを企業が合理的な根拠をもって説明するときは，当該繰延税金資産は回収可能性があるものと考えられる。

## (6) （分類４）に該当する企業の取扱い

### ① （分類４）に該当する企業の要件

| 分類の要件（回収可能性適用指針第26項） |
| --- |
| 次のいずれかの要件を満たし，かつ，翌期において一時差異等加減算前課税所得が生じることが見込まれる企業は，（分類４）に該当する。<br>ⅰ）過去（３年）または当期において，重要な税務上の欠損金が生じている。<br>ⅱ）過去（３年）において，重要な税務上の欠損金の繰越期限切れとなった事実がある。<br>ⅲ）当期末において，重要な税務上の欠損金の繰越期限切れが見込まれる。 |

ⅰ）過去（３年）または当期において，重要な税務上の欠損金が生じている

（分類４）に該当する企業の要件として，「過去（３年）または当期において，重要な税務上の欠損金が生じている」ことが要件として設けられている。ここで，「重要な」繰越欠損金がどの程度の水準なのかについて，回収可能性適用指針においては明確にはされていない。この点，重要性については，個々の企業の状況に応じて判断することが想定されているものと考えられる。

例えば，当期に生じた税務上の欠損金が翌期に生じると見込まれる課税所得によって解消するといった状況においては，「重要ではない」との判断がなされる場合もあり得ると考えられるが，個々の企業の状況に応じて慎重な判断が求められるものと考えられる。

なお，監査委員会報告第66号では，「当期末」に重要な税務上の繰越欠損金が「存在」するかどうかというストックの観点から要件とされていたが，（分類１）から（分類３）までに係る分類の要件との間の連続性を踏まえ，回収可能性適用指針では，過去（３年）または当期において重要な税務上の欠損金が生じているかどうかというフローの観点に焦点を当てた要件とされている（回収可能性適用指針第86項）。

ⅱ）「過去（３年）において，重要な税務上の欠損金の繰越期限切れとなっ
た事実がある」および「当期末において，重要な税務上の欠損金の繰越期
限切れが見込まれる」

　　　過去３年において重要な税務上の欠損金の期限切れとなった事実がある
こと，または当期末において重要な税務上の欠損金の繰越期限切れが見込
まれることのいずれかの要件に該当した場合，（分類４）の取扱いとなる。

ⅲ）翌期において一時差異等加減算前課税所得が生じることが見込まれる

　　　将来の事象を勘案する観点から，翌期において一時差異等加減算前課税
所得が生じることが見込まれることを（分類４）に係る分類の要件として
いる（回収可能性適用指針第86項）。

② （分類４）に該当する企業の繰延税金資産の回収可能性

| 繰延税金資産の計上額（回収可能性適用指針第27項） |
| --- |
| 　翌期の一時差異等加減算前課税所得の見積額に基づいて，翌期の一時差異等の スケジューリングの結果，繰延税金資産を見積る場合，当該繰延税金資産は回収 可能性があるものとする。 |

　（分類４）に該当する企業において，原則的な取扱いは，翌期の一時差異等
加減算前課税所得の見積額に基づいて，翌期の一時差異等のスケジューリング
の結果，繰延税金資産を見積る場合，当該繰延税金資産は回収可能性があるも
のとしている。

③ （分類４）に該当する企業の例外的な取扱い

　回収可能性適用指針において，（分類４）の要件を満たす企業であっても，
一定の要件を満たす場合，（分類２）および（分類３）とすることができる定
めが設けられている。

　まず，重要な税務上の欠損金が生じた原因，中長期計画，過去における中長
期計画の達成状況，過去（３年）および当期の課税所得または税務上の欠損金
の推移等を勘案して，将来の一時差異等加減算前課税所得を見積る場合，将来
において５年超にわたり一時差異等加減算前課税所得が安定的に生じることを
企業が合理的な根拠をもって説明するときは（分類２）に該当するものとして

取り扱うことができる（回収可能性適用指針第28項）。

　また，重要な税務上の欠損金が生じた原因，中長期計画，過去における中長期計画の達成状況，過去（３年）および当期の課税所得または税務上の欠損金の推移等を勘案して，将来の一時差異等加減算前課税所得を見積る場合，将来においておおむね３年から５年程度は一時差異等加減算前課税所得が生じることを企業が合理的な根拠をもって説明するときは（分類３）に該当するものとして取り扱うことができる（回収可能性適用指針第29項）。

　これは，過去（３年）または当期において重要な税務上の欠損金が生じたことにより，（分類４）に係る分類の要件を満たす企業であっても，その原因が臨時的なものである等，重要な税務上の欠損金が生じた原因や中長期計画等を勘案して，繰延税金資産の回収が見込まれる場合がある。このような状況にある企業においては，重要な税務上の欠損金が生じた原因，中長期計画，過去における中長期計画の達成状況，過去（３年）および当期の課税所得または税務上の欠損金の推移等を勘案して，将来の一時差異等加減算前課税所得の十分性を企業が合理的な根拠をもって説明する場合，当該一時差異等加減算前課税所得を見積った期間に基づき，（分類２）または（分類３）に該当するものとする取扱いを設けることとしたものである（回収可能性適用指針第89項）。このように，翌期の一時差異等加減算前課税所得の見積額に基づくことを原則としつつ，将来の一時差異等加減算前課税所得の十分性を企業が合理的な根拠をもって説明する場合には原則とは異なる取扱いを容認することで，繰延税金資産の計上額が企業の実態をより適切に反映したものとなることを意図したものであると考えられる。

　（分類４）に係る分類の要件を満たす企業が（分類２）に該当するものとして取り扱われるケースは，一時差異等加減算前課税所得を５年超にわたり安定的に獲得するだけの収益力を企業が合理的な根拠をもって説明する場合であることから，（分類４）に係る分類の要件を満たす企業が（分類３）に該当するものとして取り扱われるケースに比べて多くはないものと考えられる。

　（分類４）から（分類２）または（分類３）に該当するものとして取り扱われるとは，例えば，以下のような例が示されている（回収可能性適用指針第91項および第92項）。

（分類４）から（分類２）

● 過去において（分類２）に該当していた企業が，当期において災害による損失により重要な税務上の欠損金が生じる見込みであることから（分類４）に係る分類の要件を満たすものの，将来の一時差異等加減算前課税所得を見積った場合に，将来において<u>５年超</u>にわたり一時差異等加減算前課税所得が<u>安定的に生じることを企業が合理的な根拠</u>をもって説明する場合

（分類４）から（分類３）

● 過去において業績の悪化に伴い重要な税務上の欠損金が生じており（分類４）に該当していた企業が，当期に代替的な原材料が開発されたことにより，業績の回復が見込まれ，その状況が将来も継続することが見込まれる場合に，将来においておおむね３年から５年程度は一時差異等加減算前課税所得が生じることを企業が<u>合理的な根拠</u>をもって説明する場合

　なお，（分類４）の要件を満たす企業が（分類３）に該当するものとして取り扱われる場合，さらに回収可能性適用指針第24項の定めを適用して，５年超の期間の見積課税所得により繰延税金資産の回収可能性を判断することはできない（回収可能性適用指針第89項また書き）。

　また，回収可能性適用指針において，（分類４）から（分類２）となる定めが設けられている一方，（分類３）の要件を満たした会社が（分類２）となるような取扱いは定められていない。これは（分類２）および（分類３）が，いずれも臨時的な原因を除いた課税所得を判断基準としており，（分類４）に係る分類の要件を満たす企業が（分類２）に該当するものとして取り扱われるような状況が（分類３）に係る分類の要件を満たす企業において生じることを想定する必要がないと考えられたことによる。

　なお，（分類１）に該当する企業においては，過去（３年）および当期のすべての事業年度において期末における将来減算一時差異を十分に上回る課税所得が生じていることが要件とされ，非常に高い収益力を想定していることを踏まえ，（分類４）に係る分類の要件を満たす企業を（分類１）に該当するものとして取り扱う定めは設けられていない（回収可能性適用指針第93項）。

| 論点 💬 | （分類４）に該当する企業における，将来加算一時差異の十分性の考え方 |

Q. 会社は，過去（３年）または当期において，重要な税務上の欠損金が生じているため，（分類４）の要件に該当する。このため，当期末における繰延税金資産の回収可能性の評価において，翌期の一時差異等加減算前課税所得の見積額に基づき，税務上の繰越欠損金に係る繰延税金資産を計上することを検討している。

　　一方，翌々期において解消することが見込まれる将来加算一時差異が存在する場合，（分類４）に該当する企業であってもこの将来加算一時差異を加味して繰延税金資産の回収可能性を評価することはできるのか。

A. 回収可能性適用指針６項(3)において，繰延税金資産の回収可能性を判断する要素の１つとして「繰越期間に税務上の繰越欠損金と相殺される将来加算一時差異が解消されることが見込まれること」とされている。このため，将来加算一時差異の解消見込額は，一義的には企業の分類にかかわらず，回収可能性の判断を行う上で考慮できると考えられる。

　　しかし，（分類４）に該当する企業は，過去（３年）又は当期において重要な税務上の欠損金が生じており，将来加算一時差異の解消見込時期において当該解消額を超える税務上の欠損金が生じる可能性があり，結果として将来にわたり税務上の繰越欠損金控除前課税所得が生じない場合もあり得る。このため，繰延税金資産の回収可能性の判断にあたっては，その本質的な意義，すなわち，将来の税金負担額を軽減する効果を有するかどうかを慎重に判断することが必要になると考えられる。

## (7)　（分類５）に該当する企業の取扱い

### ①　（分類５）に該当する企業の要件

| 分類の要件（回収可能性適用指針第30項） |
|---|
| 　次の要件をいずれも満たす企業は，（分類５）に該当する。<br>ⅰ）過去（３年）および当期のすべての事業年度において，重要な税務上の欠損金が生じている。<br>ⅱ）翌期においても重要な税務上の欠損金が生じることが見込まれる。 |

（分類5）に係る分類の要件について，「過去（おおむね3年以上）連続して重要な税務上の欠損金を計上している会社で，かつ，当期も重要な税務上の欠損金の計上が見込まれる会社」としていた監査委員会報告第66号の定めの内容を踏襲した上で，将来の事象を勘案する観点から，翌期においても重要な税務上の欠損金が生じることが見込まれることを要件としている（回収可能性適用指針第94項）。

なお，監査委員会報告第66号では「債務超過の状況にある会社や資本の欠損の状況が長期にわたっている会社で，かつ，短期間に当該状況の解消が見込まれない場合」についても，（分類5）に該当するものとしていたが，回収可能性適用指針では，分類の要件に一貫性を持たせる観点から，これらを（分類5）に係る分類の要件とはしなかったとしている。

## ② （分類5）に該当する企業の繰延税金資産の回収可能性

| 繰延税金資産の計上額（回収可能性適用指針第31項） |
| --- |
| 原則として，繰延税金資産の回収可能性はないものとする。 |

（分類5）に該当する企業においては，原則として，将来減算一時差異および税務上の繰越欠損金等に係る繰延税金資産の回収可能性はないものとされている。

ここで，「原則として」と記載されているのは，例えば，設立間もない企業等において，合理的な中長期計画により設立当初より継続して税務上の欠損金が生じることが予測されており，実際の税務上の欠損金の額が当該計画において予測されていた額で推移し，かつ，当該計画に従うと翌期より後の事業年度における一時差異等加減算前課税所得が見込まれるケースも，稀にはあり得ることが考慮されたためである（回収可能性適用指針第95項）。

---

**論点** 💬 **重要性の乏しい連結子会社等における繰延税金資産に関する取扱い**

Q．重要性の乏しい連結子会社等における繰延税金資産に関する取扱いはどのように考えればよいか。

A．監査委員会報告第66号では，「企業規模が小さく，税効果会計の連結財務諸

表に与える影響額の重要性が乏しい連結子会社等の場合における繰延税金資産について,例えば,簡便的に当該会社の期末の一時差異等の合計額と過去5年間の課税所得の合計額のいずれか少ない額に法定実効税率を乗じた額を計上している場合には,当該繰延税金資産は回収可能性があると判断できるものとする。」とされていた。

ここで,一般的に,重要性が乏しい場合には,重要性の原則により簡便な方法によることも認められるため,特段の定めを設ける必要性は低いと考えられることから,回収可能性適用指針では監査委員会報告第66号の定めを踏襲していない(回収可能性適用指針第99項)。

ただし,企業規模が小さく,税効果会計の連結財務諸表に与える影響額の重要性が乏しい連結子会社等の場合における繰延税金資産について,監査委員会報告第66号で認められていた方法によることを妨げるものではないとされていることから(回収可能性適用指針第99項),実務上は当該方法によることも認められると考えられる。

## 企業の分類の要件の充足状況が個別と連結で相違する場合の一般的な取扱い

Q. 企業の分類の要件の充足状況が個別財務諸表と連結財務諸表で相違する場合の一般的な取扱いはどのような内容か。

A. 将来の一時差異等加減算前課税所得の見積額は,連結財務諸表の作成上で生じる連結修正によって変わるものではないため,親会社または連結子会社の個別財務諸表における繰延税金資産の回収可能性の判断と,個別財務諸表における繰延税金資産に連結修正項目に係る繰延税金資産を合算した連結財務諸表に含まれる当該個別財務諸表における繰延税金資産の回収可能性の判断は,通常,変わらないものと考えられる(回収可能性適用指針第110項)。

例えば,(分類1)に該当する企業においては,個別財務諸表における将来減算一時差異を十分に上回る課税所得が過去(3年)および当期のすべての事業年度において生じているが,連結修正(未認識項目の負債認識)において生じる将来減算一時差異を考慮すると,将来減算一時差異を十分に上回る課税所得が毎期生じていない場合も考えられる。この場合においても,連結財務諸表における分類は個別財務諸表における分類と同じ(分類1)とし,連結決算手続上生じた繰延税金資産の全額について回収可能性があるものとする(回収可能性適用指針第111項)とされている。

# 3．将来の課税所得の見積り

回収可能性適用指針に従って企業を分類する場合や繰延税金資産の計上額を見積る場合，合理的な仮定に基づく業績予測によって，将来の課税所得を見積ることになる。

具体的には，適切な権限を有する機関の承認を得た業績予測の前提となった数値を，経営環境等の企業の外部要因に関する情報や企業が用いている内部の情報と整合的に修正し，将来の課税所得を見積ることである。

本節では，企業の分類や繰延税金資産の計上額を裏付けることとなる将来の課税所得の見積りについて解説する。

## (1)　企業の各分類における将来の課税所得の見積り

繰延税金資産の回収可能性の検討においては，企業の分類時または繰延税金資産の計上額の見積り時に，将来の一時差異等加減算前課税所得を見積ることが求められている。

まず，（分類4）に分類する場合の要件は，過去（3年）または当期において重要な税務上の欠損金が生じていること等に加えて，翌期において一時差異等加減算前課税所得が生じることが見込まれることとされているため，翌期の一時差異等加減算前課税所得を見積ることが必要となる（回収可能性適用指針第26項）。

また，（分類4）の要件に該当する企業であっても，将来における一定期間にわたって一時差異等加減算前課税所得が生じることを企業が合理的な根拠をもって説明するときには，（分類2）や（分類3）に該当するものとして取り扱うことができるとされている。このため，翌期の一時差異等加減算前課税所得のみならず，将来の一定期間にわたる一時差異等加減算前課税所得を見積ることが必要な場合もある（回収可能性適用指針第28項および第29項）。

さらに，（分類5）に分類する場合の要件は，過去（3年）および当期のすべての事業年度において重要な税務上の欠損金が生じていることに加えて，翌期においても重要な税務上の欠損金が生じることが見込まれることとされているため，翌期の税務上の欠損金が生じるかどうかを見積ることが必要となる

（回収可能性適用指針第30項）。

　以上は企業の分類時において将来の課税所得の見積りが求められるケースであるが，回収可能性適用指針第28項の定めにより（分類2）に分類される会社や（分類3）および（分類4）に分類される会社においては，一時差異等のスケジューリングの結果に基づき，将来の税金負担額を軽減する効果が見込まれる繰延税金資産の計上額を見積るにあたって，将来の一時差異等加減算前課税所得を見積ることが必要となる（回収可能性適用指針第20項，第23項，第24項および第27項）。

　これらを企業の分類毎に整理すると，図表5－1のようになる。

**図表5－1　企業の分類と一時差異等加減算前課税所得の見積り**

| | 企業の分類時 | 繰延税金資産の計上額の見積時 |
|---|---|---|
| （分類1） | （分類1）は将来の一時差異等加減算前課税所得の見積りを必要としていない。 | 同左 |
| （分類2） | 回収可能性適用指針第28項の定めにより（分類2）として取り扱われる場合，将来の一時差異等加減算前課税所得を見積る必要がある。 | 回収可能性適用指針第28項の定めにより（分類2）として取り扱われる場合，一時差異等のスケジューリングの結果に基づき，繰延税金資産の計上額を見積るにあたっては，将来の一時差異等加減算前課税所得を見積る必要がある。 |
| （分類3） | 回収可能性適用指針第29項の定めにより（分類3）として取り扱われる場合，将来の一時差異等加減算前課税所得を見積る必要がある。 | 一時差異等のスケジューリングの結果に基づき，将来の合理的な見積可能期間にわたり繰延税金資産の計上額を見積るにあたっては，将来の一時差異等加減算前課税所得を見積る必要がある。 |
| （分類4） | 翌期の一時差異等加減算前課税所得を見積る必要がある。 | 翌期の一時差異等のスケジューリングの結果に基づき，繰延税金資産の計上額を見積るにあたっては，翌期の一時差異等加減算前課税所得を見積る必要がある。 |

| （分類5） | 翌期の税務上の欠損金が生じるかどうかを見積る必要がある。 | 該当なし（（分類5）は原則として繰延税金資産の回収可能性はないものとするため） |

なお，回収可能性適用指針第19項の要件を満たすことにより（分類2）に該当する企業においては，将来の課税所得の見積りが必要な定めとはなっていない（回収可能性適用指針第20項）。一方，回収可能性適用指針第28項の定めにより（分類4）の要件を満たすものの（分類2）に該当するものとして取り扱われる場合には，期末に税務上の繰越欠損金を有することから，その繰越期間にわたって，将来の課税所得の見積額（税務上の繰越欠損金控除前）に基づき，税務上の繰越欠損金の控除見込年度および控除見込額のスケジューリングを行い，回収が見込まれる金額を繰延税金資産として計上することが求められているため，将来の課税所得の見積りが必要となる（回収可能性適用指針第11項および第96項）。

## (2)　将来の課税所得の合理的な見積り

### ①　将来の課税所得の合理的な見積方法

将来の課税所得は，合理的な仮定に基づく業績予測によって見積ることになる。具体的には，適切な権限を有する機関の承認を得た業績予測の前提となった数値を，経営環境等の企業の外部要因に関する情報や企業が用いている内部の情報（過去における中長期計画の達成状況，予算やその修正資料，業績評価の基礎データ，売上見込み，取締役会資料を含む。）と整合的に修正し，課税所得を見積る。なお，業績予測は，中長期計画，事業計画または予算編成の一部等その呼称は問わないとされている（回収可能性適用指針第32項）。

将来の課税所得を見積る際には，その実現可能性が高いかどうかが重要である。例えば，過年度における課税所得の見積額と実際に発生した課税所得とが非常に近似している場合や，過年度における課税所得の見積りと実績が乖離したときに，その差異について十分に原因分析を行った上で当該分析結果を織り込んで将来の課税所得を見積っているような場合には，当該企業の将来の課税所得の見積りは合理的と認められる場合があると考えられる。

また，回収可能性適用指針第32項の「適切な権限を有する機関の承認」とは，一般的に，取締役会や常務会等の承認であると考えられる。ここで，適切な権限を有する機関の承認を得た業績予測は，企業として正式な手続を踏んだものであり，その根拠数値に企業固有の合理的な仮定が織り込まれ，その実現可能性は高いことが想定されていると考えられる。

　一方，適切な権限を有する機関の承認を得た業績予測であったとしても，企業の実情に照らして合理性を欠くものである場合には，繰延税金資産の計上額を見積る際に利用することはできないこととなる。例えば，過去の業績予測の達成状況を勘案するとその実現可能性に懸念がある単なる努力目標に過ぎない業績予測である場合や，赤字続きの企業が，翌期以降に根拠の乏しい大幅な業績改善を見込むような業績予測である場合などが考えられる。

　したがって，業績予測は合理的な仮定に基づく必要があり，業績予測の前提となった数値を，経営環境等の企業の外部要因に関する情報や企業が用いている内部情報に整合的に修正を行うことにより，実現可能性の高い課税所得を見積る必要がある。

## ②　将来の合理的な見積可能期間

　（分類3）に該当する企業における将来の課税所得の合理的な見積可能期間について一律に5年を限度とすることは，企業の実態を反映しない可能性があると考えられる。例えば，臨時的な原因により生じたものを除いた課税所得が大きく増減している原因，中長期計画（おおむね3年から5年），過去における中長期計画の達成状況，過去（3年）および当期の課税所得の推移等を勘案して見積った課税所得について合理的な根拠をもって説明する場合，見積可能期間が5年を超えることも考えられる。

　一方で，企業の業績予測能力，当該企業の置かれている経営環境等を勘案した結果，ある程度の精度を持った将来の課税所得の合理的な見積可能期間が5年以内のより短い期間となる場合も考えられる。このような場合にまで，5年間の課税所得の見積額を限度に繰延税金資産を計上することは，繰延税金資産の回収可能性に疑義を生じさせることにつながり，妥当ではないと考えられる。

　以下，将来の課税所得の見積りの1つの考え方について，具体的な設例を用いて説明する。

設例  将来の課税所得の見積り

(中期経営計画)

|  | X1年 | X2年 | X3年 |
|---|---|---|---|
| 売上高 | 1,200 | 1,300 | 1,400 |
| 営業利益 | 300 | 325 | 350 |
| 税引前当期純利益 | 150 | 165 | 175 |

前提
- 会社は3年毎に中期経営計画の策定を行っている。直近はX0年に策定している。
- 当期はX1年で,中期経営計画の1年目が経過している。
- X1年末において,繰延税金資産の回収可能性の判断に際して業績予測を利用するにあたって,将来の課税所得の見積りの前提となる業績予測の妥当性を検討している。
- 企業の分類は(分類3)であり,5年間を将来の課税所得の合理的な見積可能期間としている。

見積り
(1) 中期経営計画を据え置く場合
X1年の実際の業績数値と中期経営計画の数値を比較すると,以下の状況であった。

|  | X1年 | X1年(実績) |
|---|---|---|
| 売上高 | 1,200 | 1,250 |
| 営業利益 | 300 | 320 |
| 税引前当期純利益 | 150 | 160 |

X1年の実績は,中期経営計画に対してほぼ達成している状況と考えられ,中期経営計画の策定時に織り込んでいたマーケットの拡大はおおむね計画どおりに拡大し,また,消費者のニーズも的確に捉えた結果であったとする。なお,現時点においては,将来に向けて経営環境を大きく変化させる要因はないと判断している。
この場合,会社が策定した中期経営計画はX1年においても合理的な計画と考えることができるといえる。よって,中期経営計画の数値を修正することなく

第5章 繰延税金資産の回収可能性

181

繰延税金資産の回収可能性の判断に利用することが考えられる。

**（回収可能性の判断に利用する将来の業績予測）**

|  | X1年<br>（実績） | X2年 | X3年 | X4年 | X5年 |
|---|---|---|---|---|---|
| 売上高 | 1,250 | 1,300 | 1,400 | 1,300 | 1,300 |
| 営業利益 | 320 | 325 | 350 | 325 | 325 |
| 税引前<br>当期純利益 | 160 | 165 | 175 | 165 | 165 |

　現時点においては将来の経営環境を大きく変化させる要因がないと判断しているので，中期経営計画を策定していないX4年およびX5年については，当該計画の最終年度であるX3年の計画数値を基に見積ることが考えられる。ただし，現時点で経営環境を大きく変化させる要因がないとしても，将来における見積りの不確実性はゼロにはならないことから，一定の不確実性を計画数値に織り込むことも考えられる。

　上記の数値例では，X3年の数値をそのまま据え置くのではなく，一定の不確実性を織り込み，X4およびX5年の数値を見積ったものとしている。

(2)　**業績予測の前提となる数値を修正する場合**

　X1年の実際の業績数値と中期経営計画の数値を比較すると，以下の状況であった。

|  | X1年 | X1年（実績） |
|---|---|---|
| 売上高 | 1,200 | 1,000 |
| 営業利益 | 300 | 240 |
| 税引前当期純利益 | 150 | 120 |

　X1年においては，中期経営計画の策定時に織り込んでいたマーケットの拡大に関して，現地の経営環境の悪化や消費者のニーズを読み切れなかったことから中期経営計画に対して大幅な未達の結果となった。税引前当期純利益についても中期経営計画に対して80%の水準しか達成できなかったとする。また，現時点においては，マーケットの状況を予測することは非常に困難であり，将来に向けて経営環境を大きく変化させる要因が存在する状況にある。

　この場合は，当初の中期経営計画の数値を達成することは非常に困難と判断し，X0年に策定した中期経営計画に一定の不確実性を織り込んで中期経営計画を修正することが考えられる。

**（回収可能性の判断に利用する将来の業績予測）**

|  | X1年<br>（実績） | X2年 | X3年 | X4年 | X5年 |
|---|---|---|---|---|---|
| 売上高 | 1,000 | 1,040 | 1,040 | 900 | 900 |
| 営業利益 | 240 | 260 | 260 | 225 | 225 |
| 税引前当期<br>純利益 | 120 | 132 | 132 | 108 | 108 |

　上記の数値例では，X2年については，X1年の中期経営計画の達成率が80％であったことを踏まえて，中期経営計画のX2年における数値に80％を乗じて修正している。X3年についても，修正後のX2年と同水準になると判断し，X2年の数値を据え置いている。また，中期経営計画を策定していないX4年およびX5年については，将来の不確実性を勘案し，不確実性を織り込んだX2年およびX3年よりもさらに引き下げた計画数値を見積っている。

　なお，この場合においては，X4およびX5年の業績を合理的に見積ることが可能かどうか，すなわち，将来の合理的な見積可能期間として5年間が適切か否かの検討も慎重に行うことが考えられる。

第5章

繰延税金資産の回収可能性

　回収可能性適用指針では中期経営計画はおおむね3年から5年の期間が想定されているが（回収可能性適用指針第24項），企業の分類が（分類3）に該当し，将来の課税所得の合理的な見積可能期間を5年間としている場合で，企業が3年間の中期経営計画を策定しているときには，4年目および5年目の計画数値をどのように見積るかについては慎重な検討が必要になると考えられる。

　3年目の数値をそのまま据え置く，または一定の割合で不確実性を織り込む場合（上記設例(1)のケース），中期経営計画の達成度合い，企業の外部環境，内部環境等を総合的に勘案し，中期経営計画が将来においても合理的な計画であると説明できることが前提となる。

　他方，中期経営計画を修正する場合（上記設例(2)のケース）は，中期経営計画の策定時点で想定していた企業の外部環境や内部環境が大きく変化し，中期経営計画が繰延税金資産の計上額の見積りの際に利用するものとして合理的な計画ではないものとなった場合といえる。この場合は，見積りにあたって利用する中期経営計画の数値を下方修正することが必要と考えられる。ここで，中期経営計画を策定していないX4年およびX5年については下方修正した中期経

営計画の最終年度の数値よりも，見積りが乖離するリスクは大きくなると一般的には考えるため，さらに下方修正した数値を見積るかどうかの検討も必要である。ただし，過度に保守的となって結果的に合理性を欠く計画数値となる場合もあるため，合理的な根拠に基づいた説明可能な一定の仮定に基づき中期経営計画を補正することが必要であると考えられる。

このように，将来の課税所得の合理的な見積りは，将来事象を予測することから慎重な検討と難しい判断が求められる領域であると考えられる。

## (3)　タックス・プランニングの実現可能性に関する取扱い

繰延税金資産の回収可能性を判断する際には，将来減算一時差異の解消見込年度および繰戻・繰越期間または繰越期間に，含み益のある固定資産または有価証券を売却する等のタックス・プランニングに基づく一時差異等加減算前課税所得が生じる可能性が高いと見込まれるかどうかも，判断要素の一つとなる（回収可能性適用指針第6項(2)）。

タックス・プランニングに基づく一時差異等加減算前課税所得の見積額により繰延税金資産の回収可能性を判断する場合には，固定資産や有価証券の含み益等の実現可能性を考慮することが求められている。具体的には，当該資産の売却等に係る意思決定の有無，実行可能性および売却される当該資産の含み益等に係る金額の妥当性を考慮しなければならないとされている（回収可能性適用指針第33項）。

タックス・プランニングに基づく一時差異等加減算前課税所得の見積額は，将来の一時差異等加減算前課税所得の見積額に含まれるため，企業の分類に応じて図表5－2のようにその取扱いが定められている（回収可能性適用指針第34項）。

**図表5－2　タックス・プランニングの取扱い**

| 分類 | タックス・プランニングの取扱い |
|---|---|
| （分類1） | タックス・プランニングに基づく一時差異等加減算前課税所得の見積額を，将来の一時差異等加減算前課税所得の見積額に織り込んで繰延税金資産の回収可能性を考慮する必要はない。 |

| （分類2）<br>＊1 | 次の①および②をいずれも満たす場合，タックス・プランニングに基づく一時差異等加減算前課税所得の見積額を，将来の一時差異等加減算前課税所得の見積額に織り込むことができるものとする。<br>①　資産の売却等に係る意思決定の有無および実行可能性<br>　資産の売却等に係る意思決定が，事業計画や方針等で明確となっており，かつ，資産の売却等に経済的合理性があり，実行可能である場合<br>②　売却される資産の含み益等に係る金額の妥当性<br>　売却される資産の含み益等に係る金額が，契約等で確定している場合または契約等で確定していない場合でも，例えば，有価証券については期末の時価，不動産については期末前おおむね1年以内の不動産鑑定評価額等の公正な評価額によっている場合 |
|---|---|
| （分類3）<br>＊2 | 次の①および②をいずれも満たす場合，タックス・プランニングに基づく一時差異等加減算前課税所得の見積額を，将来の合理的な見積可能期間（おおむね5年）または回収可能性適用指針第24項に従って繰延税金資産を見積る企業においては5年を超える見積可能期間の一時差異等加減算前課税所得の見積額に織り込むことができるものとする。<br>①　資産の売却等に係る意思決定の有無および実行可能性<br>　将来の合理的な見積可能期間（おおむね5年）または5年を超える見積可能期間で繰延税金資産を見積る企業においては，資産を売却する等の意思決定が事業計画や方針等で明確となっており，かつ，資産の売却等に経済的合理性があり，実行可能である場合<br>②　売却される資産の含み益等に係る金額の妥当性<br>　（分類2）と同様の場合 |
| （分類4）<br>＊3 | 次の①および②をいずれも満たす場合，タックス・プランニングに基づく一時差異等加減算前課税所得の見積額を，翌期の一時差異等加減算前課税所得の見積額に織り込むことができるものとする。<br>①　資産の売却等に係る意思決定の有無および実行可能性<br>　資産の売却等に係る意思決定が，適切な権限を有する機関の承認，決裁権限者による決裁または契約等で明確となっており，確実に実行されると見込まれる場合<br>②　売却される資産の含み益等に係る金額の妥当性<br>　（分類2）と同様の場合 |

| （分類5） | 原則として，繰延税金資産の回収可能性の判断にタックス・プランニングに基づく一時差異等加減算前課税所得の見積額を織り込むことはできないものとする。<br>ただし，税務上の繰越欠損金を十分に上回るほどの資産の含み益等を有しており，かつ，（分類4）の①および②をいずれも満たす場合，タックス・プランニングに基づく一時差異等加減算前課税所得の見積額を，翌期の一時差異等加減算前課税所得の見積額に織り込むことができるものとする |
|---|---|

＊1 回収可能性適用指針第28項に従って（分類2）に該当するものとして取り扱われる企業を含む。

＊2 回収可能性適用指針第29項に従って（分類3）に該当するものとして取り扱われる企業を含む。

＊3 回収可能性適用指針第28項または第29項に従って（分類2）または（分類3）に該当するものとして取り扱われる企業は除く。

# 4．各項目における一時差異の取扱い

　本節では，退職給付に係る負債や固定資産の減損損失に係る将来減算一時差異の取扱いなど，個別の項目に関する一時差異の取扱いおよび繰延税金資産の回収可能性の考え方を解説する。

　特に，これらの将来減算一時差異項目の中には，長期にわたって解消するものがあるため，将来減算一時差異の金額が多額となるケースが多く，繰延税金資産の追加計上時または取崩時には財務諸表に与える影響額が重要となる場合がある点に留意が必要である。

## (1)　長期解消将来減算一時差異の取扱い

　退職給付引当金や建物の減価償却超過額に係る将来減算一時差異のようにスケジューリングの結果，その解消見込年度が長期にわたる将来減算一時差異（以下「長期解消将来減算一時差異」という。）は，企業が継続する限り，長期にわたるが将来解消され，将来の税金負担額を軽減する効果を有するものである。これらの長期解消将来減算一時差異は，その性質上，一部の分類において繰延税金資産の回収可能性に関する原則的な取扱いとは異なる取扱いが設けら

れているので留意が必要である（回収可能性適用指針第35項）。

　各分類における繰延税金資産の回収可能性に関する原則的な取扱いと長期解消将来減算一時差異に係る取扱いの比較表は，図表5－3のとおりである。

図表5－3　長期解消将来減算一時差異と繰延税金資産の回収可能性に係る取扱いの比較表

| 分類 | 長期解消将来減算一時差異に係る取扱い | 繰延税金資産の回収可能性に係る取扱い |
|---|---|---|
| 分類1 | 当該将来減算一時差異に係る繰延税金資産は回収可能性があると判断できるものとする。 | 原則として，繰延税金資産の全額について回収可能性があるものとする。 |
| 分類2 *1 | 当該将来減算一時差異に係る繰延税金資産は回収可能性があると判断できるものとする。 | 一時差異等のスケジューリングの結果，繰延税金資産を見積る場合，当該繰延税金資産は回収可能性があるものとする。 |
| 分類3 *2 | 将来の合理的な見積可能期間（おおむね5年）において当該将来減算一時差異のスケジューリングを行った上で，当該見積可能期間を超えた期間であっても，当期末における当該将来減算一時差異の最終解消見込年度までに解消されると見込まれる将来減算一時差異に係る繰延税金資産は回収可能性があると判断できるものとする。 | 将来の合理的な見積可能期間（おおむね5年）以内の一時差異等加減算前課税所得の見積額に基づいて，当該見積可能期間の一時差異等のスケジューリングの結果，繰延税金資産を見積る場合，当該繰延税金資産は回収可能性があるものとする。 |
| 分類4 *3 | 翌期に解消される将来減算一時差異に係る繰延税金資産は回収可能性があると判断できるものとする。 | 翌期の一時差異等加減算前課税所得の見積額に基づいて，翌期の一時差異等のスケジューリングの結果，繰延税金資産を見積る場合，当該繰延税金資産は回収可能性があるものとする。 |
| 分類5 | 原則として，当該将来減算一時差異に係る繰延税金資産の回収可能性はないものとする。 | 原則として，繰延税金資産の回収可能性はないものとする。 |

*1　回収可能性適用指針第28項に従って（分類2）に該当するものとして取り扱われる企業を含む。

*2　回収可能性適用指第針29項に従って（分類3）に該当するものとして取り扱われる企業を含む。

*3　回収可能性適用指針第28項または第29項に従って（分類2）または（分類3）に該当するものとして取り扱われる企業を除く。

---

**論点 💬** 解消見込年度が長期にわたる将来減算一時差異の取扱い

Q. 回収可能性適用指針において，解消見込年度が長期にわたる将来減算一時差異に係る繰延税金資産の計上について「退職給付引当金や建物の減価償却超過額に係る将来減算一時差異のように，スケジューリングの結果，その解消見込年度が長期にわたる将来減算一時差異」と記載されているが，これは下記のどちらの解釈なのか。

① 退職給付引当金や建物の減価償却超過額と同様に解消見込年度が長期にわたる将来減算一時差異の場合，長期解消将来減算一時差異として取り扱う余地がある。

② 特別な取扱いであり，退職給付引当金と建物の減価償却超過額に限定するものである。

A. 回収可能性適用指針第35項の取扱いはスケジューリングの結果，その解消見込年度が長期となる将来減算一時差異について継続企業を前提とすれば長期にわたるが将来解消する可能性も否定はされないことから，例外的に認められているものと考えることができる。よって，回収可能性適用指針に記載されている退職給付引当金や建物の減価償却超過額に係る将来減算一時差異以外のものにまで拡大解釈するのではなく，限定的に解釈して適用する②の考え方もある。

## (2)　固定資産の減損損失に係る将来減算一時差異の取扱い

### ①　固定資産の減損損失とは

　固定資産の減損とは，資産の収益性の低下により投資額の回収が見込めなくなった状態であり，減損処理とは，そのような場合に一定の条件下で回収可能性を反映させるように帳簿価額を減額する会計処理をいう（「固定資産の減損

に係る会計基準の設定に関する意見書」三 3参照）。

固定資産の減損損失が税務上損金として認められるケースは極めて限定されており，通常は償却資産の減損損失については減価償却超過額として申告調整（加算・留保）され，その後，減価償却費の認容・廃棄・売却等を通じて課税所得計算上減算されることになることから，減損損失は将来減算一時差異として税効果会計の対象となる。よって，会計上の減損損失の計上により通常は将来減算一時差異が発生し，これに係る繰延税金資産の回収可能性について検討する必要がある。

② 長期解消将来減算一時差異（建物の減価償却超過額）との関係

廃止前の日本公認会計士協会監査委員会報告第70号「その他有価証券の評価差額及び固定資産の減損損失に係る税効果会計の適用における監査上の取扱い」（以下「監査委員会報告第70号」という。）では「減損損失は，その本質が減価償却とは異なる性質のものであり，臨時性が極めて高く，かつ，金額も巨額になる可能性が高い」ことから，償却資産の減損損失に係る将来減算一時差異については，廃止前の監査委員会報告第66号の「将来解消見込年度が長期にわたる将来減算一時差異の取扱い」にいう建物の減価償却超過額に係る将来減算一時差異と同様の取扱いを適用しないと規定されていた（回収可能性適用指針第103項）。

この取扱いに関して，償却資産の減損損失に係る将来減算一時差異と監査委員会報告第66号の「将来解消見込年度が長期にわたる将来減算一時差異の取扱い」に定める建物の減価償却超過額に係る将来減算一時差異とは，整合性の観点から両者の取扱いを同様とすべきではないか，両者の取扱いが相違する理由を明確にすべきではないかという考え方がある。一方，当該取扱いについては整合性の論点があるものの実務に定着している点や，減損損失については業績の悪化に伴い生じたものであり将来の収益力に影響を及ぼす要因があることから償却資産の減損損失に係る将来減算一時差異について建物の減価償却超過額に係る将来減算一時差異と異なる取扱いも説明し得る点等から，当面は両者の取扱いを見直すべきではないという考え方もある。

これらの2つの考え方を勘案した結果，両者の取扱いが検討された過去の経緯を踏まえ，回収可能性適用指針では監査委員会報告第66号における取扱いおよび監査委員会報告第70号における取扱いを見直さなかった（回収可能性適用

指針第104項および第105項)。よって，固定資産の減損損失に係る将来減算一時差異については，各分類における原則的な取扱いに従って，繰延税金資産の回収可能性を検討することとなる。

③ 回収可能性に関する取扱い

固定資産の減損損失に係る将来減算一時差異に関する繰延税金資産の回収可能性を検討するにあたっては，スケジューリング可能な将来減算一時差異であるか，スケジューリング不能な将来減算一時差異であるかの判定を行わなければならない。スケジューリングの可否については，減損損失の対象となった固定資産グループの現在および将来の使用状況，遊休・処分の見込みなどの状態により判定が行われることになるが，回収可能性適用指針では，償却資産と非償却資産に分けて取扱いが示されているため留意が必要である。

ⅰ）償却資産のケース

償却資産の減損損失に係る将来減算一時差異は，減価償却計算を通して解消されることからスケジューリング可能な一時差異として取り扱う（回収可能性適用指針第36項(1)）。

なお，「(1) 長期解消将来減算一時差異の取扱い」に記載のとおり，長期解消将来減算一時差異については，企業の分類に応じた特別の取扱いがあり，（分類3）に該当する企業においては，将来の合理的な見積可能期間を超えた期間であっても当期末における将来減算一時差異の最終解消見込年度までに回収されると見込まれる将来減算一時差異に係る繰延税金資産は回収可能性があると判断できるものとされている。一方で，償却資産の減損損失に係る将来減算一時差異については減損損失の本質が減価償却とは異なる性質のものであり臨時性が極めて高く，かつ，金額も巨額になる可能性が高いことから，この取扱いが適用されないこととなるため注意が必要である。

### 論点 💬 固定資産の減損損失に係る将来減算一時差異の取扱い

Q．ファイナンス・リース取引に該当するリース資産を使用している場合において，「リース資産減損勘定」等として減損損失を計上するとき，どのよう

に取り扱うのか。

A. リース料の支払いに応じて当該勘定を取り崩していくことにより減損損失に係る将来減算一時差異が解消されることとなるため，スケジューリング可能な将来減算一時差異として取り扱うことが考えられる。

ⅱ）非償却資産のケース

土地等の非償却資産の減損損失に係る将来減算一時差異については，売却等に係る意思決定または実施計画等がない場合，スケジューリング不能な一時差異として取り扱う（回収可能性適用指針第36項(2)）。

非償却資産の代表的なものは土地である。固定資産に計上されている土地等については，通常，事業の用に供されており，売却等に係る意思決定または実施計画等がない場合は原則としてスケジューリング不能な将来減算一時差異として取り扱うケースが多いと考えられる。ただし，事業の再構築等により売却，廃棄等スケジューリング可能な将来減算一時差異となる可能性もある。非償却資産のスケジューリングについては，事業再構築の計画に合理性および具体性があり，かつ，重要な意思決定機関等で計画が承認されているなど社内手続の明確化が実務上のポイントになると考えられる。

図表5－4　固定資産の減損損失に係る将来減算一時差異の取扱いのまとめ

| 区分 | 取扱い |
|---|---|
| 償却資産 | 償却資産の減損損失に係る将来減算一時差異は，減価償却計算を通して解消されることから，スケジューリング可能な将来減算一時差異として取り扱う。<br>　また，償却資産の減損損失に係る将来減算一時差異については，回収可能性適用指針第35項に定める長期解消将来減算一時差異の取扱いを適用しないものとする。 |
| 非償却資産 | 売却等に係る意思決定または実施計画等がない場合，スケジューリング不能な将来減算一時差異として取り扱う。 |

## (3) 役員退職慰労引当金に係る将来減算一時差異の取扱い

### ① 役員退職慰労引当金とは

役員退職慰労引当金は，会社の役員の将来における退職慰労金の支払いに備えて設定される引当金である。当該支給見積額のうち各事業年度の負担相当額が引当金として計上される。

他方，税務上においては，実際に役員に退職金を支払った日の属する事業年度において損金算入が認められているが，原則的には退職の事実および債務の確定が必要となる。よって，会計上と税務上の取扱いの違いから，役員退職慰労引当金を計上する場合には将来減算一時差異が発生する。

### ② 長期解消将来減算一時差異との関係

役員退職慰労引当金に係る将来減算一時差異については，スケジューリングの結果に基づいて繰延税金資産の回収可能性を判断することから，退職給付引当金や建物の減価償却超過額のように長期解消将来減算一時差異には該当しない（回収可能性適用指針第106項）。

### ③ 回収可能性に関する取扱い

役員退職慰労引当金に係る将来減算一時差異について，役員在任期間の実績や社内規程等に基づいて役員の退任時期を合理的に見込む方法等によりスケジューリングが行われている場合は，スケジューリングの結果に基づいて繰延税金資産の回収可能性を判断する。一方，スケジューリングが行われていない場合，役員退職慰労引当金に係る将来減算一時差異はスケジューリング不能な将来減算一時差異として取り扱う（回収可能性適用指針第37項）。

なお，（分類２）に該当する企業においては，スケジューリング不能な将来減算一時差異に係る繰延税金資産について，将来のいずれかの時点で回収できることを企業が合理的な根拠をもって説明する場合，回収可能性があるものとしている（回収可能性適用指針第21項ただし書き）。この点，役員退職慰労引当金に係る将来減算一時差異については，税務上の損金算入時期を個別に特定できない場合であっても，いずれかの時点では損金算入されるものであることから，（分類２）に該当する企業において，将来のいずれかの時点で回収できることを企業が合理的な根拠をもって説明する場合，当該将来減算一時差異に

係る繰延税金資産は回収可能性があるものとしている（回収可能性適用指針第37項および第106項）。

図表５－５　役員退職慰労引当金に係る将来減算一時差異の取扱いのまとめ

| 区分 | 取扱い |
| --- | --- |
| 役員在任期間の実績や社内規程等に基づいて役員の退任時期を合理的に見込む方法等によりスケジューリングが行われている場合 | スケジューリングの結果に基づいて繰延税金資産の回収可能性を判断する |
| スケジューリングが行われていない場合 | スケジューリング不能な将来減算一時差異として取り扱う。なお，（分類２）に該当する企業においては，当該スケジューリング不能な将来減算一時差異に係る繰延税金資産について，回収可能性適用指針第21項ただし書きに従って回収可能性を判断する。 |

論点　役員退職慰労引当金に係る将来減算一時差異のスケジューリング

Q. 回収可能性適用指針第37項では役員退職慰労引当金に係る将来減算一時差異の取扱いが定められている。役員退職慰労引当金を計上し，企業の分類が（分類２）の場合で，当該将来減算一時差異がいつ損金算入されるかを検討する際に，役員は今後いずれかの時期に退職することから，当該将来減算一時差異はいずれかの時点において損金に算入されるという考え方をもって，スケジューリング可能と考えてもよいか。

A. （分類２）に該当する企業において，スケジューリング不能な将来減算一時差異に係る繰延税金資産については，将来のいずれかの時点で回収できることを企業が合理的な根拠をもって説明する場合，回収可能性があるものとしている（回収可能性適用指針第21項ただし書き）。この取扱いを適用してスケジューリング不能な役員退職慰労金に係る将来減算一時差異について繰延税金資産を計上する場合は，企業が合理的な根拠を持って説明する

ことができるか否かがポイントになる。よって，役員もいずれかの時期に退職するという説明だけでは，企業が合理的な根拠をもって説明しているとはいえないと考えられる。

　また，回収可能性適用指針の公開草案に対するコメント（NO.47）への対応にて「役員退職慰労引当金に係る将来減算一時差異については将来のいずれかの時点で解消されるものであるためその点に関する説明は不要と考えられるが，将来減算一時差異の残高と課税所得の水準との関係から回収できることについては合理的な根拠をもって説明することが求められると考えられる」とされており，ここからも役員退職慰労引当金の将来減算一時差異残高と課税所得の水準との関係から回収できることについて，企業が合理的な根拠をもって説明することができるかどうかが重要であると考えられる。

　ここで，実務上は，役員としての在任期間が5年や10年で交代してきた実績をもって，退任時期が見込めると考えて繰延税金資産を計上できるかという論点が考えられる。

　この点については，単純に在任の年数のみで判断するのではなく，将来の課税所得の十分性も含め企業が合理的な根拠をもって説明することが求められていると考えられる。企業活動は長期間にわたって継続するものであることから，例えば，将来，多額の損失を計上して役員退職慰労金を支払うことができない状況が生じ得るほか，役員退職慰労金制度が打ち切りになる場合も考えられる。その観点からは，役員退職慰労金をいつ支払う見込みであるかという点についての合理的な説明が必要と考えられる。

## (4)　その他有価証券の評価差額に係る一時差異の取扱い

### ①　回収可能性に関する取扱い

　その他有価証券の評価差額に係る一時差異は，個々の銘柄ごとにスケジューリングを行い，評価差損に係る将来減算一時差異については当該スケジューリングの結果に基づき回収可能性を判断した上で繰延税金資産を計上し，評価差益に係る将来加算一時差異については繰延税金負債を計上することとされている。

　ただし，個々の銘柄ごとではなく，次のように一括して繰延税金資産または繰延税金負債を計上することができる（回収可能性適用指針第38項）。

　ⅰ）その他有価証券の評価差額に係る一時差異がスケジューリング可能な一

時差異である場合は，当該評価差額を評価差損が生じている銘柄と評価差益が生じている銘柄とに区分し，評価差損の銘柄ごとの合計額に係る将来減算一時差異についてはスケジューリングの結果に基づき回収可能性を判断した上で繰延税金資産を計上し，評価差益の銘柄ごとの合計額に係る将来加算一時差異については繰延税金負債を計上する。

ⅱ）その他有価証券の評価差額に係る一時差異がスケジューリング不能な一時差異である場合は，評価差損の銘柄ごとの合計額と評価差益の銘柄ごとの合計額を相殺した後の純額の評価差損に係る将来減算一時差異または評価差益に係る将来加算一時差異について，繰延税金資産または繰延税金負債を計上する。

原則的な処理の考え方としては，個々の銘柄ごとにスケジューリングを行い，評価差損に係る将来減算一時差異については当該スケジューリングの結果に基づき回収可能性を判断した上で繰延税金資産を計上し，評価差益に係る将来加算一時差異については繰延税金負債を計上することとされている（回収可能性適用指針第107項）。

一方，容認処理の考え方は，金融商品会計基準第18項および第75項によればその他有価証券はその多様な性格に鑑み保有目的を識別・細分化する客観的な基準を設けることが困難であるとともに，保有目的等自体も多義的であり，かつ変遷していく面があることから，一括して捉えた上で時価をもって貸借対照表価額とし，評価差額は洗替方式に基づき処理するとされている。よって，実務的な観点から，その他有価証券の評価差額について，個々の銘柄ごとではなく，一括して繰延税金資産または繰延税金負債を計上することができるものとしている（回収可能性適用指針第108項）。

**第5章**

繰延税金資産の回収可能性

**図表 5 − 6　その他有価証券の評価差額に係る一時差異の取扱いのまとめ**

| 区分 | | 取扱い | |
|---|---|---|---|
| 原則 | 個々の銘柄ごとにスケジューリングを行う場合 | 評価差損に係る将来減算一時差異については当該スケジューリングの結果に基づき回収可能性を判断した上で繰延税金資産を計上し，評価差益に係る将来加算一時差異については繰延税金負債を計上する。 | |
| 容認 | 個々の銘柄ごとではなく，一括して繰延税金資産または繰延税金負債を計上する場合 | その他有価証券の評価差額に係る一時差異がスケジューリング可能な一時差異である場合 | 評価差額を評価差損が生じている銘柄と評価差益が生じている銘柄とに区分し，評価差損の銘柄ごとの合計額に係る将来減算一時差異についてはスケジューリングの結果に基づき回収可能性を判断した上で繰延税金資産を計上し，評価差益の銘柄ごとの合計額に係る将来加算一時差異については繰延税金負債を計上する。 |
| | | その他有価証券の評価差額に係る一時差異がスケジューリング不能な一時差異である場合 | 評価差損の銘柄ごとの合計額と評価差益の銘柄ごとの合計額を相殺した後の純額の評価差損に係る将来減算一時差異または評価差益に係る将来加算一時差異について，繰延税金資産または繰延税金負債を回収可能性適用指針第39項に従って計上する。 |

② **スケジューリング不能なその他有価証券の純額の評価差益または評価差損に係る一時差異の取扱い**

　スケジューリング不能なその他有価証券の評価差額に係る一時差異について上記の取扱いによった場合，純額の評価差益または評価差損に係る一時差異に対して，次のように繰延税金負債または繰延税金資産を計上することとされている（回収可能性適用指針第39項）。

ⅰ）純額で評価差益の場合

　その他有価証券の純額の評価差益に係る将来加算一時差異について繰延税金負債を計上する。なお，当該評価差益に係る将来加算一時差異はスケジューリング不能な将来加算一時差異であるため，繰延税金資産の回収可能性の判断にあたっては，その他有価証券の評価差額に係る将来減算一時差異以外の将来減算一時差異とは相殺できないことに留意が必要である。

ⅱ）純額で評価差損の場合

　その他有価証券の純額の評価差損に係る将来減算一時差異はスケジューリング不能な将来減算一時差異であるため，原則として，当該将来減算一時差異に係る繰延税金資産の回収可能性はないものとされている。

　ただし，通常，その他有価証券は随時売却が可能であり，また，長期的には売却されることが想定される有価証券であることを考慮し，回収可能性適用指針では，純額の評価差損に係る繰延税金資産については，企業の分類に応じて，次のように取り扱うことができることとされている。

　まず，（分類1）および（分類2）に該当する企業においては，純額の評価差損に係る繰延税金資産の回収可能性があるものとされている。（分類3）に該当する企業においては，将来の合理的な見積可能期間（おおむね5年）または5年を超える見積可能期間の一時差異等加減算前課税所得の見積額にスケジューリング可能な一時差異の解消額を加減した額に基づき，純額の評価差損に係る繰延税金資産を見積る場合は，当該繰延税金資産の回収可能性はあるものとされている。

　また，スケジューリング不能なその他有価証券の評価差額に係る一時差異について，「①　回収可能性に関する取扱い」ⅱ）によった場合，当該一時差異はスケジューリング不能であるため，その他有価証券の売却損益計上予定額を将来の一時差異等加減算前課税所得の見積額（タックス・プランニングに基づく一時差異等加減算前課税所得の見積額を含む。）に含めることはできないことに留意が必要である（回収可能性適用指針第40項）。

第5章
繰延税金資産の回収可能性

**設例**  スケジューリング不能なその他有価証券の純額の評価差益または評価差損に係る一時差異の取扱い

|前提|

| | 取得原価 | 時価 | スケジューリング |
|---|---|---|---|
| A | 100 | 110 | 不能 |
| B | 60 | 40 | 可能 |
| C | 130 | 90 | 不能 |
| D | 60 | 120 | 可能 |

　原則的処理によれば，評価差益であるAおよびDにおいてはスケジューリングの可否を問わず繰延税金負債を計上し，評価差損であるBおよびCについてはスケジューリングの結果に基づき回収可能性を判断した上で繰延税金資産を計上する。

　一方，容認処理の場合，まずスケジューリング可能なBおよびDについて評価差益と評価差損とに区分し，評価差益であるDについては繰延税金負債を計上し，評価差損であるBについてはスケジューリングの結果に基づき回収可能性を判断した上で繰延税金資産を計上する。そして，スケジューリング不能なAおよびCについては評価差額の合計額を相殺した後の純額である30（評価差益10－評価差損40）について，企業の分類に応じて回収可能性を判断した上で繰延税金資産を計上する。

**図表5－7　スケジューリング不能なその他有価証券の純額の評価差益または評価差損に係る一時差異の取扱いのまとめ**

| 区分 | 取扱い |
|---|---|
| 純額で評価差益の場合 | 繰延税金負債を計上する。<br>なお，評価差益に係る将来加算一時差異はスケジューリング不能な将来加算一時差異であるため，繰延税金資産の回収可能性の判断にあたっては，その他有価証券の評価差額に係る将来減算一時差異以外の将来減算一時差異とは相殺できない。 |

| 純額で評価差損の場合 | 原則として，当該将来減算一時差異に係る繰延税金資産の回収可能性はないものとする。 |
|---|---|
| | ただし，通常，その他有価証券は随時売却が可能であり，また，長期的には売却されることが想定される有価証券であることを考慮し，純額の評価差損に係る繰延税金資産については，企業の分類に応じた繰延税金資産の回収可能性に関する取扱い（回収可能性適用指針第15項から第32項）に従って判断した分類に応じて，次のように取り扱うことができる。 |
| | ● （分類１）に該当する企業および（分類２）に該当する企業（回収可能性適用指針第28項に従って（分類２）に該当するものとして取り扱われる企業を含む。）においては，純額の評価差損に係る繰延税金資産の回収可能性があるものとする。 |
| | ● （分類３）に該当する企業（回収可能性適用指針第29項に従って（分類３）に該当するものとして取り扱われる企業を含む。）においては，将来の合理的な見積可能期間（おおむね５年）または回収可能性適用指針第24項に従って繰延税金資産を見積る企業においては５年を超える見積可能期間の一時差異等加減算前課税所得の見積額にスケジューリング可能な一時差異の解消額を加減した額に基づき，純額の評価差損に係る繰延税金資産を見積る場合，当該繰延税金資産の回収可能性があるものとする。 |

③ 減損処理後のその他有価証券に評価差益が生じた場合の税効果

　過年度に減損処理したその他有価証券（税務上は有税処理）に係る将来減算一時差異については，原則どおり，個々の銘柄ごとにスケジューリングを行い，その結果に基づき回収可能性を判断した上で，繰延税金資産を計上する。減損処理後は個々の銘柄の個別事情を反映して実施されるものであるから，減損処理後のスケジューリングにおいても個々の銘柄ごとに行う必要がある。したがって，前期以前に減損処理したその他有価証券については，原則どおり，減

損処理後の株価の変動を踏まえて，個々の銘柄ごとに税効果会計を適用することになる。

なお，減損処理したその他有価証券に関して，期末における時価が減損処理の直前の取得原価に回復するまでは，減損処理後の時価の上昇に伴い発生する評価差益は将来加算一時差異ではなく，減損処理により生じた将来減算一時差異の戻入れとなることに留意が必要である（回収可能性適用指針第38項なお書き）。

設例  過年度にその他有価証券を減損処理した場合の取扱い

前提条件
- 前期末において，取得原価15,000の投資有価証券（その他有価証券として分類）が，時価6,000に下落したため，9,000の減損処理を行った。なお，税務上の簿価は15,000で変わらない。
- 当期において，当該投資有価証券の時価が9,000に上昇したため，その他有価証券評価差額金（評価差益）3,000が発生した。
- 法定実効税率は30％とする。

会計処理

本設例における投資有価証券に係る当期末の将来減算一時差異は，6,000（会計上の簿価（貸借対照表価額）9,000と税務上の簿価15,000との差額）となる。

これは，前期の減損処理により生じた将来減算一時差異9,000と，その後の時価の上昇に伴う将来減算一時差異3,000の戻入れに分けることができる。一時差異が同一の有価証券から生じているため，減損処理後の時価の上昇に伴い発生する評価差益は，将来加算一時差異ではなく，将来減算一時差異の戻入れとなる。

以下，投資有価証券の減損処理に関して，下表の3つのケースの会計処理について仕訳例を用いて説明する。

**（投資有価証券の減損処理で発生した将来減算一時差異の回収可能性の判断）**

| | | | 回収可能性の判断 | |
|---|---|---|---|---|
| | | | 前期 | 当期 |
| (1) ケース1 | スケジューリングの結果 | ⇒ | あり | あり |
| (2) ケース2 | | | なし | あり |
| (3) ケース3 | | | なし | なし |

**(1) ケース1**

① 前期の会計処理

| （借） 投資有価証券評価損 | 9,000 | （貸） 投資有価証券 | 9,000 |
|---|---|---|---|
| （借） 繰延税金資産 | 2,700 | （貸） 法人税等調整額 | 2,700 |

＊ 投資有価証券の評価損について，スケジューリングの結果，回収が見込まれる税金の額2,700（9,000×法定実効税率30%）を繰延税金資産として計上する。

② 当期の会計処理

| （借） 投資有価証券 | 3,000 | （貸） その他有価証券評価差額金 | 3,000 |
|---|---|---|---|
| （借） その他有価証券評価差額金 | 900 | （貸） 繰延税金資産 | 900 |

＊ その他有価証券評価差額金（評価差益）3,000の発生（将来減算一時差異3,000の戻入れ）により繰延税金資産900（3,000×法定実効税率30%）を取り崩す。

**(2) ケース2**

① 前期の会計処理

| （借） 投資有価証券評価損 | 9,000 | （貸） 投資有価証券 | 9,000 |
|---|---|---|---|

② 当期の会計処理

| （借） 繰延税金資産 | 2,700 | （貸） 法人税等調整額 | 2,700 |
|---|---|---|---|
| （借） 投資有価証券 | 3,000 | （貸） その他有価証券評価差額金 | 3,000 |
| （借） その他有価証券評価差額金 | 900 | （貸） 繰延税金資産 | 900 |

＊ 減損処理により生じた将来減算一時差異は，前期に税務上加算した9,000であることから，その税効果は2,700（9,000×法定実効税率30%）である。

当期に，当該将来減算一時差異に係る繰延税金資産の回収可能性があると判断された場合，繰延税金資産を計上することとなり，貸方に法人税等調整額2,700を計上することとなる。また，その他有価証券評価差額金（評価差益）3,000の発生（将来減算一時差異3,000の戻入れ）により，繰延税金資産900（3,000×法定実効税率30%）を取り崩す。

## (3) ケース3

### ① 前期の会計処理

| （借） | 投資有価証券評価損 | 9,000 | （貸） | 投資有価証券 | 9,000 |

### ② 当期の会計処理

| （借） | 投資有価証券 | 3,000 | （貸） | その他有価証券評価差額金 | 3,000 |

＊　減損処理により生じた将来減算一時差異は，前期に税務上加算した9,000であることから，その税効果は2,700（9,000×法定実効税率30%）である。

　　当期においても，当該将来減算一時差異に係る繰延税金資産に回収可能性がないと判断された場合，繰延税金資産を計上することはできない。また，その他有価証券評価差額金（評価差益）3,000（将来減算一時差異3,000の戻入れ）は，取り崩すべき繰延税金資産が存在しないため，評価差益に関する税効果の会計処理は不要である。

### ④ 部分純資産直入法を採用している場合のその他有価証券の評価差額の取扱い

　部分純資産直入法とは，有価証券の時価が取得原価を上回る銘柄に係る評価差額については純資産の部にその他有価証券評価差額金として計上する一方で，時価が取得原価を下回る銘柄に係る評価差額は当期の損失として処理する方法である（金融商品会計基準第18項(2)）。

　この部分純資産直入法を採用している場合のその他有価証券の評価差額に係る一時差異のうち，スケジューリング可能な一時差異については，前記の「①回収可能性に関する取扱い」ⅰ）に記載した方法に準じて，評価差損と評価差益が生じている銘柄にそれぞれ区分した上で，評価差損の銘柄ごとの合計額に係る将来減算一時差異についてはスケジューリングの結果に基づき回収可能性を判断した上で繰延税金資産を計上する。また，評価差益の銘柄ごとの合計額に係る将来加算一時差異については繰延税金負債を計上する（回収可能性適用指針第41項，第38項(1)）。

　一方，部分純資産直入法を採用している場合のその他有価証券の評価差額に係る一時差異のうちスケジューリング不能な一時差異については，前記「①回収可能性に関する取扱い」ⅱ）に記載した方法に準じて処理することになる。評価差損の銘柄ごとの合計額と評価差益の銘柄ごとの合計額を相殺した後の純

額の評価差損に係る将来減算一時差異または評価差益に係る将来加算一時差異について，企業の分類に応じて回収可能性を判断することが求められている（回収可能性適用指針第41項，第38項(2)）。

---

**論点** 💬　過去に減損したその他有価証券の評価差額に係る税効果

Q.　過去にその他有価証券について減損処理を実施し，その後は，他のその他有価証券と区別して個別に税効果会計を適用していた。当期末に，当該その他有価証券の減損額全額が税務上認容され，過去の減損に係る一時差異が解消した。当期末より，過去に減損した当該その他有価証券も含めて，その他有価証券の評価差額の純額に対して税効果会計を適用する取扱い（回収可能性適用指針第38項(2)）を適用することは可能か。

A.　回収可能性適用指針第38項(2)では，「減損処理したその他有価証券に関して，期末における時価が減損処理の直前の取得原価に回復するまでは，減損処理後の時価の上昇に伴い発生する評価差益は将来加算一時差異ではなく減損処理により生じた将来減算一時差異の戻入れとなる。このため，原則どおり，個々の銘柄ごとにスケジューリングを行い，当該その他有価証券に係る将来減算一時差異については当該スケジューリングの結果に基づき回収可能性を判断した上で，繰延税金資産を計上する」とされている。

　　同適用指針において原則どおりの処理を求めているのは，減損処理により発生した評価損に係る将来減算一時差異が解消されていない場合には，当該将来減算一時差異に係るスケジューリングについて，他のその他有価証券に係る評価差額とは区別して，個別にスケジューリングする必要があるためであると考えられる。

　　よって，減損処理により発生した評価損に係る将来減算一時差異が解消された場合には，他のその他有価証券と合わせて回収可能性適用指針第38項(2)の方法を適用することが可能になると考えられる。

**第5章**
繰延税金資産の回収可能性

| 論点 💬 | 企業の分類の判定におけるその他有価証券評価差額金に係る将来減算一時差異の取扱い |
|---|---|

Q. その他有価証券の評価差額に係る一時差異について，スケジューリング不能であるため，銘柄ごとの合計額を相殺後の評価差損益に係る一時差異に対して繰延税金資産または繰延税金負債を計上する方法を採用している。この結果，純額で評価差益が生じているため，純額の評価差益に係る繰延税金負債を計上している。

　　この場合，回収可能性適用指針における企業の分類を判定するにあたり，（一時差異等加減算前）課税所得と期末における将来減算一時差異を比較する場合があるが，この際，評価差益と相殺された評価差損を期末における将来減算一時差異に含める必要はあるか。

A. 回収可能性適用指針第38項において，その他有価証券の評価差額に係る一時差異について，個々の銘柄ごとに解消見込年度のスケジューリングを行い，評価差損に係る将来減算一時差異については回収可能性を検討した上で繰延税金資産を認識し，評価差益に係る将来加算一時差異については繰延税金負債を認識することを原則としながらも，スケジューリング不能なその他有価証券の評価差額については相殺した後の純額の評価損益に税効果を認識することを認めている。

　　純額の評価差額で税効果を認識する場合で，かつ，純額で評価差益が生じている場合には，繰延税金負債を認識することになり，評価差額以外の将来減算一時差異と相殺することは認められない（回収可能性適用指針第39項）。

　　よって，スケジューリング不能なその他有価証券の評価差額に係る一時差異について純額で税効果の検討を行う方法を採用し，評価差額の合計の純額が評価差益となっている場合に，回収可能性の判断にあたって評価差額以外の将来減算一時差異と相殺できないとされているので，将来加算一時差異と相殺された将来減算一時差異については，回収可能性適用指針における企業の分類を判定するにあたっても，「期末における将来減算一時差異」に含めないものと考えられる。

⑤　外貨建その他有価証券の為替換算差額の取扱い

　外貨建その他有価証券の為替換算差額は，原則として，金融商品会計基準第18項の評価差額に関する処理方法に従うものとされている（外貨建取引等会計

処理基準第一　2(2))。

　外貨建その他有価証券の為替換算の会計処理は，以下のとおりである。

ⅰ）時価のある外貨建その他有価証券

　　外貨による時価を決算時の直物為替相場により換算して算定する。

ⅱ）時価を把握することが極めて困難と認められる外貨建その他有価証券

　　取得原価または償却原価を決算時の直物為替相場により換算して算定する。

　しかしながら，時価を把握することが極めて困難と認められる外貨建その他有価証券の為替換算差額のうち一時差異となるものについては，時価のあるその他有価証券に係る金融商品会計基準の時価評価とはその性格が異なるため，本節で解説を行っている取扱いを適用しないこととしている（回収可能性適用指針第42項）。

　つまり，他の一時差異と同様に，企業の分類に応じて繰延税金資産の回収可能性を判断することになる。

## (5)　退職給付に係る負債に関する一時差異の取扱い

### ①　長期解消将来減算一時差異との関係

　個別財務諸表における退職給付引当金に係る将来減算一時差異に関する繰延税金資産の額に，連結修正項目である未認識数理計算上の差異および未認識過去勤務費用（以下合わせて「未認識項目」という。）の会計処理により生じる将来減算一時差異に係る繰延税金資産の額を合算した繰延税金資産の回収可能性については，長期解消将来減算一時差異の取扱いを適用することが明確に示されている（回収可能性適用指針第44項）。

　連結財務諸表における退職給付に係る負債に関する将来減算一時差異と個別財務諸表における退職給付引当金に係る将来減算一時差異は，未認識項目が発生した当初は認識時点が異なることにより金額が相違するものの，その性質は異なるものではない。つまり，個別財務諸表における未認識項目は，発生後，一定の年数にわたって毎期費用処理することで退職給付引当金として認識され，費用処理が終了した時点で当該未認識項目はすべて個別財務諸表における退職

205

給付引当金に係る将来減算一時差異となり，連結財務諸表における退職給付に係る負債と個別財務諸表における退職給付引当金の帳簿価額は一致し，連結修正（未認識項目の負債認識）において生じる将来減算一時差異は解消することから，長期解消将来減算一時差異に該当する（回収可能性適用指針第112項）。

### ②　繰延税金資産の回収可能性

ⅰ）個別財務諸表と連結財務諸表の繰延税金資産の回収可能性

連結財務諸表における退職給付に係る負債に関する繰延税金資産は，まず，個別財務諸表における退職給付引当金に係る将来減算一時差異に関する繰延税金資産の額を計上し，これに未認識項目の会計処理により生じる将来減算一時差異に係る繰延税金資産の額を合算し，この合算額について繰延税金資産の回収可能性を判断する。

また，連結財務諸表における当該繰延税金資産の回収可能性については，個別財務諸表における企業の分類に基づいて判断することとしている（回収可能性適用指針第43項）。

ⅱ）連結財務諸表上の会社分類の取扱い

将来の一時差異等加減算前課税所得の見積額は，連結財務諸表の作成上で生じる連結修正によって変わるものではないため，親会社または連結子会社の個別財務諸表における繰延税金資産の回収可能性の判断と，個別財務諸表における繰延税金資産に連結修正項目に係る繰延税金資産を合算した連結財務諸表に含まれる当該個別財務諸表における繰延税金資産の回収可能性の判断は，通常，変わらないものと考えられる。

この判断を退職給付に係る負債について用いると，未認識項目を連結財務諸表において負債として即時認識するか否かにより将来の一時差異等加減算前課税所得の見積額が変わるものではないため，連結財務諸表に含まれる親会社または連結子会社の個別財務諸表における退職給付に係る負債に関する繰延税金資産の回収可能性の判断は，未認識項目を連結財務諸表において負債として即時認識するか否かによって影響を受けるものではない（回収可能性適用指針第110項）。

例えば，（分類1）に該当する企業においては，個別財務諸表における将来減算一時差異を十分に上回る課税所得が過去（3年）および当期のす

べての事業年度において生じているが、連結修正（未認識項目の負債認識）において生じる将来減算一時差異を考慮すると、将来減算一時差異を十分に上回る課税所得が毎期生じていない場合も考えられる。この場合においても、連結財務諸表における分類は個別財務諸表における分類と同じ（分類1）とし、連結決算手続上生じた繰延税金資産の全額について回収可能性があるものとしている（回収可能性適用指針第111項）。

### ③　回収可能性の見直し時の会計処理

退職給付引当金および退職給付に係る負債に係る将来減算一時差異に関する繰延税金資産について、過去においてはないと判断されていた回収可能性がその後にあると判断された場合、未認識項目の負債認識において生じる将来減算一時差異についても、連結財務諸表上、一部または全部の繰延税金資産を退職給付に係る調整額を相手勘定として計上することになるものと考えられる。

一方、退職給付引当金および退職給付に係る負債に関する繰延税金資産の回収可能性が過去においてあると判断していたものについて、その後に回収可能性がないと判断された場合、まず、個別財務諸表における退職給付引当金に係る将来減算一時差異が解消する時に税金負担額を軽減するものとして、繰延税金資産の計上額を算定する。すなわち、個別財務諸表において退職給付引当金に係る繰延税金資産の見直しを行い、繰延税金資産の回収可能性を判断した結果、当該繰延税金資産の全部または一部が将来の税金負担額を軽減する効果を有さなくなったと判断された場合、計上していた繰延税金資産のうち回収可能性がない金額について法人税等調整額を相手勘定として取崩しを行うことになる。

この場合、連結財務諸表においては、個別財務諸表における取崩しの処理に加え、未認識項目の負債認識において生じる将来減算一時差異に係る繰延税金資産は、すべて将来の税金負担額を軽減する効果を有さなくなったと考えられることから、退職給付に係る調整額を相手勘定として取崩しを行うこととしている（回収可能性適用指針第114項）。

## (6)　繰延ヘッジ損益に係る一時差異の取扱い

### ①　繰延ヘッジ損益とは

繰延ヘッジとは、時価評価されているヘッジ手段の損益を、ヘッジ対象に係

る損益が認識されるまで純資産の部で繰り延べるヘッジ会計の原則的な方法であり，この繰り延べられる損益を「繰延ヘッジ損益」という。

繰延ヘッジ損益に係る一時差異は，繰延ヘッジ損失と繰延ヘッジ利益とに区分し，それぞれ次のように取り扱われる（回収可能性適用指針第46項）。

- 繰延ヘッジ損失に係る将来減算一時差異については，回収可能性を判断した上で，繰延税金資産を計上する。
- 繰延ヘッジ利益に係る将来加算一時差異については，繰延税金負債を計上する。

### ② 回収可能性に関する取扱い

繰延ヘッジ損失に係る将来減算一時差異について，収益力に基づく一時差異等加減算前課税所得に基づいて繰延税金資産の回収可能性を判断する場合，会社の分類に応じて，（分類1），（分類2）および（分類3）に該当するときには回収可能性がある。

また，（分類4）の会社も，翌期の一時差異等加減算前課税所得の見積額に基づいて，翌期の一時差異等のスケジューリングの結果，繰延税金資産を見積る場合，当該繰延税金資産は回収可能性がある。（分類5）の会社においては，原則として，繰延税金資産の回収可能性はないことから，繰延ヘッジ損失に係る繰延税金資産の回収可能性はない（回収可能性適用指針第31項）。

繰延ヘッジ損失に係る将来減算一時差異については，ヘッジ有効性を考慮すれば，通常，ヘッジ対象に係る評価差益に関する将来加算一時差異とほぼ同時期に同額で解消されるものとみることもできると考えられるため，上記の取扱いが定められている（回収可能性適用指針第115項）。

## (7) 資産除去債務に係る一時差異の取扱い

### ① 資産除去債務とは

資産除去債務とは，有形固定資産の取得，建設，開発または通常の使用によって生じ，当該有形固定資産の除去に関して法令または契約で要求される法律上の義務およびそれに準ずるものをいう（資産除去債務会計基準第3項(1)）。

資産除去債務の会計処理に関して，会計上は資産除去債務を負債として計上した上でこれに対応する有形固定資産を計上するが，税務上はこれらの計上が

認められていない。そのため，会計上と税務上の差異が発生し，税効果会計の処理が必要となる。

　具体的には，有形固定資産については，減価償却を通じて毎期の課税所得を増加させることとなるため，資産除去債務に対応する有形固定資産の計上時には将来加算一時差異が発生することとなる。他方，資産除去債務については，除去費用の支出時に課税所得を減額させることとなるため，資産除去債務の計上時には将来減算一時差異が発生することとなる。

#### ②　回収可能性に関する取扱い

　有形固定資産に係る将来加算一時差異については繰延税金負債を計上し，資産除去債務に係る将来減算一時差異については，回収可能性を検討の上，繰延税金資産を計上することになる。

　ここで，退職給付引当金や建物の減価償却超過額に係る将来減算一時差異のように長期にわたり定期的に解消が見込まれる将来減算一時差異については，「(1)　長期解消将来減算一時差異の取扱い」に記載のとおり，繰延税金資産の回収可能性に関して企業の分類に応じた特別の取扱いが定められている。これに対して，資産除去債務に係る将来減算一時差異については，除去費用の支出時（撤去時）に一時に解消するものであり，長期にわたって解消されるものでないことを考慮すると，長期解消将来減算一時差異には該当しないものと考えられる。

　なお，資産除去債務の見積りについては，履行時期の範囲および蓋然性について合理的に見積るための情報が入手可能なときは，資産除去債務を合理的に見積ることができる場合に該当する（資産除去債務適用指針第17項）とされており，回収可能性適用指針における将来減算一時差異の解消時期のスケジューリングのような厳格さは求められていないと考えられる。よって，資産除去債務を計上したとしても当該資産除去債務に関する将来減算一時差異の解消時期についてはスケジューリング不能として繰延税金資産を計上せず，将来において繰延税金資産の回収可能性が明確になったと判断される時点（撤去時期が明確になった時点）で繰延税金資産を計上すべきケースもあると考えられる。

　企業の分類に応じた繰延税金資産の回収可能性は，以下のように考えられる。

　（分類1）に該当する企業の場合，原則として，繰延税金資産の全額について回収可能性があるとされていることから（回収可能性適用指針第18項），資

産除去債務に係る将来減算一時差異についても全額，繰延税金資産が計上されることとなる。

（分類2）に該当する企業においては，スケジューリング可能な将来減算一時差異に係る繰延税金資産について回収可能性があるとされており（回収可能性適用指針第20項），資産除去債務に関する将来減算一時差異については，スケジューリングが可能か否かを検討する必要がある。回収可能性適用指針第3項(5)によれば，①将来の一定の事実が発生することによって，税務上の益金または損金の算入要件を充足することが見込まれるもので，期末に将来の一定の事実の発生を見込めないことにより，税務上の益金または損金の算入要件を充足することが見込まれないもの，②企業による将来の一定の行為の実施についての意思決定または損金の算入要件を充足することが見込まれるもので，期末に一定の行為の実施についての意思決定または実施計画等が存在しないことにより，税務上益金または損金算入の要件を充足することが見込まれないものは，スケジューリング不能な一時差異となるとされている。スケジューリング不能な一時差異については，税務上の損金算入時期が明確となった時点で，回収可能性を判断し繰延税金資産を計上することになると考えられる。

なお，（分類2）の該当する企業においては，税務上の損金算時期が個別に特定できないが将来のいずれかの時点で回収できることを企業が合理的な根拠をもって説明する場合，スケジューリング不能な将来減算一時差異であっても繰延税金資産は回収可能性があるものとされている（回収可能性適用指針第20項ただし書き）。

（分類3）に該当する企業（回収可能性適用指針第29項に従って（分類3）に該当するものとして取り扱われる企業を含む。）においては，資産の除去の時期が5年以内であることが見込まれ，課税所得が十分にある場合には回収可能性があると考えられる。

（分類4）に該当する企業（回収可能性適用指針第28項に従って（分類2）に該当するものとして取り扱われる企業および回収可能性適用指針第29項に従って（分類3）に該当するものとして取り扱われる企業を除く。）においては，翌期に資産の除去が見込まれ，課税所得が十分にある場合には回収可能性があると考えられる。

| 論点 💬 | 資産除去債務の税効果会計 |

**Q.** 資産除去債務に対する繰延税金資産と当該資産除去債務に対応する有形固定資産に対する繰延税金負債とは，総額ベースで判断した上で処理すべきか，純額ベースで判断した上で処理すべきか。

**A.** 資産除去債務に対する繰延税金資産と当該資産除去債務に対応する有形固定資産に対する繰延税金負債については，別個の一時差異であることから，原則どおり総額ベースで判断した上で処理すべきと考えられる。
　　つまり，資産除去債務に対応する除去費用は，資産除去債務を負債として計上した額（①）と同額を，関連する有形固定資産の帳簿価額に加える（②）ことになるが，会計と税務の資産および負債の差異が生じることになるので，それぞれ将来加算一時差異（②に相当）および将来減算一時差異（①に相当）として取り扱われ，前者については繰延税金負債として計上し，後者については回収可能性を検討の上，繰延税金資産として計上することになる。

## 5. 繰越外国税額控除に係る繰延税金資産

　繰越外国税額控除に係る繰延税金資産とは，在外支店の税務上の所得が合理的に見込まれる等，国外源泉所得が生じる可能性が高いことにより翌期以降に外国税額控除の控除余裕額が生じることが確実に見込まれる場合，繰越外国税額控除の実現が見込まれる額を繰延税金資産として計上するものである（回収可能性適用指針第47項）。

　本節では，繰越外国税額控除に係る繰延税金資産の内容について解説する。

### (1) 外国税額控除制度の概要

　外国税額控除制度とは，国際的な二重課税を排除する制度である。

　国際的に事業を行っている会社は，在外支店で獲得した課税所得に対して支店が置かれている国の法人税が課されることとなる。その一方，日本の法人税法では内国法人に対して所得源泉が国内か海外かを問わず課税することになっ

ている。このため，海外で獲得した所得に対して海外の税法に基づいて課税されるとともに，日本の法人税法においても課税されるという二重課税の問題が生じることになる。このような国際的な二重課税を排除することを目的として，外国税額控除限度額を限度として海外で納付した法人税を日本で納付する法人税額等から控除する制度が外国税額控除制度である。

## (2) 税務上の繰越外国税額控除

　国外源泉所得は国内源泉所得と合算されて法人税等の課税対象となるが，一定の算式により計算された金額（この金額を控除限度額という。）を限度として，実際に納付された外国法人税額を法人税額および住民税額から控除することができる。

　控除対象となる外国法人税額は，主に在外事業体の支払利子や支払配当（在外子会社からの配当を除く。），使用料に係る外国源泉所得税，在外支店に課された外国法人税である。ある事業年度に支払った外国法人税額が当該事業年度における控除限度額を超過している場合，当該企業の法人税および住民税の申告上，当該超過額を翌期以降3年以内の期間にわたり繰り越すことができる。この繰り越された外国法人税額を繰越外国税額という。

　企業は，この3年以内の期間に課された控除対象となる外国法人税額が控除限度額に満たない場合，その差額（この金額を控除余裕額という。）を限度として，繰越外国税額を控除余裕額が生じた事業年度の法人税および住民税から控除することができる（回収可能性適用指針第116項）。

　具体的には，ある事業年度に支払った外国法人税額100がその事業年度における控除限度額50を超過している場合，企業の法人税および住民税の申告の際には当該超過額50（＝100−50）を繰越外国税額として翌期以降3年以内の期間にわたり繰り越すことができる。

　翌期以降3年以内の期間に課された控除対象となる外国法人税額120が，控除限度額150に満たない場合には，その差額30（＝150−120）の控除余裕額を限度として，繰越外国税額を控除余裕額が生じた事業年度の法人税および住民税から控除することができる。よって，控除余裕額30が発生した事業年度において，繰越外国税額50のうち30を法人税および住民税から控除することができる。

このように繰越外国税額は，当該税額が生じた事業年度の翌期以降に生じた控除余裕額に充当できた事業年度の法人税等として納付すべき額を減額する効果をもたらすため，この効果に対して繰越外国税額控除が生じた事業年度に繰延税金資産を計上することになる（回収可能性適用指針第117項）。

なお，繰越外国税額控除は，税務上の繰越欠損金や租税特別措置法上の法人税額の特別控除と同様に一時差異に準ずるものとされている（税効果適用指針第75項(2)）。

## (3) 繰越外国税額控除に係る繰延税金資産の回収可能性の要件

繰越外国税額控除に係る繰延税金資産の回収可能性は，繰越可能な期間に生じる控除余裕額の大きさに依存する。すなわち，繰越可能な期間における国外源泉所得が大きいことおよび外国法人税率が国内の法人税および住民税の税率に比べて低いことが控除余裕額を大きくする結果となる。したがって，繰越外国税額が充当されるのは，例えば，我が国の税率よりも低い外国法人税率が適用される在外支店からの国外源泉所得が大きい場合等となる。

そのため，適切なタックス・プランニングにより，将来において十分な国外源泉所得が稼得されること，および我が国の税率よりも低い税率が適用される国の国外源泉所得が確実に予想されるなど，翌期以降に外国税額控除の余裕額が生じることが確実に見込まれる場合，繰越外国税額控除の実現が見込まれる額を繰延税金資産として計上する（回収可能性適用指針第47項および第118項）。

また，平成27年度税制改正により，内国法人が外国子会社から受け取る配当等の額の全部または一部が外国子会社の本店所在地国の法令において損金算入されている場合，配当等の額は外国子会社配当益金不算入制度の適用対象外とされ，配当等の額の全額が益金算入とされる等に改正された（第3章7．(4)留保利益に係る連結財務諸表固有の将来加算一時差異の取扱い）。繰越外国税額控除に係る繰延税金資産の回収可能性を検討するに際し，影響を及ぼす改正であるため留意が必要である。

## (4) 将来の外国税額控除の余裕額の見直し

将来の外国税額控除の余裕額が生じる可能性は毎期見直し，過年度に計上し

た繰越外国税額控除に係る繰延税金資産の全部または一部が,「(3) 繰越外国税額控除に係る繰延税金資産の回収可能性の要件」に記載した要件を満たさなくなった場合,計上していた繰延税金資産のうち回収可能性がない金額を取り崩すことになる。この見直しにより生じた差額は,将来減算一時差異に係る繰延税金資産の見直しにより生じた差額の処理に準じて処理する(回収可能性適用指針第48項)。

つまり,見直しの対象となった年度における法人税等調整額に計上することになる。

### 設例　繰越外国税額控除の税効果

**前提**

- 内国親会社 A 社の X1年度および X2年度の国内源泉所得は,それぞれ1,000および1,980である。
- X1年度に在外支店(B 支店)の課税所得(国外源泉所得)は300であり,納付外国法人税額(控除対象となる外国法人税額)は60であった。また,X2年度の課税所得(国外源泉所得)および外国法人税額(控除対象となる外国法人税額)は 0 であった。
- X1年度の在外支店(C 支店)の税務上の欠損金(国外源泉所得)は160,X2年度の課税所得(国外源泉所得)は220であった。
- X1年度のタックス・プランニングの結果,X2年度における B 支店の課税所得が生じる可能性は高く控除余裕額が生じることが確実に見込まれていた。また,X1年度の税務上の欠損金は X2年度の課税所得と相殺できるものとする。
- 簡便化のために,A 社における外国税額控除前の法人税,住民税および事業税の額(在外支店の納付額を除く。)は,X1年400,X2年770,このうち法人税および住民税の額は,X1年320,X2年600とする。
- 在外支店(C 支店)における外国法人税率は30%とする。

税額の計算

| | X1年度 | X2年度 |
|---|---|---|
| 国内源泉所得 | 1,000 | 1,980 |
| B支店の所得（国外源泉所得） | 300 | 0 |
| C支店の所得（国外源泉所得） | △160 | 220 |
| A社の課税所得合計 | 1,140 | 2,200 |
| | | |
| 外国税額控除前の法人税，住民税および事業税 | 400 | 770 |
| 上記のうち外国税額控除前の法人税および住民税 | 320 | 600 |
| 外国税額控除限度額*1 | 39 | 60 |
| 納付外国法人税額*2 | △60 | △18 |
| 繰越外国税額（△）または控除余裕額 | △21 | 42 |
| 前期繰越外国税額の当期控除額 | — | △21 |
| 翌期繰越外国税額（△）または控除余裕額 | △21 | 21 |

*1　簡便化のため外国税額控除限度額は以下の算式より得られるものとする

$$外国税額控除限度額＝\frac{外国税額控除前の法人税および住民税の額}{} \times \frac{当期の国外所得金額}{当期の所得合計金額}$$

よって，X1年度およびX2年度は以下のとおり計算される。（端数切捨）

$$X1年度：320 \times \frac{300-160}{1,140}=39$$

$$X2年度：600 \times \frac{220}{2,200}=60$$

*2　X1年度　B支店の納付外国法人税等

X2年度　（C支店のX2年度の所得220－X1年度の欠損金160）×税率30%
　　　　＝18

### 仕訳

　X1年度において翌期に繰り越された繰越外国税額21はX2年度において発生した控除余裕額に充当され，X2年度の法人税等の計算上控除されることになる。X2年度に実現する税額の軽減効果についてはX1年度における繰越外国税額の発生に起因するため，当該税額が発生した年度において，繰越外国税額控除の実現が見込まれる額を繰延税金資産として計上することになる。

X1年度決算

| （借方）　繰延税金資産 | 21 | （貸方）　法人税等調整額 | 21 |
|---|---|---|---|

X2年度決算

| （借方）　法人税等調整額 | 21 | （貸方）　繰延税金資産 | 21 |
|---|---|---|---|

第5章

繰延税金資産の回収可能性

215

# 6．繰延税金資産の回収可能性の検討

繰延税金資産の回収可能性についてスケジューリングに基づき判断を行う1

| | 項目 | 当期末残 | 1年目 | 2年目 | 3年目 |
|---|---|---|---|---|---|
| I | 【課税所得の算定】 | | | | |
| | ① 税引前当期純利益 | | 300,000 | 330,000 | 350,000 |
| | 損金不算入項目 | | 500 | 500 | 500 |
| | 益金不算入項目 | | △ 500 | △ 500 | △ 500 |
| | ② その他恒常的加減算項目 | | 60,000 | — | — |
| | 小計① | | 360,000 | 330,000 | 350,000 |
| | ③ 将来加算一時差異の解消予定額 | 15,000 | 3,000 | 3,000 | 3,000 |
| | ④ タックス・プランニング | | — | 25,000 | — |
| | A 課税所得 合計 | | 363,000 | 358,000 | 353,000 |
| II | ⑤ 【将来減算一時差異の解消予定額】 | | | | |
| | 固定資産（土地）減損損失 | 100,000 | | | |
| | 固定資産（建物）減損損失 | 100,000 | 5,000 | 5,000 | 5,000 |
| | 子会社株式評価損 | 300,000 | 300,000 | | |
| | 貸倒引当金 | 50,000 | | | |
| | たな卸資産評価損 | 12,000 | 12,000 | | |
| | 賞与引当金 | 35,000 | 35,000 | | |
| | 役員退職慰労引当金 | 8,000 | 3,000 | 3,000 | 2,000 |
| | 未払事業税 | 15,000 | 15,000 | | |
| | 退職給付引当金否認 | 20,000 | 500 | 500 | 500 |
| | 計 | 640,000 | 370,500 | 8,500 | 7,500 |

つの方法として，下表のようなスケジューリング表を作成して，検討を行うことが考えられる。本設例は，将来5年間の見積りが可能であることを前提としており，また作成にあたっての留意事項も記載したので，実務の参考にしていただきたい。

| 4年目 | 5年目 | 長期解消項目一時差異（⑩） | スケジューリング不能 | 備考 |
|---|---|---|---|---|
|  |  |  |  |  |
| 350,000 | 350,000 |  |  | 5か年中期経営計画より。ただし1年目は翌期予算より |
| 500 | 500 |  |  | 交際費，寄附金である |
| △500 | △500 |  |  | 受取配当金である |
| — | — |  |  | 賞与引当金，未払事業税である。2年目以降は加算と減算が毎年度発生する。ここでは簡略化のためそれらを同額とする |
| 350,000 | 350,000 |  |  |  |
| 3,000 | 3,000 |  |  | 固定資産圧縮損である |
| — |  |  |  | 株式売却を取締役会で決議済であり，相手先にも売却承諾を得ており実現可能性は高い |
| 353,000 | 353,000 |  |  |  |
|  |  |  |  |  |
|  |  |  | 100,000 | 売却等の予定はなく，認容時期は未定である |
| 5,000 | 5,000 |  | 75,000 | 〃 |
|  |  |  |  | 子会社株式の売却を取締役会で決議済であり，相手先も決まっており実現可能性は高い |
|  |  |  | 50,000 | 債権の回収可能性は不明である |
|  |  |  |  | 翌期に廃棄が決まっている |
|  |  |  |  |  |
|  |  |  |  | 役員規程にて退任時期が判明している |
|  |  |  |  |  |
| 500 | 500 | 17,500 |  | 長期解消一時差異ではあるが，毎年のスケジューリングは必要であり，将来課税所得との相殺により解消可能である |
| 5,500 | 5,500 | 17,500 | 225,000 |  |

| | | | | | | |
|---|---|---|---:|---:|---:|---:|
| | B | 回収可能額 | 44,500 | — | 8,500 | 7,500 |
| | ⑥ | 回収不能額（課税所得の不足額） | | 7,500 | — | — |
| | ⑦ | 差引（課税所得の余剰額）課税所得（A−B） | | — | 349,500 | 345,500 |
| | ⑧ | （スケジューリング不能額） | | | | |
| | | 貸倒引当金 | 50,000 | | | |
| | | 固定資産（土地）減損損失 | 100,000 | | | |
| | | 固定資産（建物）減損損失 | 75,000 | | | |
| | C | 計 | 225,000 | | | |
| Ⅲ | ⑨ | 【税務上の繰越欠損金】<br>（控除限度額の算定）<br>（差引　課税所得（A−B))×控除限度割合 | | — | 174,750 | 172,750 |
| | | | | (55%) | (50%) | (50%) |
| | | （繰越欠損金の解消予測） | | | | |
| | | 繰越欠損金（当期末残高）<br>繰越欠損金（1年目発生） | 240,000 | —<br>7,500 | △174,750 | △65,250<br>△7,500 |
| | | 未回収残高 | 240,000 | 247,500 | 72,750 | — |
| | D | 回収可能額 | 247,500 | — | 174,750 | 72,750 |
| | E | 回収不能額 | — | — | — | — |
| Ⅳ | | 【繰延税金資産計上額】<br>回収可能額（＝B＋D） | 292,000 | — | 183,250 | 80,250 |
| | ⑪ | 税率 | | 32% | 32% | 32% |
| | | 繰延税金資産計上額 | 93,440 | — | 58,640 | 25,680 |
| | | | | | | |
| | | 回収不能額（＝C＋E） | 225,000 | — | — | — |
| | ⑪ | 税率 | | 32% | 32% | 32% |
| | | 評価性引当額 | 72,000 | — | — | — |
| | | | | | | |

| | | | | |
|---|---|---|---|---|
| 5,500 | 5,500 | 17,500 | | |
| — | — | — | | 1年目は課税所得がマイナスとなり繰越欠損金発生 |
| 347,500 | 347,500 | | | |
| | | | | スケジューリング不能額については，すべて回収可能性はない |
| | | | 50,000 | |
| | | | 100,000 | |
| | | | 75,000 | |
| | | | 225,000 | |
| 173,750 | 173,750 | | | 例えば，2年目は349,500×50%＝174,750となる |
| (50%) | (50%) | | | |
| | | | | |
| — | — | | | |
| — | — | | | |
| — | — | | | 回収できない繰越欠損金がある場合に記載する |
| 5,500 | 5,500 | 17,500 | | |
| 32% | 32% | 32% | 32% | 税率は仮定である |
| 1,760 | 1,760 | 5,600 | — | |
| | | | | |
| — | — | | 225,000 | |
| 32% | 32% | 32% | 32% | 税率は仮定である |
| — | — | — | 72,000 | |
| | | | | |

第5章
繰延税金資産の回収可能性

## (1) 作成にあたっての全般的な留意事項

### ① 企業の分類

スケジューリングの前提となる企業の分類の判定にあたっては，以下の点に留意が必要である。

- ⅰ）回収可能性適用指針に従って企業の分類が検討されているか。
- ⅱ）企業の分類を前期から変更する場合，その理由が適切か。

### ② 課税所得の見積り

将来年度の課税所得の見積りにあたっては，以下の点に留意が必要である。

- ⅰ）将来の課税所得は，合理的な仮定に基づく業績予測によって見積られているか。
- ⅱ）業績予測は，適切な権限を有する機関（例えば，取締役会等）の承認を得ているか。

## (2) 作成にあたっての個別的な留意事項

（①，②…は表内の番号と整合している）

### ① 税引前当期純利益

- ⅰ）会社の利益計画は，過去の実績等と比較して，達成可能な水準か。
- ⅱ）過去の利益計画の達成状況について，設定した予算と比較して実績が大きく下回る場合には，将来計画の見直しを検討しているか。見直しを行わない場合，必要に応じて，一定の不確実性を利益計画に織り込むことを検討しているか。

### ② その他恒常的加減算項目

- ⅰ）例えば，翌年に加算される未払事業税，賞与引当金，貸倒引当金，退職給付引当金に係る加減算項目等を記載することが考えられる。
- ⅱ）その他恒常的加減算項目を考慮する場合には，過去の実績等に応じたものとなっているかどうかに留意が必要である。

③　将来加算一時差異の解消予定額

　例えば，税法に基づく積立方式による諸準備金の取崩予定額等が考えられる。

④　タックス・プランニング

　例えば，土地の売却等のタックス・プランニングを検討している場合，その実現可能性に留意が必要である。

⑤　将来減算一時差異の解消予定額

ⅰ）個別債権に対する貸倒引当金に係る将来減算一時差異について，解消時期に関する具体的な説明ができるか。損失の発生時期を個別に特定してスケジューリングすることが実務上困難な場合，過去の損金算入実績に将来の合理的な予測を加味した方法等によりスケジューリングが行われているか。

ⅱ）子会社株式の評価損

　完全支配関係にある国内の子会社株式の評価損について，企業が当該子会社を清算するまで当該子会社株式を保有し続ける方針がある場合等，将来において税務上の損金に算入される可能性が低い場合に，（分類1）の企業も含めて，当該子会社株式の評価損に係る繰延税金資産の回収可能性はないと判断することが適切であると考えられることに留意が必要である。

ⅲ）役員退職慰労引当金

　スケジューリングの結果に基づき，回収可能性を検討することになるが，役員在任期間の実績や内規などに基づいて，役員の退任時期を見込んでスケジューリングを行っているか。

⑥　回収不能額（課税所得の不足額）

　各年度の将来減算一時差異解消前の課税所得合計を将来減算一時差異解消予想額が超過する場合，当該超過は税務上の欠損金の発生を意味する。したがって，超過額については，税務上の繰越欠損金に含めた上で，その後の年度の課税所得等により回収可能性を検討することに留意が必要である。

⑦　差引（課税所得の余剰額）

　各年度の課税所得合計が将来減算一時差異解消予想額を超過する場合，税務

上の繰越欠損金の回収の財源となる。税務上の繰越欠損金の未回収残高がある場合，差引計算後の課税所得の余剰額については税務上の繰越欠損金の回収に充当する。

なお，平成28年度税制改正により，大法人の場合，欠損金の繰越控除について平成29年4月1日～平成30年3月31日に開始する事業年度が繰越欠損金控除前の所得金額の55％，平成30年4月1日以後に開始する事業年度が繰越欠損金控除前の所得金額の50％に制限されることに留意が必要である。

⑧ スケジューリング不能額

スケジューリング不能額は，（分類1）に該当する会社を除き，基本的には繰延税金資産を計上することはできないため，回収可能性の検討においては，スケジューリング可能額とは別に把握する必要がある。

⑨ 税務上の繰越欠損金

税務上の繰越欠損金は，年度ごとに発生額および回収額を算定する。

⑩ 長期解消項目一時差異

ⅰ）退職給付引当金や減価償却超過額に係る将来減算一時差異のような長期解消項目一時差異であっても，課税所得の合理的な見積可能期間内の回収額についてはスケジューリングを行う必要がある。

ⅱ）（分類3）の会社の場合，長期解消項目一時差異については，上記のスケジューリングを行った上で課税所得の合理的な見積可能期間を超えた期間であっても回収可能性があるものと判断して，当該期間以降の残高を回収可能額に加える。

⑪ 税　率

繰延税金資産または繰延税金負債の金額は，回収または支払が行われると見込まれる年度の税率に基づいて計算する。特に，税率の税制改正が行われている場合，回収または支払が行われると見込まれる年度ごとの税率に基づいていることに留意が必要である。

| 第6章 | # 組織再編における税効果会計 |

本章では，組織再編における税効果会計について解説する。組織再編における税効果会計を理解するにあたっては，組織再編の手法ごとに各当事者においてどのような影響が生じ，その結果，税効果会計の対象となる一時差異がどのように生じるのかを把握する必要があり，そのためには組織再編の会計処理および税務の取扱いを理解することが重要となる。

## 1．組織再編に関する会計処理および税務の概要

本節では，組織再編における税効果会計の理解の基礎となる，組織再編の手法，組織再編に関する会計処理および税務の概要を解説する。

### (1)　組織再編の手法

多くの企業が，自社の規模拡大または縮小のために様々な手法で組織再編を行っている。組織再編の例としては，以下のものがある。

- 株式譲渡
- 事業譲渡
- 株式交換
- 株式移転
- 合併
- 会社分割
- 現物出資
- 事後設立

ここで組織再編に関しては，それぞれの手法ごとにどのような当事者が登場し，組織再編の前後で各当事者にどのような変化が生じるのかを理解することが重要となる。この点，事業や株式の移転の観点から，組織再編に登場する当事者は，以下の3つに分類することができる。なお，対価が現金の場合は一般的に税効果会計の取扱いが問題とならないため，基本的に株式を対価とする組織再編を前提として解説する。

**図表 6 － 1　当事者の分類**

| 分類名 | 説　明 |
|---|---|
| 事業の<br>分離先企業 | 組織再編により他の企業から事業を受け入れる企業<br>税効果会計については「2．事業の分離先企業の税効果会計」<br>で解説する。 |
| 事業の<br>分離元企業 | 組織再編により他の企業へ事業を移転する企業<br>税効果会計については「3．事業の分離元企業の税効果会計」<br>で解説する。 |
| 株主 | 事業の分離先企業および事業の分離元企業の株主，ならびに株<br>式交換または株式移転において株式を取得する企業および株式<br>を交換する株主<br>税効果会計については「4．株主の税効果会計」で解説する。 |

#### ①　株式譲渡

　株式譲渡とは，主として株式譲渡契約の締結により企業に対する持分を売買する組織再編の手法である。外部から株式を取得したことにより，新たな子会社または関連会社が発生した場合には，通常の連結財務諸表における税効果会計（第3章を参照）について検討する必要がある。また，連結納税制度を採用している場合は，連結納税制度への加入または離脱に伴う税効果会計（第7章を参照）について検討する必要がある。

#### ②　事業譲渡

　事業譲渡とは，一定の営業目的のために組織化された有機的一体としての財産（得意先関係等（のれん等）の経済的価値のある事実関係を含む。）を譲渡することをいう。企業集団内で事業譲渡を行った場合には，連結財務諸表上，未実現損益の消去に係る税効果会計（第3章を参照）について検討する必要がある。

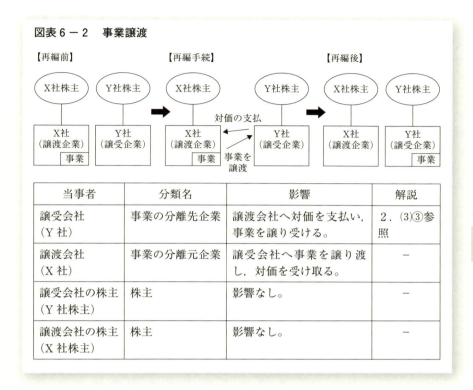

### ③ 株式交換および株式移転

　株式交換とは，ある会社が他の会社を100％子会社（完全子会社）とすることを目的として，親会社となる会社が，子会社となる会社の株主からその会社の株式を取得するとともに，自社の株式を交付することをいう。子会社となる会社の株式を100％所有することとなった当該親会社は，完全親会社という。

　また，株式移転とは，完全親会社を設立することを目的として，完全子会社となる会社の株主が有する株式を完全親会社となる会社へ移転するとともに，完全子会社となる会社の株主は完全親会社が発行する株式の割当てを受けることをいう。

図表6－3　株式交換

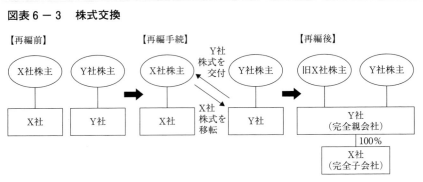

| 当事者 | 分類 | 影響 | 解説 |
|---|---|---|---|
| 完全親会社<br>（Y社） | 株主 | 自社株式を交付し，他社の株式100％を取得し完全子会社とする。 | 4．(1)①参照 |
| 完全子会社<br>（X社） | － | 株主の変更が生じる。 | － |
| 完全親会社の株主<br>（Y社株主） | 株主 | 影響なし。 | － |
| 完全子会社の株主<br>（X社株主） | 株主 | 保有している完全子会社の株式をすべて引き渡し，完全親会社の株式を取得する。 | － |

図表6－4　株式移転

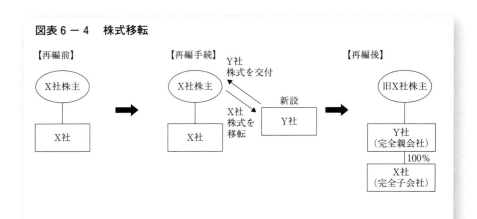

| 当事者 | 分類 | 影響 | 解説 |
|---|---|---|---|
| 完全親会社<br>（Y社） | 株主 | 新設され，自社株式を交付し，他社の株式100%を取得し完全子会社とする。 | 4．(1)②参照 |
| 完全子会社<br>（X社） | − | 株主の変更が生じる。 | − |
| 完全子会社の株主<br>（X社株主） | 株主 | 保有している完全子会社の株式をすべて引き渡し，完全親会社の株式を取得する。 | − |

### ④ 合　併

　合併とは，2社以上の会社が組織再編の行為により1社となることをいう。合併には，一方の会社が消滅し，他方の会社が存続する場合（吸収合併）とすべての会社が消滅して新会社を設立する場合（新設合併）があるが，新設合併は手続上煩雑であること等から，吸収合併が広く行われている。

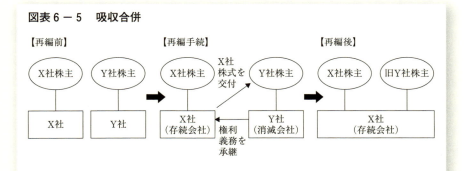

図表6−5　吸収合併

| 当事者 | 分類 | 影響 | 解説 |
|---|---|---|---|
| 存続会社<br>（X社） | 事業の分離<br>先企業 | 自社株式を交付し，消滅会社の<br>事業を取得する。 | 2．(3)①参<br>照 |
| 消滅会社<br>（Y社） | － | 会社が消滅する。 | － |
| 存続会社の株主<br>（X社株主） | 株主 | 影響なし。 | － |
| 消滅会社の株主<br>（Y社株主） | 株主 | 消滅会社の株式が存続会社の株<br>式に置き換わる。 | 4．(2)参照 |

#### ⑤　会社分割

　会社分割とは，会社の事業の全部または一部を，新たに設立する会社（新設会社）または既存の他の会社（承継会社）に承継させることを目的とする組織再編の行為である。

　前者は新設分割，後者は吸収分割とよばれる。また，複数の会社が共同して新設分割により会社を設立する場合は共同新設分割とよばれ，分割会社が単独で行う新設分割は単独新設分割とよばれる。

　会社分割はさらに，新設会社または承継会社が発行する株式または持分が分割会社に対して割り当てられる場合と，分割会社の株主に対して割り当てられる場合に分けられ，前者は分社型の会社分割，後者は分割型の会社分割とよばれる。会社法において，分割型の会社分割は，分社型の会社分割と剰余金の配当等という複数の異なる行為を同時に行うものと整理され，分社型の会社分割によって分割会社は承継会社または新設会社の株式を受け取るとともに，当該株式を分割会社の株主へ分配するという2つの取引と考える見方がなされている。

### 図表6-6　会社分割（分社型分割）

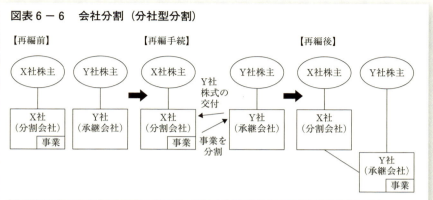

| 当事者 | 分類 | 影響 | 解説 |
|---|---|---|---|
| 承継会社<br>（Y社） | 事業の分離<br>先企業 | 分割会社へ自社株式を交付し、事業を取得する。 | 2.（3）②参照 |
| 分割会社<br>（X社） | 事業の分離<br>元企業 | 承継会社へ事業を譲り渡し、当該会社の株式を受け取る。 | 3.参照 |
| 承継会社の株主<br>（Y社株主） | 株主 | 承継会社に対する持分比率が減少する。 | － |
| 分割会社の株主<br>（X社株主） | 株主 | 影響なし。 | － |

### 図表6-7　会社分割（分割型分割）

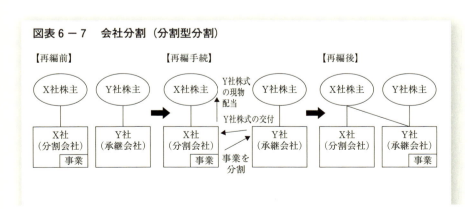

| 当事者 | 分類 | 影響 | 解説 |
|---|---|---|---|
| 承継会社<br>（Y社） | 事業の分離<br>先企業 | 分割会社へ自社株式を交付し，<br>事業を取得する。 | 2．(3)②参<br>照 |
| 分割会社<br>（X社） | 事業の分離<br>元企業 | 承継会社へ事業を譲り渡し，当<br>該会社の株式を受け取る。さら<br>に当該株式を株主に配当する。 | － |
| 承継会社の株主<br>（Y社株主） | 株主 | 承継会社に対する持分比率が減<br>少する。 | － |
| 分割会社の株主<br>（X社株主） | 株主 | 分割会社の株式の価値が減少し，<br>承継会社の株式を受け取る。 | － |

⑥　現物出資および事後設立

　現物出資とは，設立時または増資時に，金銭以外の財産で行う出資のことを
いう。現物出資は，事業を現物出資する場合，ある事業を分社化（子会社化）
するという点で，分社型分割と同様の経済効果が得られる。

　また，事後設立とは，設立して2年以内の会社に，成立前より存在する事業
のために継続して使用する財産を譲り受ける契約を締結することをいう。事後
設立は，ある会社が現物出資によって新設会社を設立した場合と同様の結果と
なる。

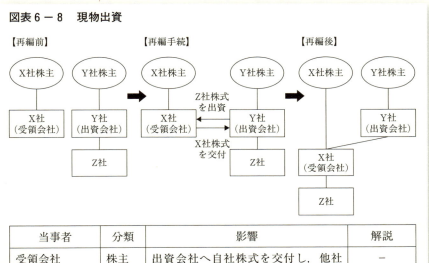

## (2) 組織再編の会計処理

組織再編の会計処理は、企業結合会計基準および事業分離会計基準において定められている。

### ① 範　囲

企業結合会計基準および事業分離会計基準は、下記の企業結合および事業分離の定義に該当する取引の場合、組織再編手法の法的形式にかかわらず適用対象となる。

|  | 定　義 | 基準 |
|---|---|---|
| 企業結合 | ある企業（会社および会社に準ずる事業体）またはある企業を構成する事業と他の企業または他の企業を構成する事業とが1つの報告単位に統合されること | 企業結合会計基準第5項 |
| 事業分離 | ある企業を構成する事業を他の企業（新設される企業を含む。）に移転すること | 事業分離会計基準第4項 |

なお，事業とは，企業活動を行うために組織化され，有機的一体として機能する経営資源をいう（企業結合会計基準第6項）。

例えば，会社分割の場合，分割会社の会計処理は事業分離会計基準の適用対象となり，承継会社の会計処理は企業結合会計基準の適用対象となる。また，合併の場合，存続会社の会計処理は企業結合会計基準の適用対象となり，消滅会社の株主の会計処理は事業分離会計基準の適用対象となる。このように法的形式の異なる様々な組織再編の当事者の会計処理が会計基準の適用対象に含まれる。

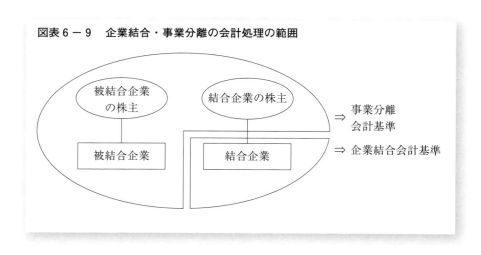

図表6－9　企業結合・事業分離の会計処理の範囲

② 基本的な考え方
　　ⅰ）事業の分離先企業の会計処理
　　　　合併，株式交換，株式移転，会社分割等の手法により行われる企業結合

は，会計基準の規定に従い経済的実態に応じて，「取得」，「共通支配下の取引」および「共同支配企業の形成」に分類され，それぞれの会計処理が適用される。具体的には，「取得」の場合には時価受入（パーチェス法）となり，「共通支配下の取引」および「共同支配企業の形成」の場合には簿価承継（適正な帳簿価額による方法）となる。

　ここで，パーチェス法とは，被取得企業から受け入れる資産および負債の取得原価について，対価として交付する現金および株式等の時価を基礎として配分する方法である。パーチェス法では，取得した資産および負債は基本的に時価で受け入れ，その結果，取得原価と受け入れた資産および負債に配分された純額との差額はのれんまたは負ののれんとなる。のれんは資産に計上して20年以内に規則的に償却し，負ののれんは発生時に利益として処理する。

　また，「共通支配下の取引」および「共同支配企業の形成」の場合において，簿価引継の際に適用される「適正な帳簿価額」とは，事業の分離元企業の事業分離日の前日における一般に公正妥当と認められる企業会計の基準に準拠した帳簿価額のことをいう（結合分離適用指針第89項）。

| | 定　　義 | 基準 |
|---|---|---|
| 取得 | ある企業が他の企業または企業を構成する事業に対する支配を獲得すること | 企業結合会計基準第9項 |
| 共同支配企業の形成 | 複数の独立した企業が契約等に基づき，共同支配企業を形成する企業結合 | 企業結合会計基準第11項 |
| 共通支配下の取引 | 結合当事企業（または事業）のすべてが，企業結合の前後で同一の株主により最終的に支配され，かつ，その支配が一時的ではない場合の企業結合（親会社と子会社の合併および子会社同士の合併は，共通支配下の取引に含まれる。） | 企業結合会計基準第16項 |

　なお，「支配」とは，ある企業または企業を構成する事業の活動から便益を享受するために，その企業または事業の財務および経営方針を左右する能力を有していることをいい（企業結合会計基準第7項），「共同支配企業」とは，複数の独立した企業により共同で支配される企業をいう（企業結合会計基準第11項）。

ii) 事業の分離元企業の会計処理

　会社分割，事業譲渡および現物出資の手法による事業分離の場合，その経済的実態により，投資が継続しているのか，投資が清算されたのかに分類される。投資が継続しているとみられる場合には，事業の分離元企業は事業の移転損益を認識せず，投資が清算されたとみられる場合には移転損益を認識する。

　そのため，投資が継続しているとみるか，投資が清算されたとみるかの分類が重要となり，いずれに分類されるかを判断するための観察可能な具体的要件として，「対価の種類」があげられている（事業分離会計基準第75項）。

　この点，現金など，移転した事業と明らかに異なる資産を対価として受け取る場合には，投資が清算されたとみなされる。ただし，事業の分離元企業が移転した事業または分離先企業に対して事業分離後も引き続き重要な関与をすることで，移転した事業に係る成果の変動性を従来と同様に負っている場合には，投資が清算されたとはみられない（事業分離会計基準第10項(1)）。

　一方，子会社株式や関連会社株式となる分離先企業の株式のみを対価として受け取る場合には，当該株式を通じて，移転した事業に関する事業投資を引き続き行っていると考えられることから，当該事業に対する投資が継続しているとみなされる（事業分離会計基準第10項(2)）。

　なお，現物出資など，資産を移転し，移転先の企業の株式を受け取る場合（事業分離に該当する場合を除く。）においても，移転元の企業の会計処理は，事業分離における事業の分離元企業の会計処理に準じる（事業分離会計基準第31項）。

iii) 株主の会計処理

　合併，株式交換などの企業結合における事業の分離先企業または事業の分離元企業の株主の会計処理も，その経済的実態に応じて，投資が継続しているとみられる場合には株式の交換損益を認識せず，投資が清算されたとみられる場合には交換損益を認識する（事業分離会計基準第32項(1)(2)，第48項）。

### ③ 組織再編手法ごとの会計処理

ⅰ）合併の会計処理（存続会社）

合併の会計処理は企業結合会計基準および結合分離適用指針により定められており，合併はその経済的実態に応じて，それぞれ次の会計処理方法が適用される。

(a) 合併が取得に該当する場合

下記(b)～(c)に該当しない場合には，取得に該当するものとしてパーチェス法により会計処理する。ただし，受け入れる資産または負債の時価と簿価の差異が重要でないと見込まれることにより簿価を引き継ぐ処理が認められる場合がある。

(b) 合併が共通支配下の取引（親子会社間の合併等）に該当する場合

適正な帳簿価額による方法により会計処理する（ただし，連結子会社の吸収合併の場合は連結上の簿価を用いる。）。

(c) 合併が共同支配企業の形成に該当する場合

適正な帳簿価額による方法により会計処理する。

(d) 合併が逆取得に該当する場合

消滅会社が取得企業となる場合，存続会社は適正な帳簿価額による方法により会計処理する。ただし，存続会社の連結財務諸表上は，消滅会社が存続会社を取得したものとしてパーチェス法を適用する。

ⅱ）会社分割の会計処理（承継会社）

会社分割における承継会社は企業結合の会計処理を行うこととなり（共同新設分割による新設会社の会計処理も基本的に同じである。），その処理方法は，企業結合の経済実態に応じて決定される。すなわち，企業結合が共通支配下の取引または共同支配企業の形成に該当すると判定された場合は適正な帳簿価額による方法となる。それ以外の企業結合は取得となり，パーチェス法を適用する。

ⅲ）会社分割の会計処理（分割会社）

事業分離会計基準に従い，会社分割における分割会社は分割期日（事業分離日）に次のように会計処理する。

なお，事業分離会計基準において分割型の会社分割は，分社型の会社分

235

割とこれにより受け取った承継会社の株式の分配という2つの取引と考えられており、分割型の会社分割に係る事業の分離元企業（分割会社）の会計処理については、特段の定めがない（事業分離会計基準第63項）。

● 移転した事業に関する投資が清算されたとみる場合、その事業を分離先企業（承継会社等）に移転したことにより受け取った対価となる財の時価と、移転した事業に係る資産および負債の移転直前の適正な帳簿価額による株主資本相当額との差額を移転損益として認識するとともに、改めて当該受取対価の時価にて投資を行ったものとする。現金など移転した事業と明らかに異なる資産を対価として受け取る場合には、投資が清算されたとみなされる。なお、株主資本相当額とは、移転した事業に係る資産および負債の移転直前の適正な帳簿価額による差額から、当該事業に係る評価・換算差額等を控除した額をいう（事業分離会計基準第10項(1)）。

● 移転した事業に関する投資が継続しているとみる場合、移転損益を認識せず、その事業を分離先企業に移転したことにより受け取る資産の取得原価は、移転した事業に係る資産および負債の移転直前の適正な帳簿価額による株主資本相当額に基づいて算定する。子会社株式や関連会社株式となる分離先企業の株式のみを対価として受け取る場合には、当該株式を通じて移転した事業に関する投資が継続しているとみなされる（事業分離会計基準第10項(2)）。

iv）株式交換および株式移転の会計処理（完全親会社）

　　企業結合会計基準では、株式交換および株式移転に関する個別財務諸表上の会計処理を、以下のとおり定めている。

(a)　株式交換

　　完全親会社の個別財務諸表では、パーチェス法を適用した場合の取得原価で被取得企業株式（完全子会社株式）を計上する（企業結合会計基準第17項、結合分離適用指針第110項）。ただし、完全子会社が取得企業となるとき（逆取得）には、完全親会社の個別財務諸表上、株式交換直前における当該完全子会社の適正な帳簿価額による株主資本の額に基づいて取得企業株式（完全子会社株式）の取得原価を算定する（企業結合会計基準第36項）。

(b)　株式移転

　　単独株式移転により持株会社を設立する場合は、移転前の適正な帳簿価

額に基づいて完全子会社株式の取得原価を算定する。

他方、株式移転による共同持株会社の設立の形式をとる企業結合の場合、完全親会社の個別財務諸表上、複数の完全子会社を取得企業と被取得企業とに分類する。取得企業に対しては、企業結合日における取得企業となる完全子会社の適正な帳簿価額による株主資本の額に基づいて取得企業株式（完全子会社株式）の取得原価を算定する。また、被取得企業に対しては、パーチェス法を適用した場合の取得原価で被取得企業株式（他の完全子会社株式）を計上する（結合分離適用指針第121項）。

### 株式交換：完全親会社の会計処理

#### 前提

- 完全子会社となる株式交換直前におけるS社の貸借対照表

| 資産 | 100 | 負債 | 50 |
|---|---|---|---|
|  |  | 株主資本 | 50 |

- S社の時価純資産額は300である。
- 完全親会社となるP社がS社の株主に交付した株式の時価総額は300である。
- 増加する資本金の額は30とする。

#### 会計処理

P社の個別財務諸表の処理

■パーチェス法が適用される場合（株式交換が取得に該当し、P社が取得企業、S社が被取得企業となる場合）

| (借) | 子会社株式 | 300 | (貸) | 資本金 | 30 |
|---|---|---|---|---|---|
|  |  |  | (貸) | 資本準備金 | 270 |

■適正な帳簿価額が用いられる場合

| (借) | 子会社株式 | 50 | (貸) | 資本金 | 30 |
|---|---|---|---|---|---|
|  |  |  | (貸) | 資本準備金 | 20 |

第6章 組織再編における税効果会計

## (3) 組織再編の税務

　組織再編における税効果会計を考える前提として，組織再編に係る税務の概要を理解しておくことが重要であるため，以下では，その内容を解説する。

### ① 概　要

　組織再編に係る税務処理は，税制適格の要件を満たすか否かによりその処理が大きく異なってくる。税制適格要件に該当するものは「適格」，該当しないものは「非適格」とよばれており，税務上の取扱いの原則は「非適格」のほうである。

　「適格」と「非適格」との違いは，移転する財産を時価で認識するかもしくは簿価で認識するか，移転損益を認識するか否かに影響を及ぼし，組織再編後の会社の資本金等の額や利益積立金の構成内容に違いが生じる。具体的には，税制適格の要件に該当するか否かによって，受取配当金の益金不算入，棚卸資産の評価，減価償却資産の評価・償却方法，繰延資産・圧縮記帳の引継ぎ，貸倒引当金等引当金・各種準備金の引継ぎ，欠損金の引継ぎ等に影響を及ぼす。

　ここで，「適格」と「非適格」を区分することの意義は，以下のように考えられている。

　まず，組織再編に係る税務における，移転資産の譲渡損益の扱いであるが，法人がその所有する資産を他に移転する場合，組織再編に係るものであっても通常の場合と同様に移転資産の時価による譲渡取引として譲渡損益を計上するのが原則である。

　ただし，組織再編の中には，その前後で経済的実態に変更がないと考えられる場合もあり，このようなときには課税関係を継続させるのが適当である。組織再編において，移転資産に対する支配が継続していると認められる場合には，移転資産に係る譲渡損益を繰り延べることが適当と考えられている。

　こうした考えに基づいて一定の要件が設けられており，組織再編の前後で経済的実態に変更がないと考えられる場合には，これを適格組織再編成として取り扱い，移転損益を認識せずに課税関係を継続させることとされている。

　なお，適格組織再編成は，「企業グループ内の組織再編成」と「共同事業を営むための組織再編成」に大別される。

　「企業グループ内の組織再成」には，以下がある。

ⅰ）完全親会社と完全子会社のように，親会社が子会社の全ての株式を保有
している当事者間の組織再編と同一の者により全てを支配されている当事
者の組織再編

ⅱ）持株関係が50％超100％未満の関係にある法人当事者間で，一定の支配
関係が認められる組織再編

他方，「共同事業を営むための組織再編成」とは，企業グループ内の組織再
編に該当しない組織再編であって，以下の6つの要件の全てに該当するもので
ある（法人税法第2条第12号の8から17，法人税法施行令第4条の3）。

| a | 組織再編の各当事法人の事業に相互の関連性があること（事業の関連性） |
|---|---|
| b | 組織再編の各当事法人の事業のそれぞれの売上・従業員数・資本または出資金額等の規模の割合が概ね5倍を超えないこと（事業の相対的な規模） |
| c | 合併・会社分割・現物出資では従業員の80％以上の引継ぎが必要であり，株式交換・株式移転でも80％以上の継続従事が必要である（従業者の引継ぎ・継続従事） |
| d | 承継会社等に譲渡された事業が継続されること（事業の同等規模の継続） |
| e | 株式交換・株式移転の場合に要請される完全親法人による完全子法人の株式の継続保有による完全親法人・完全子法人関係の継続（完全親子関係の継続） |
| f | 合併，会社分割，株式交換，株式移転とも80％以上の被承継法人株式を継続保有すること（株式保有の継続） |

## ② 合 併

合併により，合併法人（存続会社）は，被合併法人（消滅会社）の資産およ
び負債を受け入れることになる。このような法人間の資産の移転については，
時価による譲渡があったとみなして譲渡損益を認識することを原則とするもの
の，経済的実態に実質的な変更がないと認められる合併等の場合には，合併前
の課税関係を継続させることが適当であると考えて，一定の要件を満たす場合
に限り，被合併法人の税務上の簿価により引継ぎを行い，移転資産の譲渡損益
の繰延べを認めている（法人税法第62条，第62条の2，第62条の8）。

基本的な考え方は，合併の前後で経済的実態に実質的な変更が認められない
こと，あるいは持分の継続が認められることを要件としている。適格組織再編
成に該当しない場合，資産および負債はすべて時価で評価し，譲渡損益を認識
することになり，また，税務上の繰越欠損金の合併法人への引継ぎは認められ

ない。一定の引当金，準備金等については，譲渡損益の計上時に取り崩すことになる。一方，適格組織再編成に該当する合併の場合，受け入れる資産および負債は簿価で引き継ぐ必要があり，また，原則として，税務上の繰越欠損金も引き継ぐことができる。

適格要件は，合併の形態ごとに違いがあり，対価が株式の場合の概要は次のとおりである（法人税法第2条第12号の8）。

ⅰ）被合併法人と合併法人の持分比率が100％の合併

　持分比率100％（完全支配関係）の会社間での合併の場合，対価として合併法人の株式（または合併法人の発行済株式の100％を保有する親会社（合併親法人）の株式のいずれか一方）以外の資産の交付がないことが要件となる（合併親法人の株式のみの場合，合併親法人と合併法人の100％直接保有関係（直接完全支配関係）についても，合併後も継続することが見込まれていなければならない。）。また，合併法人と被合併法人が同一の者によってそれぞれ発行済株式等の100％を保有される関係にあるときは，合併後もその関係が継続されることが見込まれていることも要件となる。

ⅱ）被合併法人と合併法人の持分比率が50％を超える合併

　持分比率50％超（支配関係）の会社間の合併の場合，ⅰ）と同様の要件に加え，被合併法人の従業者のおおむね80％以上の引継ぎ，被合併法人の主要事業継続の見込みがあることが要件となる。

ⅲ）同事業を行うための合併

　事業統合を行うための合併などの場合，ⅱ）と同様の要件に加え，事業の関連性があること，事業の売上金額，従業者数等の規模の割合がおおむね1：5以内であることなどが要件となる。

　なお，対価が交付されない無対価合併の場合は要件の一部に違いがある。

## ③　会社分割

　会社分割が，組織再編税制上の適格要件を満たす場合（適格分割）には簿価引継ぎとなる。他方，適格要件を満たさない場合，分割会社は時価で資産およ

び負債を譲渡したものとして課税される。この税務上の取扱いは，会計処理とは関係なく決定される（法人税法第62条，第62条の2，第62条の8）。

　適格要件は，会社分割の形態ごとに違いがあり，対価が株式の場合の概要は次のとおりである。加えて，分割型の会社分割の場合は，按分型（株主の持株割合に応じて株式が交付される。）でなければならない。

　なお，対価が交付されない無対価分割の場合には，持分比率100％であることが必要である（法人税法第2条第12号の11）。

i ）分割法人と分割承継法人の持分比率が100％の会社分割

　　持分比率100％（完全支配関係）の会社間の会社分割の場合，対価として承継会社（分割承継法人）株式（または承継会社の発行済株式100％を直接保有する親会社（分割承継親法人）の株式のいずれか一方）以外の資産の交付がなく，分割後に持分比率が100％未満となる見込みがないことが要件となる（分割承継法人の株式のみの場合，分割承継親法人と分割承継法人の100％直接保有関係（直接完全支配関係）についても，分割後も継続することが見込まれていなければならない。）。

ii ）分割法人と分割承継法人の持分比率が50％を超える会社分割

　　持分比率50％超（支配関係）の会社間の会社分割の場合，i ）と同様の要件に加え，分割事業の主要な資産および負債ならびに従業者のおおむね80％以上の引継ぎ，分割事業継続の見込みがあることが要件となる。

iii ）共同事業を行うための会社分割

　　共同新設分割により事業統合を行うなどの場合，ii ）と同様の要件に加え，事業の関連性があること，事業の売上金額，従業者数等の規模の割合がおおむね1：5以内であることなどが要件となる。なお，分割型の会社分割の場合は，按分型でなければならない。

　　簿価引継ぎの場合，最終事業年度または分割前事業年度終了の時の帳簿価額による引継ぎとなる。適格分社型分割の場合は，分割直前の帳簿価額で譲渡したものとなる。

　　他方，時価引継ぎの場合，分割法人は，時価で譲渡したものとして譲渡利益額または譲渡損失額を，分割の日の属する事業年度の益金または損金

の額に算入する。

#### ④ 株式交換および株式移転

税務上は，完全親会社による完全子会社株式の受入価額について以下のとおり規定している（法人税法施行令第119条第1項第9，11号）。

ⅰ）適格株式交換および適格株式移転の場合

　(a)　株主数50人未満の場合⇒旧株の株式交換等の直前の帳簿価額（税務上の簿価）

　(b)　株主数50人以上の場合⇒完全子会社の税務上の簿価純資産額

ⅱ）非適格株式交換および非適格株式移転の場合⇒株式の取得のために通常要する金額（時価）。ただし，完全支配者間での株式交換または株式移転の場合はⅰ）と同様。

#### ⑤ 事業譲渡

事業譲渡については，組織再編成ではないため，税務上の適格，非適格という概念がなく，税務上は資産および負債を時価で受入処理することとなる（法人税法第62条の8）。

## (4) 組織再編における税効果会計を取り扱う会計基準等

組織再編における税効果会計に関する取扱いは，税効果会計に関する会計基準等ではなく，主として以下の組織再編に関する会計基準等において規定されている。

---

- 企業結合会計基準
- 事業分離会計基準
- 結合分離適用指針

---

主な論点としては，組織再編前における繰延税金資産の回収可能性に関する考え方や，組織再編時における会計処理に関する税効果会計などがある。次節より，組織再編の当事者ごとに税効果会計の詳細を解説する。

## 2. 事業の分離先企業の税効果会計

本節では，組織再編の当事者のうち，事業の分離先企業の税効果会計について解説する。対象とする企業結合は，「取得」に該当する場合のほか「共通支配下の取引」および「共同支配企業の形成」に該当する場合も含めて解説する。

### (1) 企業結合時における税効果会計に関する取扱い

#### ① 取得原価の配分

事業の分離先企業における税効果会計を検討するにあたって重要なポイントは，企業結合時における一時差異を識別することである。事業の分離先企業においては，新たに受け入れる事業に係る資産および負債を計上するが，その受入れ時の会計上の帳簿価額と，税務上の資産および負債の金額とが異なる場合は一時差異が生じることとなる。

ここで，組織再編の形式が，事業を直接取得することとなる合併や会社分割の場合で，企業結合が「取得」に該当するときは，事業の分離先企業は，企業結合日において被取得企業または取得した事業から生じる一時差異等に係る税金の額を，将来の事業年度において回収または支払が見込まれない額を除き，繰延税金資産または繰延税金負債として計上する（結合分離適用指針第71項）。なお，「一時差異等」には，取得原価の配分額（繰延税金資産および繰延税金負債を除く。）と税務上の資産および負債の金額との差額，ならびに事業の分離先企業に引き継がれる被取得企業の税務上の繰越欠損金等（税務上の繰越欠損金の引継ぎは適格合併等であることが必要）が含まれる。

一方，共通支配下の取引により企業集団内を移転する資産および負債は，原則として，移転直前に付されていた適正な帳簿価額により計上する（企業結合会計基準第41項）。これに従い，繰延税金資産についても簿価で引き継ぐこととなる。

また，共同支配企業の形成において，共同支配企業は，共同支配投資企業から移転する資産および負債を，移転直前に共同支配投資企業において付されていた適正な帳簿価額により計上する（企業結合会計基準第38項）。これに従い，繰延税金資産についても簿価で引き継ぐこととなる。

なお，のれん（負ののれん）は取得原価の配分残余であるため，のれん（負
ののれん）に対する税効果は認識しない（結合分離適用指針第72項）。ただし，
税務上ののれん（資産調整勘定または差額負債調整勘定）が認識される場合に
は，その額を一時差異とみて，繰延税金資産または繰延税金負債を計上した上
で，配分残余としての会計上ののれん（負ののれん）を算定する（結合分離適
用指針第378－3項）。

## ②　取得原価の配分額の確定（暫定的な会計処理の確定）

　企業結合が「取得」に該当する場合，繰延税金資産または繰延税金負債は，
暫定的な会計処理の対象とされている（結合分離適用指針第71項）。具体的には，
取得原価の識別可能資産および負債への配分は，企業結合日以後1年以内に行
わなければならない（企業結合会計基準第28項）。また，企業結合日以後の決
算において，配分が完了していなかった場合は，その時点で入手可能な合理的
な情報等に基づき暫定的な会計処理を行い，その後，追加的に入手した情報等
に基づき配分額を確定させる。

　暫定的な会計処理の確定が企業結合年度の翌年度に行われた場合には，企業
結合年度に当該確定が行われたかのように会計処理を行い，企業結合年度の翌
年度に企業結合年度の連結財務諸表および個別財務諸表と併せて企業結合年度
の連結財務諸表および個別財務諸表を表示する場合には，当該企業結合年度の
財務諸表に暫定的な会計処理の確定による取得原価の配分額の見直しを反映さ
せることになる（企業結合会計基準（注6））。

## ③　繰延税金資産・負債への取得原価の配分額の見直し

　企業結合日に認識された繰延税金資産・負債への取得原価の配分額の見直し
には，以下の場合がある（結合分離適用指針第73項）。

- 暫定的な会計処理の対象としていた識別可能資産および負債の取得原価へ
  の配分の見直しに伴うものは，企業結合日（分割期日）におけるのれん（負
  ののれん）の額が修正されたものとして取り扱う。
- 将来年度の課税所得の見積りの変更等による繰延税金資産の回収見込額の
  修正によるものは，企業結合年度（分割期日の属する事業年度）における
  修正は上記と同様に処理する。

　いずれの場合においても企業結合日におけるのれん（または負ののれん）も

取得原価の再配分が行われたものとして会計処理を行う。ただし，後者については，その見直し内容が明らかに企業結合年度における繰延税金資産の回収見込額の見直しと考えられる場合や，企業結合日に存在していた事実および状況に関して，その後追加的に入手した情報等に基づき繰延税金資産の回収見込額の見直しを行う場合に限る（結合分離適用指針第70項および第73項）。

なお，繰延税金資産の回収見込額の修正は，企業結合日と取得企業の事業年度との関係から，具体的には次のように処理することになる（結合分離適用指針第74項）。

(a)　企業結合日が取得企業の事業年度期首の場合

　　企業結合日の１年後（企業結合年度末）に繰延税金資産への取得原価の配分額を確定し，その額が企業結合日における繰延税金資産への取得原価の配分額となる。企業結合年度の中間会計期間末または四半期会計期間末においては，その時点で入手可能な合理的な情報等に基づき計上する。これは基本的に暫定的な会計処理として取り扱う。

(b)　企業結合日が取得企業の事業年度の期首の翌日以降の場合

　　企業結合年度の中間会計期間末または四半期会計期間末および企業結合年度末においては，その時点で入手可能な合理的な情報等に基づき計上する。これは基本的に暫定的な会計処理として取り扱う。

　　企業結合日から１年を経過した日（実務上は，１年経過後最初に到来する中間会計期間末，四半期会計期間末または事業年度末）において，企業結合日における繰延税金資産への取得原価の配分額が確定する。

## (2)　繰延税金資産の回収可能性

事業の分離先企業における税効果会計においては，企業結合による収益力の変化を，繰延税金資産の回収可能性の判断の際にどのように考慮するかについても重要なポイントとなる。つまり，新たに事業を受け入れることで，取得企業の収益力が変動する場合，当該収益力の変動を繰延税金資産の回収可能性の判断において，どのように考慮するのかが論点となる。

この点，繰延税金資産の回収可能性は，取得企業の収益力に基づき判断し，企業結合による影響は，企業結合年度から反映することとなる。また，繰延税金資産の回収可能性を過去の業績等に基づいて判断する場合（回収可能性適用

指針の「企業の分類」），企業結合年度以後，取得した企業または事業に係る過年度の業績等を取得企業の既存事業に係るものと合算した上で課税所得を見積ることとなる（結合分離適用指針第75項）。

### (3) 組織再編手法ごとの税効果会計

① 合併の場合

ⅰ) パーチェス法が適用される場合

合併存続会社（取得企業）は，企業結合日において，合併消滅会社（被取得企業）より受け入れる資産または負債から生じる一時差異等に係る税金の額を，将来の事業年度において回収または支払が見込まれない額を除き，繰延税金資産または繰延税金負債として計上する。回収可能性の判断は吸収合併存続会社において行われる。

ここで，組織再編税制の観点から，税務上の非適格合併となる場合，合併消滅会社の資産・負債を会計上および税務上ともに時価で評価して引き継ぐことから，合併に際して合併存続会社において新たな一時差異は原則として生じない。ただし，一定の引当金について会計上時価で引継ぎを行う一方，税務上は否認されるような場合などには，一時差異が生じることがある。また，税務上生じる資産調整勘定および差額負債調整勘定は一時差異として取り扱うことになる。なお，パーチェス法の適用時でも，例外的に特定の資産・負債が簿価引継ぎとなる場合があり，一時差異の発生原因となりうる。

一方，適格合併となる場合，合併消滅会社の資産および負債を税務上は帳簿価額で評価するが，会計上はパーチェス法によって時価で評価することから，それらに差額が生じる場合は一時差異となる。

---

**吸収合併：取得企業の税効果会計（パーチェス法－適格合併）**

前提
- A社（取得企業）はB社（被取得企業）を吸収合併した。
- B社の取得原価　1,000
- B社の識別可能資産bの時価（取得原価の配分額）　600

- 資産 b の税務上の取得原価　700
- 法定実効税率　30％
- 取得企業の繰延税金資産は全額回収可能性があるものとする。

|会計処理|

　企業結合日における繰延税金資産の計上は，被取得企業における繰延税金資産の計上額にかかわらず，取得企業における回収可能性の判断に従って以下のようになる。なお，企業結合年度末においては回収可能性を見直して，繰延税金資産の計上額を修正するとともに，暫定的な会計処理の確定として修正した場合にはのれんの計上額も影響を受けるため，のれん計上額の修正を行う必要がある。

| （借） | 資産 b | 600 | （貸） | 株主資本 | 1,000 |
| （借） | 繰延税金資産 | 30 | | | |
| （借） | のれん | 370 | | | |

- 取得原価の配分額と税務上の資産および負債の金額との差額について繰延税金資産を計上する。
  （700－600）×30％＝30……繰延税金資産計上額
- 会計上ののれんを算定する。
  1,000－（600＋30）＝370……会計上ののれんに対する繰延税金資産は計上しない。

設例　　吸収合併：取得企業の税効果会計（パーチェス法－非適格合併）

|前提|
- A 社（取得企業）は B 社（被取得企業）を吸収合併した。
- B 社の取得原価　1,000
- B 社の識別可能資産 b の時価（取得原価の配分額）　600
- 資産 b の税務上の取得原価　700
- 資産調整勘定　260
- 法定実効税率　30％
- 取得企業の繰延税金資産は全額回収可能性があるものとする。

|会計処理|

　企業結合日における繰延税金資産の計上は，被取得企業における繰延税金資

産の計上額にかかわらず，取得企業における回収可能性の判断に従って以下のようになる。なお，企業結合年度末においては回収可能性を見直して，繰延税金資産の計上額を修正するとともに，修正した場合にはのれんの計上額も影響を受けるため，のれん計上額の修正を行う必要がある。

| | | | | | | |
|---|---|---|---|---|---|---|
| （借） | 資産 b | 600 | （貸） | 株主資本 | | 1,000 |
| （借） | 繰延税金資産 | 108 | | | | |
| （借） | のれん | 292 | | | | |

- 取得原価の配分額と税務上の資産および負債の金額との差額について繰延税金資産を計上する。
  （700－600）×30％＝30……繰延税金資産計上額
- 資産調整勘定（税務上ののれん）に対する繰延税金資産を計上する。
  260×30％＝78……繰延税金資産計上額
- 会計上ののれんを算定する。
  1,000－（600＋30＋78）＝292……会計上ののれんに対する繰延税金資産は計上しない。

ⅱ）適正な帳簿価額による方法

　　合併が共同支配企業の形成もしくは共通支配下の取引に該当する場合には，移転資産および負債を，移転直前に付されていた適正な帳簿価額により計上することとなる。したがって，合併消滅会社で計上している繰延税金資産および負債についても他の資産および負債と同様に適正な帳簿価額により合併存続会社に一旦引き継がれることになる。

　　ここで，組織再編税制の観点から，税務上の非適格合併となる場合，合併消滅会社の資産および負債を会計上は帳簿価額で評価し，税務上は時価で評価することになるため，新たに一時差異が生じる。一方，適格合併となる場合には，それらを会計上および税務上ともに帳簿価額で評価することから新たに一時差異は生じない。

設例  吸収合併：共通支配下の税効果会計（適正な帳簿価額による方法－適格合併）

|前提|
- A社はB社（A社の持株比率80％）を吸収合併した。
- A社は株式（時価80）をB社の非支配株主に交付した。
- 法定実効税率　30％
- A社の繰延税金資産は全額回収可能性があるものとする。
- 合併直前の各社の個別貸借対照表

| A社 | | | |
|---|---:|---|---:|
| 諸資産 | 700 | 株主資本 | 1,000 |
| B社株式 | 300 | | |
| 合計 | 1,000 | 合計 | 1,000 |

| B社 | | | |
|---|---:|---|---:|
| 諸資産 | 300 | 株主資本 | 400 |
| 繰延税金資産 | 100 | | |
| 合計 | 400 | 合計 | 400 |

|会計処理|

企業結合日における親会社A社の会計処理は以下のとおりとなる。

親会社持分80％

| （借） | 諸資産 | 240 | （貸） | B社株式 | 300 |
|---|---|---:|---|---|---:|
| （借） | 繰延税金資産 | 80 | （貸） | 抱合株式消滅差益 | 20 |

非支配株主持分20％

| （借） | 諸資産 | 60 | （貸） | 株主資本 | 80 |
|---|---|---:|---|---|---:|
| （借） | 繰延税金資産 | 20 | | | |

- 繰延税金資産を計上する。
  合併直前に合併消滅会社で計上されている繰延税金資産を引き継ぐ。上記の仕訳で80と20に分割しているのは，会計処理の説明のためである。
- 子会社の資産および負債に対する親会社持分相当額と親会社が合併直前に保有していた子会社株式との差額は特別損益に計上する（結合分離適用指針第206項(2)）。

## 設例　吸収合併：共通支配下の税効果会計（適正な帳簿価額による方法−非適格合併）

**前提**

- A社はB社（A社の持株比率80%）を吸収合併した。
- A社は株式（時価80）をB社の非支配株主に交付した。
- 資産調整勘定　100
- 法定実効税率　30%
- 取得企業A社の繰延税金資産は全額回収可能性があるものとする。
- 合併直前の各社の個別貸借対照表

| A社 | | | |
|---|---:|---|---:|
| 諸資産 | 700 | 株主資本 | 1,000 |
| B社株式 | 300 | | |
| 合計 | 1,000 | 合計 | 1,000 |

| B社 | | | |
|---|---:|---|---:|
| 諸資産 | 300 | 株主資本 | 400 |
| 繰延税金資産 | 100 | | |
| 合計 | 400 | 合計 | 400 |

**会計処理**

企業結合日における親会社A社の会計処理は以下のとおりとなる。

親会社持分80%

| （借） | 諸資産 | 240 | （貸） | B社株式 | 300 |
|---|---|---:|---|---|---:|
| （借） | 繰延税金資産 | 104 | （貸） | 抱合株式消滅差益 | 44 |

非支配株主持分20%

| （借） | 諸資産 | 60 | （貸） | 株主資本 | 80 |
|---|---|---:|---|---|---:|
| （借） | 繰延税金資産 | 26 | （貸） | その他資本剰余金 | 6 |

- 繰延税金資産を計上する。

  合併直前に合併消滅会社で計上されている繰延税金資産100を引き継ぐ。さらに，資産調整勘定について繰延税金資産を計上する（100×30%＝30）。この合計100＋30＝130を上記の仕訳で104と26に分割しているのは，会計処理の説明のためである。

- 子会社の資産および負債に対する親会社持分相当額と親会社が合併直前に保有していた子会社株式との差額は特別損益に計上する。また，非支配株主持分相当額と，取得の対価との差額（400＋30）×0.2－80＝6をその他資本剰余金とする（結合分離適用指針第206項(2)）。

|  | パーチェス法 | 適正な帳簿価額による方法 |
|---|---|---|
| 会計処理の考え方 | 存続会社（取得企業）の方で受け入れた資産および負債の一時差異等に係る繰延税金資産・負債を計上する。回収可能性の判断も存続会社の方で行う。 | 消滅会社で計上していた繰延税金資産・負債の適正な帳簿価額を一旦引き継ぐ。 |
| のれんに対する税効果 | 認識しない。 | － |
| 暫定的処理の見直し | 実施する。 | － |

合併後における繰延税金資産の回収可能性に関する判断（企業の分類）について

Q. 当事業年度において，過去に重要な税務上の欠損金を計上しているA社（取得企業）が，B社（被取得企業）を吸収合併した。合併後の回収可能性適用指針第26項における（分類4）の要件である「過去（3年）または当期において，重要な税務上の欠損金が生じている」かの判断に際し，合併前の事業年度のA社の課税所得（税務上の欠損金）と，B社の課税所得を合算して判断してよいか。

A. 結合分離適用指針第75項において，「将来年度の課税所得の見積額による繰延税金資産の回収可能性を過去の業績等に基づいて判断する場合には，企業結合年度以後，取得した企業または事業に係る過年度の業績等を取得企業の既存事業に係るものに合算した上で課税所得を見積る」こととされている。
　この「企業結合年度以後」の記載は，取得が行われる前の事業年度の回収可能性の判断においては企業結合による影響を反映できないことを定めたものであるため，企業結合年度以後に繰延税金資産の回収可能性の判断を行う際には，合併前の被取得企業の課税所得を合算した上で見積りを行

うことができるものと思われる。

② **会社分割の場合**

ⅰ）パーチェス法の場合

会社分割が適格分割に該当する場合には，会計上は時価に基づいて受け入れた資産および負債に取得原価を配分するが，税務上は分割会社の税務上の簿価を引き継ぐ。したがって，受け入れた事業に係る資産および負債の時価と税務上の簿価との差額が一時差異として生ずる。

非適格分割に該当する場合には，会計上も税務上も資産および負債を時価で受入処理することになるが，個別項目から一時差異が発生する可能性がある。また，税務上ののれん（資産調整勘定または差額負債調整勘定）が発生する場合には，その額が一時差異となる。なお，パーチェス法の適用時でも，例外的に特定の資産・負債が簿価引継ぎとなる場合があり，一時差異の発生原因となりうる。

 **分社型分割：取得企業の税効果会計（パーチェス法）**

|前提|

- X 社は会社分割により，4月1日に Y 社に事業を移転する。X 社の貸借対照表のうち仮決算により移転する事業に係るものと区分された金額は，次のとおりである。ただし，会社分割によって生じる一時差異は除く。

| 諸資産 | 1,000 | 諸負債 | 300 |
|---|---|---|---|
| 繰延税金資産 | 80 | 株主資本 | 780 |

- 移転する資産の税務上の簿価は1,200，会計上の簿価は1,000であったものとし，移転する負債に会計上と税務上の差異はなかったものとする。諸資産の時価は1,400であったとする。
- 分割会社 X 社の繰延税金資産は，全額回収可能性があるものとする。
- 会社分割の対価として，Y 社株式のみが X 社に交付されたものとする。
- 当該会社分割は取得と判定された。
- 交付した Y 社株式の時価（移転事業の取得原価）は1,300であった。
- 法定実効税率 30%

- 受入資産および負債の会計上の時価（取得原価の配分額）と税務上の時価に差異はなかったものとする。なお，非適格のケースにおいては，税務上の資産調整勘定が200であったとする。
- Y社は増加資本をすべて資本金とする。

会計処理

(1) 適格分割の場合

　　Y社は，分割により承継する諸資産を時価の1,400で受入処理するが，税務上は，適格分割となる場合は税務上の簿価1,200を承継する。その差額200は一時差異となり，受入時に繰延税金負債60を認識する。のれんについては税効果を認識しない。なお，負債については，前提条件より会計と税務で差異が発生しない。

| (借) | 諸資産 | 1,400 | (貸) | 繰延税金負債 | 60 |
| (借) | のれん | 260 | (貸) | 諸負債 | 300 |
| | | | (貸) | 資本金 | 1,300 |

(2) 非適格分割の場合

　　当該分割が非適格分割に該当する場合，Y社は，分割により承継する諸資産・負債を時価で受入処理する。結合分離適用指針第378-3項に従うと，資産調整勘定200に係る繰延税金資産60を計上し，差額をのれんとして認識することになると考えられる。

| (借) | 諸資産 | 1,400 | (貸) | 諸負債 | 300 |
| (借) | 繰延税金資産 | 60 | (貸) | 資本金 | 1,300 |
| (借) | のれん | 140 | | | |

ii）適正な帳簿価額による方法の場合

　　会社分割が共通支配下の取引に該当する場合などにおいて，承継会社は分割会社の移転事業に係る資産および負債の簿価を引き継ぐ。

　　会社分割が適格分割に該当する場合，移転した事業に係る資産および負債の一時差異と同額の一時差異が，承継会社の受入資産および負債に生じる。適格分割に該当しない場合には，税務上は時価で資産および負債を受け入れることになるので，承継会社の受入資産および負債の簿価引継額と税務上の取得価額（時価）との差額が一時差異となる。

　　会計上，簿価引継ぎとなる場合，承継会社は，分割会社が分割期日の前

日の決算または仮決算で計上した移転する事業に係る繰延税金資産および負債を分割期日にそのまま引き継ぐ。繰延税金資産の回収可能性の判断は，分割後に到来する最初の事業年度末に行う。

---

設例  分社型分割：共通支配下の税効果会計（適正な帳簿価格による方法）

### 前提

- 移転資産の税務上の簿価は1,200，会計上の簿価は1,000であったものとし，負債300に会計上と税務上の差異はなかったものとする。諸資産の時価は1,400であったとする。
- 分割会社 X 社の繰延税金資産は，全額回収可能性があるものとする。
- 会社分割の対価として，Y 社株式のみが X 社に交付されたものとする。
- 当該会社分割は共通支配下の取引と判定された。
- 法定実効税率　30%
- 受入資産および負債の会計上の時価（取得原価の配分額）と税務上の時価に差異はなかったものとする。
- Y 社は増加資本をすべて資本金とする。
- 適格分割に該当する。

### 会計処理

諸資産について，Y 社は X 社の簿価1,000を引き継ぎ，適格分割なので，税務上は，その税務上の簿価1,200を承継する。その差額である一時差異200について，X 社の仮決算において計上された繰延税金資産60を Y 社はそのまま引き継ぐ。当該繰延税金資産の回収可能性の判断は，分割後に到来する最初の事業年度末に行う。なお，負債については，前提条件より会計と税務で差異が発生しない。

| （借） | 諸資産 | 1,000 | （貸） | 諸負債 | 300 |
| （借） | 繰延税金資産 | 60 | （貸） | 資本金 | 760 |

| 論点 💬 | 吸収分割における繰延税金資産の回収可能性の検討 |

Q. X1年4月1日に，A社（事業の分離先企業）はB社（事業の分離元企業）から事業を吸収分割により承継する。両社はともに3月決算である。A社とB社は同一の親会社の子会社であり，当該吸収分割は共通支配下の取引に該当し，投資が継続している場合に該当する。税務上は適格組織再編成に該当する。

A社は吸収分割期日の前日であるX1年3月31日の繰延税金資産の回収可能性の検討において，将来の課税所得の見積額に，吸収分割でB社から受け入れる事業に係る将来の課税所得の見積額を加えてよいか。

A. A社が受け入れる資産および負債は，分割期日の前日に付された適正な帳簿価額により計上する（結合分離適用指針第254-3項，第227項(1)）。したがって，B社において分割期日の前日（X1年3月31日）に回収可能と判断され適切に計上された移転する事業の資産および負債の一時差異に係る繰延税金資産および繰延税金負債を，A社は分割期日（X1年4月1日）に引き継ぐことになるものと考えられる。

なお，B社における吸収分割前日における繰延税金資産の回収可能性については，結合分離適用指針第107項(2)において，「投資が継続しているものとみる場合には，事業分離が行われないものと仮定したときの事業の分離元企業の将来年度の収益力に基づく課税所得等の見積額を，移転する事業に係る額と残存する事業に係る額に区分し，移転する事業に係る課税所得等を基礎として回収可能性の判断を行う。」とされている。つまり，移転する事業に係る繰延税金資産の回収可能性については，事業分離が行われないものと仮定した場合の将来年度の課税所得の見積額で判断することとなる（結合分離適用指針第90項(1)，第107項(2)）と考えられる。

A社の分割期日の前日における繰延税金資産の回収可能性の判断についても，B社の処理と整合性を図り，事業分離が行われないものと仮定することになるものと考えられるため，A社の将来の課税所得の見積額に，B社から吸収分割により受け入れる事業から得られる課税所得を加えることはできないと考えられる。

### ③　事業譲渡の場合

事業譲渡については，税務上の適格，非適格という概念がないため，税務上は資産および負債を時価で受入処理することとなる。一方，会計上は簿価と時

価のどちらもありうるため、一時差異が発生しうる。

税効果については、前述の会社分割等の扱いと同様である。

**共通支配下の取引における事業譲渡で生じた移転損益に係る連結上の繰延税金資産の取扱い**

Q. 子会社から孫会社へ事業譲渡を行った。子会社の個別財務諸表において移転損益が計上され、孫会社の個別財務諸表においてのれんが計上されている。連結財務諸表上、子会社の個別財務諸表上認識された移転損益は、連結会計基準における未実現損益の消去に準じて処理している。
　　この連結修正仕訳に係る税効果はどのように認識すべきか。

A. 共通支配下の取引における事業譲渡により生じた移転損益は、連結財務諸表上、未実現損益の消去に準じて処理される（結合分離適用指針第225項）。一方、当該未実現損益消去に伴う税効果の処理は、税効果適用指針が想定している連結会社間の棚卸資産の売買等とは、以下の点において異なるため、その適用はないと考えられる。
- 譲受会社の個別財務諸表上、親会社からの事業譲受であるため移転諸資産は、移転前に付された適正な帳簿価額により受け入れるが、一方で、移転損益が認識される取引であるため、税務上は時価で受け入れることになると考えられ、会計上の簿価と税務上の簿価とが異なることから、税効果の調整は譲受会社の個別財務諸表上で行われること。
- 連結手続において、移転諸資産に係る簿価修正は行われないため、新たに連結財務諸表固有の一時差異が生じるわけではない。
　　なお、譲受会社の個別財務諸表上、事業譲受時に会計上の簿価と税務上の簿価とが異なることにより認識される繰延税金資産または繰延税金負債の相手勘定はのれんとなるが、連結財務諸表上は、のれんは譲渡会社で計上された移転損益と相殺消去される。したがって、個別財務諸表上、のれんを相手勘定として認識した繰延税金資産または繰延税金負債について、連結財務諸表上は、法人税等調整額に振り替えられ、繰延税金資産および繰延税金負債は計上されないと考えられる。

## 3．事業の分離元企業の税効果会計

本節では，組織再編の当事者のうち，事業の分離元企業における税効果会計について解説する。

### (1)　事業分離時における一時差異の識別

事業の分離元企業における税効果会計を検討するにあたって重要なポイントは，事業分離時における一時差異の識別である。事業の分離元企業において，事業分離により移転する事業に係る資産および負債が，現金以外の対価と引き換えられ，新たに当該受取対価が計上される場合には，一般的な交換と同様に，新たに貸借対照表に計上された資産および負債の金額と税務上の帳簿価額との間に差額（一時差異）が生じる場合がある。

例えば，分離先企業の株式のみを受取対価とする事業分離では，当該事業分離が会計上は「投資の清算」と「投資の継続」のいずれに該当するか，また税務上は適格組織再編成と非適格組織再編成のいずれに該当するかによって，以下の4つのケースが考えられる。

①　移転損益は認識されない，かつ適格組織再編成に該当する。

②　移転損益は認識されない，かつ非適格組織再編成に該当する。

③　移転損益が認識される，かつ適格組織再編成に該当する。

④　移転損益が認識される，かつ非適格組織再編成に該当する。

それぞれの一時差異は以下のとおりとなる。

①　事業の分離元企業において移転損益が認識されない場合，分離先企業の株式の取得原価は，移転事業に係る株主資本相当額に基づいて算定される。適格組織再編成に該当する場合，税務上も，分離先企業株式の取得原価は，移転した事業に係る資産および負債の税務上の帳簿価額に基づくため，この場合には，分離先企業の株式に関して，移転した事業に係る資産および負債の一時差異と同額の一時差異が生じる。

②　事業の分離元企業において移転損益が認識されないが，非適格組織再編成に該当する場合には，税務上，分離先企業の株式の取得原価は，当該株式の時価に基づくため，この場合には，基本的に，分離先企業の株式に関

して，移転した事業に係る資産および負債の一時差異と同額の一時差異に加え，新たに税務上の移転損益相当額が一時差異として生じる。

③　事業の分離元企業において移転損益が認識される場合，分離先企業の株式の取得原価は，当該株式の時価または移転した事業の時価に基づいて算定される。これが適格組織再編成に該当する場合，税務上，分離先企業の株式の取得原価は，移転した事業に係る資産および負債の税務上の帳簿価額に基づくため，この場合には，分離先企業の株式に関して，当該株式の時価または移転した事業の時価と移転した事業に係る資産および負債の税務上の帳簿価額との差額が，一時差異として生じる。

④　事業の分離元企業において移転損益が認識され，非適格組織再編成に該当する場合には，分離先企業の株式の取得原価は時価となるが，当該株式の時価の測定時点が企業会計と課税所得計算とで異なるなどの場合には，一時差異が生じる。

## (2)　繰延税金資産の回収可能性

事業の分離元企業における税効果会計では，事業分離による収益力の変化を，繰延税金資産の回収可能性の判断の際にどのように考慮するかについても重要なポイントとなる。つまり，事業を移転することで，事業の分離元企業の収益力が変動することから，当該収益力の変動を繰延税金資産の回収可能性の判断において，どのように考慮するのかが論点となる。

この点，事業分離日の属する事業年度の前期末（事業分離日の前日における仮決算を含む。）において，事業の分離元企業から移転する事業に係る資産および負債の一時差異に対して計上する繰延税金資産の回収可能性は，次のように判断する（結合分離適用指針第107項）。

- 事業の分離元企業における事業分離日以後の将来年度の収益力に基づく課税所得等により判断し，分離先企業の将来年度の収益力に基づく課税所得等は勘案しない。
- ただし，投資が継続しているとみる場合には，事業分離が行われないものと仮定した移転する事業に係る将来年度の収益力に基づく課税所得等を勘案して判断する。

具体的には，事業分離等が行われないと仮定したときの事業の分離元企業の

将来年度の収益力に基づく課税所得等の見積額を，移転する事業に係る額と残存する事業に係る額に区分し，移転する事業に係る課税所得等を基礎として回収可能性の判断を行う。また，移転する事業において課税所得等と相殺し切れなかった将来減算一時差異が生じ，残存する事業では相殺後に課税所得等の残余が生じている場合には，原則としてこれらを相殺することにより移転する事業に係る繰延税金資産の回収可能性を判断する。

なお，事業の分離元企業に残存する事業に係る資産および負債の一時差異に対して計上する繰延税金資産の回収可能性については，事業分離を考慮した実際の事業の分離元企業における将来年度の収益力に基づく課税所得等により判断することとなり，分離先企業の将来年度の収益力に基づく課税所得等は勘案しないものと考えられる。

ただし，投資が継続しているとみる場合（移転損益が認識されない場合）には，事業分離日において事業の分離元企業で認識された繰延税金資産および繰延税金負債は，通常，分離先企業に引き継がれるため，事業の分離元企業から分離先企業に移転することとなる。

事業分離日の直前において，事業の分離元企業は，移転する繰延税金資産および繰延税金負債の適正な帳簿価額を算定するが，その回収可能性は，事業分離が行われないものと仮定したときの事業の分離元企業における将来年度の収益力に基づく課税所得等に基づき判断することとなる。

なお，事業分離が行われないものと仮定して回収可能性を判断するのは移転する事業に係る繰延税金資産であって，残存する事業に係る繰延税金資産については，事業分類日以後に移転する事業から生じる課税所得等が事業の分離元企業に帰属しないことから，同様の仮定を置いた課税所得等に基づいて判断するわけではなく，事業分離を考慮した実際の事業の分離元企業における将来年度の収益力に基づく課税所得等により判断することに留意する必要がある（結合分離適用指針第400項）。

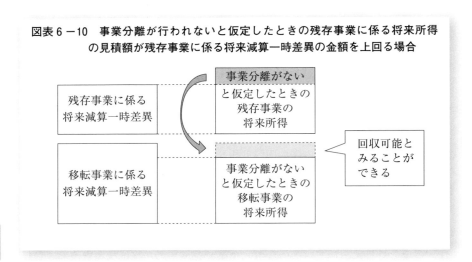

図表6-10 事業分離が行われないと仮定したときの残存事業に係る将来所得の見積額が残存事業に係る将来減算一時差異の金額を上回る場合

## (3) 税効果会計の適用時期

　事業分離により移転する事業に係る資産および負債が，分離先企業の株式など現金以外の受取対価と引き換えられ，新たに貸借対照表上，当該受取対価が計上される場合において，これらの金額と税務上の資産および負債の金額との間に生じる差額（一時差異）に対して税効果会計をいつ適用するかが論点となる。

　この点，投資が清算しているとみる場合には，一般的な交換の場合と同様に，分離先企業の株式のみを受取対価とする事業分離でも，原則として，事業分離日以後最初に到来する事業年度末に適用するものと考えられる。したがって，期末に繰延税金資産および繰延税金負債が計上され，その差額を期首と期末で比較した増減額が法人税等調整額として計上されることとなる（結合分離適用指針第108項(1)，第401項）。

　一方，投資が継続しているとみる場合には，移転損益を認識せず，事業分離日において移転する繰延税金資産および繰延税金負債（移転した事業に係る資産および負債の一時差異および当該事業分離に伴い新たに生じた一時差異（税務上の移転損益相当額）に関する繰延税金資産および繰延税金負債の適正な帳簿価額であって，繰延税金資産については回収可能性があると判断されたもの）

の額を，分離先企業の株式の取得原価に含めずに，分離先企業の株式等に係る一時差異に対する繰延税金資産および繰延税金負債として計上する（結合分離適用指針第108項(2)）。

　これは，投資が継続しているとみるため，個別財務諸表上，分離先企業の株式の取得原価は，移転する事業に係る資産および負債の移転直前の適正な帳簿価額とし，税効果については，事業分離日において移転する事業に係る繰延税金資産および繰延税金負債が引き換えられた分離先企業の株式等に係る一時差異に対する繰延税金資産および繰延税金負債に置き換わったとみるものである。仮に同額の繰延税金資産および繰延税金負債を計上しない場合には，事業の分離元企業で認識された繰延税金資産および繰延税金負債が分離先企業に移転するため，当該金額が分離先企業株式の取得原価を構成することとなり，期末に計上される分離先企業株式に係る一時差異に対する繰延税金資産および繰延税金負債や，それに関連する法人税等調整額が適切に算定されなくなってしまうという弊害が生じるため，上記の取扱いとしている（結合分離適用指針第402項）。

　この場合，分離先企業の株式等に係る一時差異に対する繰延税金資産については，従来の事業に係る投資が継続しているものとみて，事業分離日において移転する繰延税金資産を置き換えるものであるため，回収可能性適用指針第15項から第32項に従って判断した分類に応じて，（分類1），（分類2），（分類3），同適用指針第28項に従って（分類2）に該当するものとして取り扱われる企業，同適用指針第29項に従って（分類3）に該当するものとして取り扱われる企業は，その回収可能性があるものとして判断できるものとする。

　このように取り扱う場合であっても，当該分離先企業の株式等に係る一時差異に対する繰延税金資産については，事業分離後に事業分離日において移転する繰延税金資産の額以上に計上されることはないものとする。

　また，事業分離後，事業の分離元企業が（分類4）に該当する企業（同適用指針第28項に従って（分類2）に該当するものとして取り扱われる企業および同適用指針第29項に従って（分類3）に該当するものとして取り扱われる企業を除く。）となった場合には，翌期に解消される将来減算一時差異に係る繰延税金資産は回収可能性があると判断できる。（分類5）に該当する企業においては，当該繰延税金資産の回収可能性はないものと判断することに留意する必要がある（結合分離適用指針第108項(2)）。

**適格合併における合併消滅会社の繰越欠損金に係る繰延税金資産計上時期について**

Q. 3月決算の親会社が，3月決算の100％子会社をX1年4月1日に合併する予定である。親会社は継続して好業績で潤沢な課税所得を計上しているが，子会社の業績は芳しくなく，繰越欠損金に係る繰延税金資産について，従来は回収可能性がないと判断し計上していなかった。

合併は会計上，共通支配下の取引に該当する。また，税務上の適格合併のため，子会社の繰越欠損金は合併により親会社に引き継がれる。上記のように親会社は潤沢な課税所得を計上しており，今後も潤沢な課税所得を計上することが予想されるため，合併後，親会社が引き継いだ子会社の繰越欠損金は，確実に解消されることが見込まれる。

上記のような状況において，子会社の繰越欠損金に係る繰延税金資産を，子会社の合併直前の決算（X1年3月31日）または，合併期日（X1年4月1日）における合併の引継処理において計上することは認められるか。

A. 「親会社が子会社を吸収合併する場合に，親会社が子会社から受け入れる資産および負債は，…合併期日の前日に付された適正な帳簿価額により計上する。」（結合分離適用指針第206項(1)）とされており，「受け入れた諸資産に係る一時差異に対する繰延税金資産の回収可能性は，通常と同様に，期末において見直される。」（結合分離適用指針［設例35］(2)Ｐ社の会計処理なお書き）とされている。また，合併消滅会社における繰延税金資産の回収可能性については，同適用指針第90項(1)の考え方により，合併がないものと仮定して判断することになるものと考えられるため，子会社の合併直前の決算において，合併先の親会社の将来の課税所得を見込んで回収可能性の判断を行うことにはならないと考えられる。

本件では，3月決算会社である親会社が，X1年4月1日に100％子会社である子会社（3月決算）と合併することを前提にしているため，合併消滅会社の繰越欠損金に係る繰延税金資産の回収可能性は，合併期日後最初に到来する事業年度末等で見直し，回収可能額を計上することになると考えられる。

したがって，子会社の合併直前の決算（X1年3月31日）または，合併期日（X1年4月1日）における合併の引継処理においては，従来までの判断と同様に子会社の繰越欠損金に係る繰延税金資産を計上することはできないと考えられる。

### 設例  分社型分割：分離元の税効果会計（簿価引継法）

**前提**

- X社は会社分割により，4月1日にY社に事業を移転する。X社の貸借対照表のうち仮決算により移転する事業に係るものとして区分された金額は，次のとおりである。ただし，会社分割によって生じる一時差異は除く。

| 諸資産 | 1,000 | 諸負債 | 300 |
|---|---|---|---|
| 繰延税金資産 | 60 | 株主資本 | 760 |

- 移転する諸資産の税務上の簿価は1,200，会計上の簿価は1,000であったものとし，移転する負債300に会計上と税務上の差異はなかったものとする。諸資産の時価は1,400であったとする。
- 分割会社X社の繰延税金資産60は，全額回収可能性があるものとする。
- 会社分割の対価として，Y社株式のみがX社に交付されたものとする。
- 法定実効税率は30％とする。
- 税務上は適格分割であったものとする。
- 会計上，投資が継続すると判断されたものとする。

**会計処理**

移転する資産および負債に係る一時差異が分割承継会社に移転するので，繰延税金資産60については，新たにY社株式に係る繰延税金資産として計上する。株主資本相当額から移転資産に係る繰延税金資産を控除した700がY社株式の帳簿価額となる。

| （借） | 諸負債 | 300 | （貸） | 諸資産 | 1,000 |
|---|---|---|---|---|---|
| （借） | Y社株式 | 700 | | | |
| （借） | 繰延税金資産<br>（株式対応分） | 60 | （貸） | 繰延税金資産<br>（移転資産・負債分） | 60 |

第6章 組織再編における税効果会計

## ４．株主の税効果会計

　本節では，組織再編の当事者のうち，株主の税効果会計について解説する。

## (1)　株式交換完全親会社等の税効果会計

### ①　株式交換完全親会社の会計処理

　株式交換において，株式交換完全親会社は，株式交換完全子会社となる会社の株式すべてを取得することになる。これにより，取得した株式の会計上の取得原価と税務上の取得原価が異なる場合，一時差異が生じることから，税効果会計が適用される。

　株式交換完全親会社が受け入れた当該子会社株式（株式交換完全子会社の株式）に係る一時差異（取得の時から生じていたものに限る。）に関する税効果は，個別財務諸表上，認識しない（結合分離適用指針第115項）。これは，継続保有を前提として新規に子会社株式を取得したにもかかわらず，税効果を通じて株式の取得時に損益を認識することは適当でないこと，および将来における投資の売却により解消する一時差異は，親会社が売却の時期を決定でき，かつ予測可能な将来の期間に売却を行う意思がない場合は税効果を認識しないという連結財務諸表における税効果の取扱い（税効果適用指針第22項および第23項）と整合させるためである（結合分離適用指針第404項）。

　ただし，予測可能な期間に当該子会社株式を売却する予定がある場合（一部売却で売却後も子会社または関連会社にとどまる予定の場合には売却により解消する部分の一時差異に限る。），または売却そのほかの事由により当該子会社株式がその他有価証券として分類されることとなる場合には，当該一時差異に対する税効果を認識する（結合分離適用指針第115項）。

### ②　株式移転設立完全親会社の会計処理

　株式移転において，株式移転設立完全親会社は，株式移転完全子会社となる会社の株式すべてを新たに取得することになる。これにより，取得した株式の会計上の取得原価と税務上の取得原価が異なる場合，一時差異が生じることから，税効果会計が適用される。

株式移転設立完全親会社が受け入れた当該子会社株式（取得企業および被取得企業の株式）に係る一時差異（取得のときから生じていたものに限る。）に関する税効果の取扱いは，株式交換完全親会社が受け入れた子会社株式に準じることとなる（結合分離適用指針第123項）。

## (2)　合併消滅会社の株主の会計処理

　合併消滅会社株式に生じていた一時差異は，合併により解消されるため，当該一時差異に対して税効果を認識していた場合には，繰延税金資産または繰延税金負債の取崩しが行われる。

　他方，受け入れた合併存続会社の株式について，会計上の簿価と税務上の簿価に差異が生じる場合がある。この場合，合併存続会社株式に生じた一時差異に対して税効果を認識するか否かの検討が必要となる。その際，税効果適用指針第8項(1)(2)②および第98項の取扱いを踏まえると，合併により受け取った株式が子会社株式または関連会社株式となるとき等には，予測可能な期間に売却予定がある場合等を除き，取得した合併存続会社の株式に係る税効果は認識しないことになると考えられる。

## (3)　その他の組織再編に伴い株主が受け取った子会社株式等に係る税効果会計の取扱い

　株式交換完全親会社および株式移転設立完全親会社における税効果会計に関する取扱いとの整合性から，その他の組織再編に伴い受け取った子会社株式等に係る将来減算一時差異のうち，当該株式の受取時に生じていたものに関する税効果会計の取扱いについても，予測可能な将来の期間に，当該株式を売却する予定がある場合（意思決定または実施計画が存在する場合）等を除き，認識しないとものとされている。これは，例えば次の取引に適用される（税効果適用指針第8項，第98項）。

- 取得と判定された合併等において，取得企業が被取得企業から受け入れた子会社株式等に係る一時差異
- 共通支配下の取引において，株式交換完全親会社または株式移転設立完全親

会社が受け取った子会社株式に係る一時差異

- 共通支配下の取引として行われる分割型会社分割において，分割会社の親会社等が受け取った子会社株式等（新設会社（または承継会社）の株式）に係る一時差異

　なお，事業分離が行われた場合，事業の分離元企業にとって分離先企業に移転された事業に対する投資が継続しているとみるときは，上記の取扱いによらず，事業分離日において移転する繰延税金資産および繰延税金負債の額を，分離先企業の株式の取得原価に含めずに，分離先企業の株式等に係る一時差異に関する繰延税金資産および繰延税金負債として計上することとなる（結合分離適用指針第108項(2)，税効果適用指針第99項）。

第6章

組織再編における税効果会計

266

# 第7章

## 連結納税制度を採用している場合の税効果会計

本章では，連結納税制度を採用している場合の，連結納税主体における税効果会計および連結納税会社の個別財務諸表における税効果会計について解説する。

連結納税制度に関する基準等として，①連結納税主体および連結納税会社の個別財務諸表における法人税および地方法人税に係る税効果会計の適用を取り扱う連結納税実務対応報告その1と，②連結納税会社の個別財務諸表における繰延税金資産の回収可能性の判断や住民税および事業税に係る税効果会計を含む連結納税実務対応報告その1で取り扱っていない項目を取り扱う連結納税実務対応報告その2がある。

本章では，主に連結納税実務対応報告その1および連結納税実務対応報告その2に基づき，連結納税制度を採用している場合の，連結納税主体における税効果会計および連結納税会社の個別財務諸表における税効果会計について，解説する。

## 1．連結納税制度を適用した場合の税効果会計の考え方

連結納税制度とは，企業グループを1つの納税単位と捉えて，企業グループ内の個々の法人の所得と欠損を通算して法人税を課税する仕組みをいう。

連結納税制度は，内国法人である親法人とその親法人による完全支配関係（発行済株式の全部を直接もしくは間接に保有する関係）がある内国法人（子法人）がその制度を選択することにより適用される。

連結納税制度を適用した場合の法人税および地方法人税に係る繰延税金資産および繰延税金負債ならびに法人税等調整額の計上は，以下のような考え方で行う。

### (1) 連結納税制度に関連する用語

はじめに，連結納税制度に関連する用語の意味を解説する。

### ① 連結納税主体

納税主体とは，納税申告書の作成主体をいい，通常は個別の企業が納税主体となる。ただし，連結納税制度を採用している場合，連結納税の範囲に含まれる企業集団が同一の納税主体となる（税効果適用指針第4項(1)）。当該納税主体を，連結納税主体という（連結納税実務対応報告その1「範囲」）。

### ② 連結納税会社

連結納税主体である企業集団に含まれる，連結納税制度を適用する各会社を連結納税会社という。連結納税会社には，連結納税親会社と連結納税子会社がある（連結納税実務対応報告その1「範囲」）。なお，親会社が連結納税制度を適用している場合でも，外国法人や親会社以外の株主がいる内国法人など，親会社による完全支配関係がある内国法人に該当しない子会社は，連結会社であっても連結納税の範囲に含まれない。そのため，連結会社と連結納税会社は図表7－1に示す関係にある。

---

**図表7－1　連結会社と連結納税会社の関係**

（連結納税実務対応報告その1「範囲」参照）

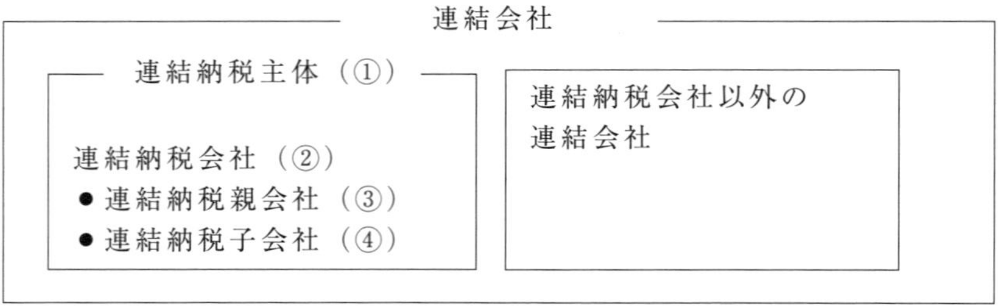

連結会社

連結納税主体（①）

連結納税会社（②）
● 連結納税親会社（③）
● 連結納税子会社（④）

連結納税会社以外の連結会社

---

### ③ 連結納税親会社

連結納税会社のうち，法人税法第2条第12号の6の7に規定する連結親法人を連結納税親会社という（連結納税実務対応報告その1「範囲」注2）。連結納税親会社は連結納税義務者である（法人税法第4条の2）。

④　連結納税子会社

　連結納税会社のうち，法人税法第2条第12号の7に規定する連結子法人を連結納税子会社という（連結納税実務対応報告その1「範囲」注2）。連結納税親会社による完全支配関係があるすべての内国法人は連結子法人，すなわち連結納税子会社となる（法人税法第4条の2）。

⑤　特定連結欠損金

　一定の要件を満たした個別繰越欠損金で，連結納税制度の適用または連結納税への加入後も，引き続き税務上の繰越欠損金の控除の適用を受けられるものを特定連結欠損金という。なお，特定連結欠損金はその発生元となった法人の個別所得からしか控除できない。

## (2)　連結納税主体における税効果会計の適用

### ①　法人税

　連結納税主体においては，以下の項目に対して，法人税に係る繰延税金資産および繰延税金負債ならびに法人税等調整額を計算する（連結納税実務対応報告その1 Q1(1)①）。

　　ⅰ）連結納税会社の財務諸表上の一時差異および繰越欠損金等（以下これらを総称して「財務諸表上の一時差異等」という。）

　　ⅱ）連結納税主体における資本連結手続およびその他の連結手続上生じた一時差異（以下「連結納税主体に係る連結財務諸表固有の一時差異」という。）を調整したもの（以下「連結納税主体の一時差異等」という。）

　なお，連結納税会社の財務諸表上の一時差異等には，連結納税制度の適用により，連結納税主体における資本連結手続およびその他の連結手続の結果消滅する一時差異（以下「個別財務諸表固有の一時差異」という。）が含まれる。

　また，連結財務諸表に計上するための連結納税主体の法人税に係る繰延税金資産については，連結納税主体を一体として回収可能性を判断し，将来の会計期間において回収が行われると見込まれない税金の額は控除することとなる。連結納税主体を一体として回収可能性の判断を行うにあたって，対象となる繰延税金資産に特定連結欠損金に係るものが含まれている場合には，連結納税主体の課税所得の見積額（以下「連結所得見積額」という。）と各連結納税会社

の課税所得の見積額（以下「個別所得見積額」という。）の両方を考慮して判断することに留意する。

### ② 地方法人税

地方法人税法では，連結納税制度を適用している場合，地方法人税の課税標準である基準法人税額（連結所得の金額につき，法人税法その他の法人税の税額の計算に関する法令の規定（法人税法第81条の14から第81条の17までの税額控除に関する規定を除く。）により計算した法人税の額）は，連結事業年度の連結所得の金額から計算した法人税の額とするとされている。したがって，地方法人税に係る繰延税金資産の回収可能性の判断は個別所得見積額だけでなく，連結所得見積額も考慮して行うこととなることから，連結納税制度を適用した場合の地方法人税に係る税効果会計の考え方は，法人税と同様の取扱いとなる。

このため，連結財務諸表における地方法人税に係る繰延税金資産の回収可能性は，連結納税主体を一体として判断することとなる（連結納税実務対応報告その1 Q1(1)②)。

## (3) 連結納税会社の個別財務諸表における税効果会計の適用

連結納税制度において，連結納税親会社は，連結法人税の個別帰属額（法人税法第81条の18）に関する書類を確定申告書に添付して提出するとともに，各連結納税子会社は，当該個別帰属額等を記載した書類を届け出ることとされている（法人税法第81条の22および第81条の25）。また，連結納税主体の連結所得の金額で留保している金額のうち各連結納税会社に帰属する金額は，各連結納税会社において，連結個別利益積立金額として計算される（法人税法第2条第18号の3）。

このように，連結納税制度上，連結納税会社ごとに申告調整額が把握されることから，各連結納税会社の個別財務諸表においては，連結納税制度上の連結個別利益積立金額等に基づいて認識される財務諸表上の一時差異等に対して，法人税および地方法人税に係る繰延税金資産および繰延税金負債ならびに法人税等調整額を計算し，個別財務諸表に計上することとなる。

また，法人税および地方法人税に係る繰延税金資産については，連結所得も考慮の上，回収可能性を判断し，将来の会計期間において回収が行われると見

込まれない税金の額は控除することとなる（連結納税実務対応報告その１Ｑ１
(2)）。

## ２．繰延税金資産および繰延税金負債の計算

### (1)　繰延税金資産および繰延税金負債の計上の手順

　連結納税制度を適用した場合の繰延税金資産および繰延税金負債は以下の手
順で計上することが適当と考えられる（連結納税実務対応報告その２Ｑ１）。

① **連結納税会社の個別財務諸表**

ⅰ）財務諸表上の一時差異等に対して，繰延税金資産および繰延税金負債を
　　計算する。

ⅱ）法人税および地方法人税に係る繰延税金資産の回収可能性を判断する。
　　法人税および地方法人税については，両税合わせて回収可能性を判断す
　　る。回収が見込まれない税金の額については，個別財務諸表上，繰延税金
　　資産から控除する。

ⅲ）住民税または事業税に係る繰延税金資産の回収可能性を判断する。
　　住民税，事業税はそれぞれ区分して回収可能性を判断する。回収が見込
　　まれない税金の額については，個別財務諸表上，繰延税金資産から控除す
　　る。

② **連結納税主体**

ⅰ）①のとおり，連結納税会社ごとに財務諸表上の一時差異等に対して，繰
　　延税金資産および繰延税金負債を計算する。

ⅱ）ⅰ）で計算した各連結納税会社の繰延税金資産および繰延税金負債の金
　　額を合計する。

ⅲ）連結納税主体に係る連結財務諸表固有の一時差異に対して，当該差異が
　　発生した連結納税会社ごとに税効果を認識し，繰延税金資産および繰延税
　　金負債を計算する。

ⅳ）法人税および地方法人税に係る繰延税金資産の回収可能性を判断する。
　　連結納税主体を一体として回収可能性を判断する。回収が見込まれない

税金の額については，連結財務諸表上，繰延税金資産から控除する。

ⅴ）住民税または事業税に係る繰延税金資産の回収可能性を判断する。

連結納税会社ごとに回収可能性を判断した上で各社分を合計する。回収が見込まれない税金の額については，連結財務諸表上，繰延税金資産から控除する。

なお，連結財務諸表を作成する親会社が連結納税会社として連結納税制度を適用する場合に限らず，連結財務諸表を作成する親会社以外の連結会社が連結納税親会社として連結納税制度を適用する場合の当該連結納税主体においても，上記の手順で繰延税金資産および繰延税金負債を計上することになる。

当該手順を図示すると，図表7－2のようになる。

**図表 7－2　繰延税金資産および繰延税金負債の計上の手順**

●法人税および地方法人税

| 連結納税会社 | | 連結納税主体 | |
|---|---|---|---|
| 連結納税親会社 | 各連結納税子会社 | （連結納税親会社） | （各連結納税子会社） |

| | | 連結納税主体に係る連結財務諸表固有の一時差異に対する繰延税金資産および繰延税金負債を計算<br>＋ |
|---|---|---|
| 個別財務諸表固有の一時差異を含む財務諸表上の一時差異等に対する繰延税金資産および繰延税金負債を計算 | 個別財務諸表固有の一時差異を含む財務諸表上の一時差異等に対する繰延税金資産および繰延税金負債を計算　⇒ | 各連結納税会社の財務諸表上の一時差異等に対する繰延税金資産および繰延税金負債を合計 |
| ↓ | ↓ | ↓ |
| 連結納税親会社として繰延税金資産の回収可能性を判断 | 各連結納税子会社として繰延税金資産の回収可能性を判断 | 連結納税主体を一体として繰延税金資産の回収可能性を判断 |

●住民税または事業税

| 連結納税会社 | | 連結納税主体 | |
|---|---|---|---|
| 連結納税親会社 | 各連結納税子会社 | （連結納税親会社） | （各連結納税子会社） |

| | | 連結納税主体に係る連結財務諸表固有の一時差異に対する繰延税金資産および繰延税金負債を計算<br>＋<br>財務諸表上の一時差異等に対する繰延税金資産および繰延税金負債 | 連結納税主体に係る連結財務諸表固有の一時差異に対する繰延税金資産および繰延税金負債を計算<br>＋<br>財務諸表上の一時差異等に対する繰延税金資産および繰延税金負債 |
|---|---|---|---|
| 財務諸表上の一時差異等に対する繰延税金資産および繰延税金負債を計算 | 財務諸表上の一時差異等に対する繰延税金資産および繰延税金負債を計算　⇒ | | |
| ↓ | ↓ | ↓ | ↓ |
| 連結納税親会社として繰延税金資産の回収可能性を判断 | 各連結納税子会社として繰延税金資産の回収可能性を判断 | 連結納税親会社として繰延税金資産の回収可能性を判断 | 各連結納税子会社として繰延税金資産の回収可能性を判断 |
| | | 各連結納税会社において回収可能と判断した繰延税金資産を合計 | |

第7章
連結納税制度を採用している場合の税効果会計

273

## (2) 連結納税会社の個別財務諸表における繰延税金資産および繰延税金負債の計算（回収可能性の判断前）

### ① 税金の種類ごとの区分

　各連結納税会社の個別財務諸表における繰延税金資産および繰延税金負債は，連結納税制度の法人税および地方法人税と単体納税制度の住民税および事業税では繰越欠損金の取扱いが異なること等により，利益に関連する金額を課税標準とする税金の種類（以下「税金の種類」という。）ごとに区分して把握する必要が生じる場合がある。

　したがって，法人税および地方法人税に係る繰延税金資産および繰延税金負債は，各連結納税会社の連結納税制度上の連結個別利益積立金額（法人税法第2条第18号の3）等に基づいて認識される財務諸表上の一時差異等に対し，法人税および地方法人税の法定実効税率を乗じて計算する。この場合の法人税および地方法人税の法定実効税率は，連結納税制度を適用しない会社と同様，事業税の損金算入の影響を考慮した結果によるため，原則として，次のように連結納税親会社の法人税および地方法人税の税率を基礎として算定される（連結納税実務対応報告その1Q2(2)）。

---

法人税および地方法人税
の法定実効税率
$=$
連結納税親会社法人税率×（1＋地方法人税率）
÷（1＋事業税率（所得割部分））

---

### ② 財務諸表上の一時差異に係る繰延税金資産および繰延税金負債の計算

　財務諸表上の一時差異として認識される金額は，連結納税制度を適用した場合であっても，法人税，地方法人税，住民税および事業税について基本的に共通である。このため，税金の種類ごとに区分して計算する必要はない。したがって，財務諸表上の一時差異に係る繰延税金資産および繰延税金負債の金額は，連結納税制度を適用しない会社と同様，法定実効税率を適用して計算する（連結納税実務対応報告その2Q2(1)）。

　ただし，繰延税金資産の回収可能性の判断にあたっては，税金の種類ごとに行う必要がある（連結納税実務対応報告その2Q2(1)）ことに留意する。

③　繰越欠損金に係る繰延税金資産の計算

　税務上の繰越欠損金は，税金の種類ごとに取扱いが異なるため，繰越欠損金に係る繰延税金資産の金額は，原則として，税金の種類ごとに図表7－3に示す税率を適用して計算する必要がある。

　ただし，期末において認識される税務上の繰越欠損金の額が種類により異なり，かつ，その影響が大きい場合には，その影響を考慮して繰延税金資産の金額を計算する必要がある（連結納税実務対応報告その2Q2(2)）。

図表7－3　繰越欠損金に係る繰延税金資産の計算に適用する税率

| 税金の種類 | 繰越欠損金の種類 | 適用する税率 |
|---|---|---|
| 法人税および地方法人税 | 連結欠損金個別帰属額＊1 | 法人税率×（1＋地方法人税率）÷（1＋事業税率（所得割部分。以下同じ。）） |
| 住民税 | 連結欠損金個別帰属額 | 法人税率×住民税率÷（1＋事業税率） |
| | 控除対象個別帰属調整額＊2 | 住民税率÷（1＋事業税率） |
| | 控除対象個別帰属税額＊3 | 住民税率÷（1＋事業税率） |
| 事業税（所得割部分） | 欠損金額または個別欠損金額＊4 | 事業税率÷（1＋事業税率） |

＊1　連結欠損金個別帰属額には，特定連結欠損金個別帰属額を含む（法人税法第81条の9第3項および第6項）。

＊2　控除対象個別帰属調整額とは，連結納税適用開始または新規加入に伴い切り捨てられた法人税の繰越欠損金に法人税率を乗じた金額をいう（地方税法第53条第6項）。住民税額の計算上，控除対象個別帰属調整額は引き続き利用可能であるため，連結納税適用開始または新規加入に伴い切り捨てられた法人税の繰越欠損金とは異なり，税効果の対象となる。

＊3　控除対象個別帰属税額とは，マイナスの個別帰属法人税額をいう（地方税法第53条第9項）。連結納税主体において法人税の繰越欠損金が発生しない場合でも，連結納税会社の住民税額の計算上，控除対象個別帰属税額は利用可能であるため，税効果の対象となる。

＊4　個別欠損金額とは，個別帰属損金額が個別帰属益金額を超える場合におけるその超える部分の金額をいう（地方税法第72条の23第4項）。連結納税主体において法人税の繰越欠損金が発生しない場合でも，連結納税会社の事業税額の計算上，個別欠損金額は利用可能であるため，税効果の対象となる。

## (3) 連結納税主体における繰延税金資産および繰延税金負債の計算

連結納税主体の繰延税金資産および繰延税金負債についても，連結納税制度の法人税および地方法人税と単体納税制度の住民税および事業税では繰越欠損金の取扱いが異なること等により，税金の種類ごとに区分して把握する必要が生じる場合がある。

連結納税主体の法人税および地方法人税に係る繰延税金資産および繰延税金負債は，連結納税主体の一時差異等に対し，法人税および地方法人税の法定実効税率を乗じて計算する。この場合の法人税および地方法人税の法定実効税率は，原則として，連結納税主体の法人税および地方法人税の税率（連結納税親会社の法人税および地方法人税の税率）を基礎として算定される（連結納税実務対応報告その1Q2(1)）。

# 3. 連結納税会社の個別財務諸表における税効果会計

## (1) 繰延税金資産の回収可能性の判断

連結納税会社の個別財務諸表における繰延税金資産の回収可能性の判断は，連結納税制度を適用しない会社の個別財務諸表における繰延税金資産の回収可能性と同様，将来の課税所得の見積額等に基づいて行われる。ただし，連結納税制度における繰越欠損金の取扱い等が連結納税制度を適用しない場合と異なるため，例えば，図表7-4に示す点に留意する必要がある（連結納税実務対応報告その2Q3）。

---

**図表7-4　連結納税会社の個別財務諸表における繰延税金資産の回収可能性の判断にあたっての留意点**

■法人税および地方法人税
　　→両税合わせて回収可能性の判断を行う。
■住民税または事業税
　　→それぞれ区分して回収可能性の判断を行う。
■法人税および地方法人税に係る繰延税金資産の回収可能性の判断

「連結法人税の個別帰属額（各連結納税会社において各連結事業年度の連結所得に対する法人税の負担額として帰せられ，または当該法人税の減少額として帰せられる金額。法人税法第81条の18第1項）」および「連結納税会社の地方法人税の個別帰属額（各連結納税会社において各連結事業年度に対する地方法人税の負担額として帰せられ，または当該地方法人税の減少額として帰せられる金額。地方法人税法第15条第1項）」について，将来の支出または収入を減少または増加させる効果を有するかどうかによって判断する。当該判断にあたっては，個別所得見積額だけでなく，当該連結納税会社の属する連結納税主体の他の連結納税会社の個別所得見積額も考慮する。

■法人税および地方法人税の連結欠損金個別帰属額に係る繰延税金資産の回収可能性の判断
　→連結納税の計算に従い，連結納税主体の連結欠損金に特定連結欠損金が含まれていない場合は，連結所得見積額を考慮し，連結納税主体の連結欠損金に特定連結欠損金が含まれている場合は，連結所得見積額と各連結納税会社の個別所得見積額の両方を考慮する。

なお，繰延税金資産の回収可能性を判断する上で考慮する個別所得見積額または連結所得見積額とは，将来の事業年度における課税所得の見積額から，当該事業年度において解消することが見込まれる当期末に存在する将来減算一時差異の額（および該当する場合は，当該事業年度において控除することが見込まれる当期末に存在する税務上の繰越欠損金の額）を除いた額である。

## (2) 法人税および地方法人税に係る繰延税金資産の回収可能性の判断の具体的手順

連結納税会社の個別財務諸表における法人税および地方法人税に係る繰延税金資産の回収可能性の判断は，以下の具体的手順によって判断する（連結納税実務対応報告その2Q3）。

### ① 将来減算一時差異

ⅰ）スケジューリングに基づき，期末における将来減算一時差異の解消見込額を個別所得見積額と解消見込年度ごとに相殺する。相殺された金額に係る繰延税金資産は回収可能性があると判断される。

ⅱ）ⅰ）で相殺し切れなかった将来減算一時差異の解消見込額については，その解消見込年度ごとの連結法人税の個別帰属額（以下「受取個別帰属法人税額」という。法人税法第81条の18第1項）の見積額を課税所得に換算した金額（当該年度の個別所得見積額がマイナスの場合には，マイナスの個別所得見積額に充当後の残額）と相殺する。相殺された金額に係る繰延税金資産は，回収可能性があると判断される。

ⅲ）ⅱ）においても相殺し切れなかった将来減算一時差異の解消見込額は，税効果会計の適用上，解消年度に発生した連結欠損金個別帰属額と同様に取り扱う。この連結欠損金個別帰属額と同様に取り扱う将来減算一時差異の解消見込額に係る繰延税金資産の回収可能性の判断は，「②連結欠損金個別帰属額」の回収可能性の判断により行う。

② 連結欠損金個別帰属額

ⅰ）当期末において存在する連結欠損金個別帰属額について，税務上の控除限度額計算およびその個別帰属額の配分手続に従い，その後の各事業年度において損金の額に算入される連結欠損金相当額（以下「連結欠損金繰越控除額」という。法人税法第81条の9第1項）のうち税務上の規定により当該連結納税会社に帰せられることとなる金額（以下「連結欠損金個別帰属額の繰越控除額」という。法人税法施行令第155条の21第3項）の見積額と相殺する。相殺された金額に係る繰延税金資産は回収可能性があると判断される。

ⅱ）ⅰ）で相殺し切れなかった連結欠損金個別帰属額に係る繰延税金資産の金額については，回収可能性がないと判断され，繰延税金資産から控除することとなる。

設例　個別財務諸表における法人税および地方法人税に係る繰延税金資産の回収可能性の判断①（将来減算一時差異の解消年度に受取個別帰属法人税額が発生すると見込まれる場合）

前提
- P社を連結納税親会社とする連結納税主体には，P社および連結納税子会社であるS1社，S2社が属している。

- 各連結納税会社における X1年末の将来減算一時差異および X2年以降の個別所得見積額は以下のとおりである。

|  | P社 | S1社 | S2社 |
|---|---|---|---|
| X1年末の将来減算一時差異 | 100 | 50 | － |
| X2年の個別所得見積額 | 20 | 50 | 100 |
| X3年以降の個別所得見積額 | － | － | － |

- X1年末の将来減算一時差異はすべて X2年に解消が見込まれる。
- X1年末において，連結欠損金個別帰属額は存在しない。
- 法人税および地方法人税の計算に適用される税率，法定実効税率は，ともに25%である。

### 繰延税金資産の回収可能性の判断

1．期末における将来減算一時差異の解消見込額と個別所得見積額の相殺

|  |  | P社 | S1社 | S2社 |
|---|---|---|---|---|
| (a) | X2年の個別所得見積額 | 20 | 50 | 100 |
| (b) | X1年末における将来減算一時差異の X2年解消見込額 | 100 | 50 | － |
| (c) | 個別所得見積額による回収可能額（(a)と(b)のいずれか小さいほう） | 20 | 50 | － |
| (d) | 個別所得見積額と相殺しきれなかった将来減算一時差異の解消見込額（(b)－(c)） | 80 | － | － |
| (e) | 将来減算一時差異の解消見込減算後の X2年の個別所得見積額（(a)－(b)） | △80 | － | 100 |

2．個別所得見積額と相殺しきれなかった将来減算一時差異の解消見込額と受取個別帰属法人税額の所得換算額の相殺

　P社において X2年の将来減算一時差異解消見込額減算後の個別所得見積額は△80となる。

　一方，S2社において X2年の将来減算一時差異解消見込額減算後の個別所得見積額は100発生見込のため，連結納税主体内の精算により，P社において20（80×25%）の受取個別帰属法人税額が生じることが見込まれる。

　個別所得見積額と相殺しきれなかった将来減算一時差異の解消見込額のうち，当該受取個別帰属法人税額の所得換算額80（20÷25%）と相殺された金額に係る繰延税金資産は，回収可能性があると判断される。

|   |   | P社 | S1社 | S2社 |
|---|---|---|---|---|
| (a) | 個別所得見積額と相殺しきれなかった将来減算一時差異の解消見込額 | 80 | — | — |
| (b) | X2年の受取個別帰属法人税額の所得換算額 | 80 | — | — |
| (c) | 受取個別帰属法人税額の所得換算額による回収可能額（(a)と(b)のいずれか小さいほう） | 80 | — | — |

3．X1年末における回収可能見込額

|   |   | P社 | S1社 | S2社 |
|---|---|---|---|---|
| (a) | X1年末の将来減算一時差異 | 100 | 50 | — |
| (b) | 個別所得見積額による回収可能額 | 20 | 50 | — |
| (c) | 受取個別帰属法人税額の所得換算額による回収可能額 | 80 | — | — |
| (d) | 回収可能見込額（(b)+(c)） | 100 | 50 | — |
| (e) | 回収不能額（(a)−(d)） | — | — | — |

（連結納税実務対応報告その2　設例1　参照）

### 設例　個別財務諸表における法人税および地方法人税に係る繰延税金資産の回収可能性の判断②（連結欠損金個別帰属額が存在する場合）

**前提**

- P社を連結納税親会社とする連結納税主体には，P社および連結納税子会社であるS1社，S2社が属している。
- 連結欠損金の損金算入額は連結所得の額が限度であるとする。
- 各連結納税会社におけるX1年末の連結欠損金個別帰属額およびX2年以降の個別所得見積額は以下のとおりである。

|   | P社 | S1社 | S2社 | 合計 |
|---|---|---|---|---|
| X1年末の連結欠損金個別帰属額 | 100 | 50 | 50 | 200 |
| X2年の個別所得見積額 | 80 | 100 | △80 | 100 |
| X3年以降の個別所得見積額 | — | — | — | — |

- X1年末の連結欠損金個別帰属額はいずれも特定連結欠損金ではなく，すべてX1年に発生したものである。
- X1年末において，将来減算一時差異は存在しない。

### 連結欠損金個別帰属額に係る繰延税金資産の回収可能性の判断

連結欠損金個別帰属額に係る繰延税金資産については，税務上認められる繰戻・繰越期間内における連結所得見積額を限度に，各事業年度における連結欠損金個別帰属額の繰越控除額を見積り，回収可能性を判断する。

1．連結欠損金個別帰属額の繰越控除額の見積額の計算

X2年における連結欠損金繰越控除額の見積額は連結所得の額100である。X1年末の各社の連結欠損金個別帰属額はすべて同一年度のX1年に発生したものであるため，連結欠損金個別帰属額の繰越控除額の見積額は，連結納税制度の考え方に従い，連結欠損金繰越控除額100を繰越控除直前の連結欠損金個別帰属額の割合で按分して計算する。

|     |                                          | P 社 | S1社 | S2社 |
|-----|------------------------------------------|------|------|------|
| (a) | X2年の連結欠損金繰越控除額の見積額        | 100 | | |
| (b) | 繰越控除直前の連結欠損金個別帰属額の割合 | 100/200 | 50/200 | 50/200 |
| (c) | 連結欠損金個別帰属額の繰越控除額の見積額（(a)×(b)） | 50 | 25 | 25 |

2．X1年末における連結欠損金個別帰属額と連結欠損金個別帰属額の繰越控除額の見積額の相殺

|     |                                          | P 社 | S1社 | S2社 |
|-----|------------------------------------------|------|------|------|
| (a) | X1年末の連結欠損金個別帰属額             | 100 | 50 | 50 |
| (b) | 連結欠損金個別帰属額の繰越控除額の見積額（1(c)） | 50 | 25 | 25 |
| (c) | X2年の連結欠損金個別帰属額の繰越控除額の見積額による回収可能額（(a)と(b)のいずれか小さいほう） | 50 | 25 | 25 |
| (d) | 回収不能額（(a)−(c)）                     | 50 | 25 | 25 |

（連結納税実務対応報告その2　設例2−1　参照）

**第7章**

連結納税制度を採用している場合の税効果会計

設例  個別財務諸表における法人税および地方法人税に係る繰延税金資産の回収可能性の判断③（特定連結欠損金が存在する場合）

前提

- X2年より，P社はP社を連結納税親会社として連結納税を行うこととなった。
- P社を連結納税親会社とする連結納税主体には，P社および連結納税子会社であるS1社，S2社が属している。
- X1年末のS2社の繰越欠損金の額は300である。当該繰越欠損金は特定連結欠損金に該当する。
- 連結欠損金の損金算入額は連結所得の額が限度であるとする。
- 各連結納税会社におけるX2年の個別所得およびX3年以降の個別所得見積額は以下のとおりである。

|  | P社 | S1社 | S2社 | 合計 |
|---|---|---|---|---|
| X2年の個別所得 | △100 | △50 | — | △150 |
| X3年の個別所得見積額 | 300 | △100 | 100 | 300 |
| X4年以降の個別所得見積額 | — | — | — | — |

- 将来減算一時差異は存在しないとする。

連結欠損金個別帰属額および特定連結欠損金に係る繰延税金資産の回収可能性の判断

まず，最も古い年度に発生した連結欠損金について，X3年の所得見積額と相殺できるか検討する。本設例では，最も古い連結欠損金は，S2社の特定連結欠損金である。

1．特定連結欠損金と特定連結欠損金の繰越控除額の見積額の相殺

連結所得の金額から控除する特定連結欠損金は，特定連結欠損金個別帰属額を有する各連結納税会社の特定連結欠損金個別帰属額が個別所得に達するまでの金額の合計額と連結所得の金額のいずれか小さい額となる（法人税法第81条の9）。

したがって，特定連結欠損金に該当する部分に係る繰延税金資産の回収可能性は，税務上認められる繰戻・繰越期間内における当該連結納税会社の個別所得見積額を限度に，当該各事業年度における特定連結欠損金額の繰越控除額を見積ることにより判断する。

|  |  | S2社 |
|---|---|---|
| (a) | X1年末の特定連結欠損金 | 300 |
| (b) | X3年の個別所得見積額 | 100 |
| (c) | X3年の連結所得見積額 | 300 |
| (d) | 特定連結欠損金の繰越控除額の見積額による回収可能額（(b)と(c)のいずれか小さいほう） | 100 |
| (e) | 特定連結欠損金に該当する部分の回収不能額（(a)−(d)） | 200 |

２．特定連結欠損金以外の連結欠損金と特定連結欠損金以外の連結欠損金個別帰属額の繰越控除額の見積額の相殺

　X2年の連結欠損金は特定連結欠損金ではないため，X3年の連結所得見積額からX1年末の特定連結欠損金と相殺された金額を控除した金額と相殺する。X2年の特定連結欠損金以外の連結欠損金個別帰属額150，は連結所得見積額300からS2社の特定連結欠損金と相殺した100を控除した200により全額回収が見込まれる。

|  |  | P社 | S1社 |
|---|---|---|---|
| (a) | X2年の連結欠損金 | 100 | 50 |
| (b) | X3年の特定連結欠損金以外の連結欠損金個別帰属額の繰越控除額の見積額による回収可能額 | 100 | 50 |
| (c) | 特定連結欠損金以外の連結欠損金の個別帰属額に該当する部分の回収不能額（(a)−(b)） | － | － |

３．X2年末における回収可能見込額

|  |  | P社 | S1社 | S2社 |
|---|---|---|---|---|
| (a) | X1年末の特定連結欠損金 | － | － | 300 |
| (b) | X2年の連結欠損金 | 100 | 50 | － |
| (c) | 特定連結欠損金の繰越控除額の見積額による回収可能額 | － | － | 100 |
| (d) | 特定連結欠損金以外の連結欠損金個別帰属額の繰越控除額の見積額による回収可能額 | 100 | 50 | － |
| (e) | 回収可能額（(c)+(d)） | 100 | 50 | 100 |
| (f) | 回収不能額（(a)+(b)−(e)） | － | － | 200 |

（連結納税実務対応報告その２　設例２−２　参照）

設例 個別財務諸表における法人税および地方法人税に係る繰延税金資産の回収可能性の判断④（個別所得見積額がマイナスの場合）

### 前提

- P社を連結納税親会社とする連結納税主体には，P社および連結納税子会社であるS1社，S2社が属している。
- 各連結納税会社におけるX1年末の将来減算一時差異およびX2年以降の個別所得見積額は以下のとおりである。

|  | P社 | S1社 | S2社 |
|---|---|---|---|
| X1年末の将来減算一時差異 | 200 | 100 | — |
| X2年の個別所得見積額 | 200 | △100 | 150 |
| X3年以降の個別所得見積額 | — | — | — |

- X1年末の将来減算一時差異はすべてX2年に解消が見込まれるものとする。
- 法人税および地方法人税の計算に適用される税率，法定実効税率は，ともに25%とする。

### 将来減算一時差異に係る繰延税金資産の回収可能性の判断

1. X1年末における将来減算一時差異の解消見込額と個別所得見積額の相殺

|  |  | P社 | S1社 | S2社 |
|---|---|---|---|---|
| (a) | X2年の個別所得見積額 | 200 | △100 | 150 |
| (b) | X1年末における将来減算一時差異のX2年解消見込額 | 200 | 100 | — |
| (c) | 将来減算一時差異の解消見込額減算後の個別所得見積額（(a)−(b)） | — | △200 | 150 |
| (d) | 個別所得見積額による回収可能額（(a)と(b)のいずれか小さいほう） | 200 | — | — |
| (e) | 個別所得見積額と相殺しきれなかった将来減算一時差異の解消見込額（(b)−(d)） | — | 100 | — |

2. 個別所得見積額と相殺しきれなかった将来減算一時差異の解消見込額と受取個別帰属法人税額の所得換算額の相殺

S1社においてX2年の将来減算一時差異の解消見込額減算後の個別所得見積額

は△200となる。

　一方，S2社においてX2年の将来減算一時差異の解消見込額減算後の個別所得見積額は150発生することが見込まれるため，連結納税主体内の精算により，S1社において37.5（150×25%）の受取個別帰属法人税額が生じることが見込まれる。個別所得見積額と相殺しきれなかった将来減算一時差異の解消見込額は，受取個別帰属法人税額の所得換算額と相殺することになる。

　このため，個別所得見積額と相殺しきれなかった将来減算一時差異の解消見込額100のうち，当該受取個別帰属法人税額の所得換算額150（37.5÷25%）をまず，S1社のマイナスの個別所得見積額100に充当し，その残額50と相殺される金額に係る繰延税金資産は，回収可能性があると判断される。

| | | P社 | S1社 | S2社 |
|---|---|---|---|---|
| (a) | 個別所得見積額と相殺しきれなかった将来減算一時差異の解消見込額 | － | 100 | － |
| (b) | X2年の受取個別帰属法人税額の所得換算額 | － | 150 | － |
| (c) | X2年のマイナスの個別所得見積額への充当額 | | 100 | － |
| (d) | X2年の受取個別帰属法人税額の所得換算額のうち，マイナスの個別所得見積額に充当した残額　（(b)－(c)） | － | 50 | － |
| (e) | 受取個別帰属法人税額の所得換算額による回収可能額　（(a)と(d)のいずれか小さいほう） | － | 50 | － |

３．X1年末における回収可能見込額

| | | P社 | S1社 | S2社 |
|---|---|---|---|---|
| (a) | X1年末の将来減算一時差異 | 200 | 100 | － |
| (b) | 個別所得見積額による回収可能額 | 200 | － | － |
| (c) | 受取個別帰属法人税額の所得換算額による回収可能額 | － | 50 | － |
| (d) | 回収可能額　（(b)＋(c)） | 200 | 50 | － |
| (e) | 回収不能額　（(a)－(d)） | － | 50 | － |

（連結納税実務対応報告その2　設例3　参照）

## (3) 住民税に係る繰延税金資産の回収可能性の判断の具体的手順

　連結納税会社の個別財務諸表における住民税に係る繰延税金資産の回収可能性の判断は，以下の具体的手順によって判断することとなると考えられる（連結納税実務対応報告その2Q3）。

### ① 将来減算一時差異

　ⅰ）スケジューリングに基づき，期末における将来減算一時差異の解消見込額を個別所得見積額と解消見込年度ごとに相殺する。相殺された金額に係る繰延税金資産は回収可能性があると判断される。

　ⅱ）受取個別帰属法人税額が見込まれる場合，ⅰ）で相殺し切れなかった将来減算一時差異の解消見込額のうち，当該受取個別帰属法人税額の見積額を課税所得に換算した金額（当該年度の個別所得見積額がマイナスの場合には，マイナスの個別所得見積額に充当後の残額）については，これに法人税率を乗じた金額を解消年度に発生した控除対象個別帰属税額と同様に取り扱う。

　　　この控除対象個別帰属税額と同様に取り扱う受取個別帰属法人税額の見積額を課税所得に換算した金額に法人税率を乗じた金額に係る繰延税金資産の回収可能性の判断は，「③控除対象個別帰属調整額および控除対象個別帰属税額」の回収可能性の判断により行う。

　ⅲ）ⅰ）で相殺し切れなかった将来減算一時差異の解消見込額のうち，ⅱ）の受取個別帰属法人税額の見積額を課税所得に換算した金額以外の金額は，連結欠損金個別帰属額と同様に取り扱う。この連結欠損金個別帰属額と同様に取り扱う将来減算一時差異の解消見込額に係る繰延税金資産の判断は，「②連結欠損金個別帰属額」の回収可能性の判断により行う。

### ② 連結欠損金個別帰属額

　ⅰ）当期末において存在する連結欠損金個別帰属額のうち，税務上認められる繰越期間内における連結欠損金個別帰属額の繰越控除額の見積額を超える部分の金額に係る繰延税金資産については，回収可能性がないと判断され，繰延税金資産から控除する。

ⅱ）ⅰ）において，連結欠損金個別帰属額の繰越控除額の見積額のうち，個別所得見積額（プラスである場合に限る。）に達するまでの金額に係る繰延税金資産については，回収可能性があると判断される。

ⅲ）ⅱ）において，連結欠損金個別帰属額の繰越控除額の見積額のうち，回収可能性があると判断された部分以外の金額は，その繰越控除された事業年度に発生した控除対象個別帰属税額と同様に取り扱う。この控除対象個別帰属税額と同様に取り扱う連結欠損金個別帰属額の繰越控除額の見積額に係る繰延税金資産の判断は，「③控除対象個別帰属調整額および控除対象個別帰属税額」の回収可能性の判断により行う。

### ③ 控除対象個別帰属調整額および控除対象個別帰属税額

ⅰ）当期末において存在する控除対象個別帰属調整額および控除対象個別帰属税額を，繰越期間内において，その連結納税会社が支払うと見込まれる個別帰属法人税額（地方税法第23条第1項第4号の2）と相殺する。相殺された金額に係る繰延税金資産は，回収可能性があると判断される。

ⅱ）ⅰ）で相殺し切れなかった控除対象個別帰属調整額および控除対象個別帰属税額に係る繰延税金資産は，回収可能性がないと判断され，繰延税金資産から控除する。

## (4) 事業税に係る繰延税金資産の回収可能性の判断の具体的手順

連結納税会社の個別財務諸表における事業税に係る繰延税金資産の回収可能性の判断は，連結納税会社の個別所得見積額を基礎として，連結納税制度を適用しない会社と同様の手順により行う（連結納税実務対応報告その2Q3）。

## (5) 企業の分類に応じた繰延税金資産の回収可能性の判断

将来年度の会社の収益力に基づく一時差異等加減算前課税所得に基づいて繰延税金資産の回収可能性を判断する際には，連結納税制度を導入する場合においても，回収可能性適用指針第15項から第32項に従って判断される企業の分類（「第5章　繰延税金資産の回収可能性」参照）に準じて行う（連結納税実務対

応報告その2Q3)。

ⅰ) 将来減算一時差異に係る繰延税金資産の回収可能性の判断
- 連結納税主体の分類が,連結納税会社の分類と同じか上位(回収可能性適用指針第15項から第32項に従って判断される企業の分類のうち,(分類1)を最上位とする。)にあるときは,連結納税主体の分類に応じた判断を行う。
- 連結納税会社の分類が,連結納税主体の分類の上位にあるときは,まず自己の個別所得見積額に基づいて判断することになるため,当該連結納税会社の分類に応じた判断を行う。

ⅱ) 連結欠損金個別帰属額に係る繰延税金資産の回収可能性の判断
- 連結欠損金に特定連結欠損金が含まれていない場合には連結所得見積額を考慮する。
- 連結欠損金に特定連結欠損金が含まれている場合には連結所得見積額および個別所得見積額の両方を考慮する。
- いずれの場合も,具体的には,それぞれの所得の見積単位における分類に応じた判断を行う。
- 上記は,連結納税主体を含んだ連結財務諸表における連結欠損金に係る繰延税金資産の回収可能性の判断(「5.(1) 法人税および地方法人税に係る繰延税金資産の回収可能性の判断」参照)においても同様である。

### 連結納税会社の個別財務諸表における税金の種類ごとの繰延税金資産の回収可能性の判断

Q. 連結納税会社の個別財務諸表における法人税および地方法人税に係る繰延税金資産の回収可能性の判断と,住民税や事業税に係る繰延税金資産の回収可能性の判断において,それぞれ異なる企業の分類に応じた判断を行うことは認められるか。

A. 連結納税会社の個別財務諸表における法人税および地方法人税に係る繰延税金資産の回収可能性の判断は,個別所得見積額だけでなく,他の連結納税会社の個別所得見積額も考慮する。

一方,単体納税する住民税や事業税に係る繰延税金資産の回収可能性の判断は,個別所得見積額を基礎として行うことになる。また,将来減算一

時差異と繰越欠損金では，回収可能性の判断手続も異なる。
　このように，税金の種類ごとに納税制度および回収可能性の基礎とする所得見積額が異なるため，それぞれの将来年度の課税所得の発生が見込まれる水準等を判断した結果，企業の分類が異なることはありうると考えられる。

## (6) 税金の種類ごとに回収可能性が異なる場合の計算

　連結納税会社の個別財務諸表における繰延税金資産の回収可能性の判断は，法人税および地方法人税については両税合わせて行い，住民税または事業税はそれぞれ区分して行うことから，繰延税金資産から控除する金額は，税金の種類ごとに，回収不能と判断される部分に相当する一時差異等の金額に，原則として，当該税金の種類に係る適用税率を乗じて計算する。

　ただし，繰延税金資産の回収可能性が法人税および地方法人税と事業税で異なる場合，または住民税と事業税で異なる場合で，かつ，その影響が大きい場合には，その影響を考慮して繰延税金資産から控除する金額を計算する必要がある（連結納税実務対応報告その2Q5）。

税金の種類ごとに回収可能性が異なる場合の計算

|前提|

- 適用される法定税率は以下のとおりとする。

| 税金の種類 | 税率 |
| --- | --- |
| 法人税率 | 23.2% |
| 地方法人税率 | 10.3% |
| 住民税率 | 7.0% |
| 事業税率（所得割部分） | 3.6% |

- 地方法人特別税はないものとする。
- 一時差異等は100であり，法人税および地方法人税については全額回収可能性が認められるが，住民税について回収可能性があると認められる部分（以下

「計上対象一時差異等」という。）は10，事業税についての計上対象一時差異等は30であるとする。

### 繰延税金資産から控除する金額の計算

1. 法定実効税率を適用して計算される繰延税金資産（回収可能性検討前）の金額

各税金の種類に係る法定実効税率は以下のように計算される。

| 税金の種類 | 計算式 | 法定実効税率 |
|---|---|---|
| 法人税および地方法人税 | 法人税率×（1＋地方法人税率）÷（1＋事業税率） | 24.70%<br>（＝23.2%×（1＋10.3%）÷（1＋3.6%）） |
| 住民税 | 法人税率×住民税率÷（1＋事業税率） | 1.57%<br>（＝23.2%×7.0%÷（1＋3.6%）） |
| 事業税 | 事業税率÷（1＋事業税率） | 3.47%<br>（＝3.6%÷（1＋3.6%）） |
| 合計 | | 29.74% |

したがって，一時差異等を100とすれば，法定実効税率を適用して計算される繰延税金資産（回収可能性検討前）は29.74（100×29.74%）となる。

2. 税金の種類ごとに回収不能と判断される部分に相当する一時差異等の金額に，当該税金の種類に係る適用税率を乗じて計算した場合の繰延税金資産から控除する金額

税金の種類ごとに回収不能と判断される部分に相当する一時差異等の金額に，当該税金の種類に係る適用税率を乗じて計算した場合，繰延税金資産から控除する金額は以下のように計算される。

| 税金の種類 | 計算式 | 繰延税金資産から控除する金額 |
|---|---|---|
| 法人税および地方法人税 | （100－100）×24.70% | － |
| 住民税 | （100－10）×1.57% | 1.41 |
| 事業税 | （100－30）×3.47% | 2.43 |
| 合計 | | 3.84 |

3. 修正した実効税率により計算した場合の繰延税金資産から控除する金額

繰延税金資産の回収可能性が異なる場合等，計上対象一時差異等の金額が税金の種類により異なる場合には，法定実効税率をそのまま適用することは適当ではない。そのような場合，例えば，法人税，地方法人税および住民税の法定実効

税率の分母に使用される事業税率を以下のように修正する方法も考えられる。

・法人税および地方法人税の法定実効税率の分母に使用される事業税率

事業税の法定税率（3.6%）×事業税の計上対象一時差異等（30）÷法人税および地方法人税の計上対象一時差異等（100）＝1.08%

・住民税の法定実効税率の分母に使用される事業税率

事業税の法定税率（3.6%）×事業税の計上対象一時差異等（30）÷住民税の計上対象一時差異等（10）＝10.8%

この結果，各税金の種類に係る実効税率は以下のように修正される。

| 税金の種類 | 計算式 | 修正実効税率 |
|---|---|---|
| 法人税および地方法人税 | 法人税率×（1＋地方法人税率）÷（1＋修正後事業税率（1.08%）） | 25.32%<br>（＝23.2%×（1＋10.3%）÷（1＋1.08%）） |
| 住民税 | 法人税率×住民税率÷（1＋修正後事業税率（10.8%）） | 1.47%<br>（＝23.2%×7.0%÷（1＋10.8%）） |
| 事業税 | 事業税率÷（1＋事業税率） | 3.47%<br>（＝3.6%÷（1＋3.6%）） |

繰延税金資産の回収可能額は，計上対象一時差異等に修正実効税率を乗じて計算されるため，以下のとおりとなる。

| 税金の種類 | 計算式 | 繰延税金資産の回収可能額 |
|---|---|---|
| 法人税および地方法人税 | 100×25.32% | 25.32 |
| 住民税 | 10× 1.47% | 0.15 |
| 事業税 | 30× 3.47% | 1.04 |
| 合計 | | 26.51 |

したがって，繰延税金資産から控除する金額は，3.23（29.74－26.51）となる。事業税より計上対象一時差異等の金額が小さい住民税については修正により実効税率が小さくなるものの，事業税より計上対象一時差異等の金額が大きい法人税および地方法人税については修正により実効税率が大きくなることにより，修正した実効税率により計算した場合の繰延税金資産から控除する金額は，各税金の種類に係る適用税率により計算した場合の繰延税金資産から控除する金額（3.84）より，小さくなっている。

（連結納税実務対応報告その2「参考」参照）

## (7) 債権債務の相殺消去に伴い減額修正される貸倒引当金

　連結納税会社における他の連結納税会社に対する貸倒引当金は，連結納税制度においては損金の額に算入されない。当該貸倒引当金は，連結財務諸表上，債権債務の相殺消去に伴い減額修正されるため，税効果を認識しない（「5．(4)　債権債務の相殺消去に伴い減額修正される貸倒引当金」参照）が，連結納税会社の個別財務諸表上は認識されているため，連結納税会社の個別財務諸表固有の一時差異に該当する。したがって，連結納税会社の個別財務諸表における法人税および地方法人税に係る税効果会計において，税効果の対象となる（連結納税実務対応報告その1 Q 6(2)）。

## (8) 譲渡損益の繰延べ

　連結納税制度上，譲渡損益調整資産（固定資産，土地（土地の上に存する権利を含み，固定資産に該当するものを除く。），有価証券（売買目的有価証券またはその譲渡を受けた他の内国法人において売買目的有価証券とされるものを除く。），金銭債権および繰延資産でその資産の譲渡直前の帳簿価額が1,000万円以上のもの。法人税法第61条の13，法人税法施行令第122条の14）に係る連結納税会社間の取引から生じる譲渡損益は，譲渡した事業年度の課税所得を構成せずに課税が繰り延べられることになる（法人税法第61条の13）。当該損益は，個別財務諸表上，譲渡した連結納税会社において認識されていることから，譲渡した連結納税会社において個別財務諸表固有の一時差異に該当し，連結納税会社の個別財務諸表における法人税および地方法人税に係る税効果会計において，税効果の対象となる（連結納税実務対応報告その1 Q 5(2)）。

　なお，連結納税を適用しない会社であっても，完全支配関係にある内国法人間で行われる譲渡損益調整資産の取引については，グループ法人税制が適用され，譲渡損益の繰延べが行われる（法人税法第61条の13）。グループ法人税制における譲渡損益の繰延制度に基づき譲渡損益の課税の繰延べを行う場合の売手側の個別財務諸表における税効果会計の適用についても，同様の取扱いとなる（「第3章7．(7)グループ法人税制により連結会社間における子会社株式等の売却に伴い生じた売却損益を税務上繰り延べる場合の連結財務諸表における取扱い」参照）。

## (9) 投資価額修正の取扱い

連結納税会社が，保有する他の連結納税会社の株式の譲渡等を行った場合には，その譲渡等が行われた連結納税会社の株式を有する全ての連結納税会社は，その譲渡等の処理の前に，その連結納税会社の株式につきその連結納税会社の連結期間中の連結個別利益積立金額または利益積立金額の増減額に相当する一定の金額の帳簿価額の修正（以下「投資価額修正」という。法人税法第2条第18号の2，法人税法施行令第9条の2，第119条の3第5項および第119条の4第1項）を行うとともに，自己の連結個別利益積立金額または利益積立金額につきその修正金額に相当する金額の調整を行わなければならない。

投資価額修正の結果，当該連結納税会社の個別財務諸表における会計上の譲渡損益等と課税所得に差異が生じることとなる。

投資価額修正は，実際に譲渡等を行わなくとも実質的に毎期把握することが可能であり，解消するときにその期の課税所得を増額または減額する効果を持つことから，この投資価額修正後の税務上の帳簿価額と会計上の帳簿価額との差額は，保有する他の連結納税会社の株式に係る一時差異と同様に取り扱うものとし（税効果会計基準第二　一　3および4），連結納税会社の個別財務諸表において，当該投資価額修正に係る一時差異等の税効果は，以下のように認識する（連結納税実務対応報告その2Q6）。

### ① 投資価額修正に係る税効果

投資価額修正は，保有する他の連結納税会社株式に係る税務上の純資産額の変動を基礎として計算された当該株式の税務上の帳簿価額の修正であるため，毎期把握することが可能である。

i）実質的な税務上の帳簿価額を増額修正する部分

　連結納税制度の適用により，当該他の連結納税会社の実質的な税務上の帳簿価額（投資価額修正を行ったと仮定した場合の当該修正後の税務上の帳簿価額をいう。以下同じ。）を増額修正する部分については，税務上は，将来，譲渡等を行ったときに譲渡原価として損金の額に算入されるため将来減算一時差異と同様になるが，図表7-5の要件をいずれも満たす場合を除いては，この部分に係る繰延税金資産を認識しない。

### 図表7－5 他の連結納税会社の実質的な税務上の帳簿価額を増額修正する部分に係る繰延税金資産の計上要件

- 予測可能な将来，譲渡される可能性が高いこと
- 回収可能性があると判断されること

ⅱ）実質的な税務上の帳簿価額を減額修正する部分

　　連結納税制度の適用により，当該他の連結納税会社の実質的な税務上の帳簿価額を減額修正する部分については，将来加算一時差異と同様になり，原則として，当該減額修正される部分につき繰延税金負債を計上する。ただし，予測可能な将来の期間にその譲渡を行う意思がない場合には，繰延税金負債を認識しない。

　なお，投資価額修正は，他の連結納税会社の株式の一部を譲渡する場合でも，その全部について適用される（法人税法施行令第9条の2）が，当該他の連結納税会社が当該一部譲渡後も，連結納税会社である場合または連結納税親会社の子会社もしくは関連会社である場合，予測可能な将来の期間に，譲渡する一部の株式以外の株式について譲渡を行う意思がないときには，その税効果は認識しない。

② **保有する他の連結納税会社株式に係る税効果との関係**

ⅰ）税務上評価損の損金算入が認められる場合

　　他の連結納税会社株式の評価損について，税務上損金算入が認められる場合，通常，税務上の帳簿価額と会計上の帳簿価額は一致することとなるので，評価損計上の時点では一時差異は生じない。ただし，次期以降，投資価額修正による実質的な税務上の帳簿価額の増額修正または減額修正が生じた場合には，「① 投資価額修正に係る税効果」の方法により取り扱われる。

ⅱ）税務上評価損の損金算入が認められない場合

　　他の連結納税会社株式の評価損について，税務上損金算入が認められない場合，税務上の帳簿価額と会計上の帳簿価額との差額は，税務上損金算入が認められない評価損の部分と，投資価額修正による実質的な税務上の

帳簿価額の減額修正の部分から構成される。

　税務上損金算入が認められない評価損の部分については，当該連結納税会社の個別財務諸表における将来減算一時差異となるが，図表7－6をいずれも満たす場合を除いて，この部分に係る繰延税金資産は，通常，計上しないと考えられ，その場合の投資価額修正に係る部分の税効果については，「①　投資価額修正に係る税効果」の方法により取り扱われる。

---

**図表7－6　税務上損金算入が認められない他の連結納税会社株式の評価損の部分に係る繰延税金資産の計上要件**

● 予測可能な将来，税務上の損金算入が認められる評価損の要件を満たすか，予測可能な将来，売却される可能性が高いこと
● 回収可能性があると判断されること

---

　ただし，税務上損金算入が認められない他の連結納税会社株式の評価損（連結納税制度適用前に当該株式について行った評価損を含む。）に係る繰延税金資産を計上した場合には，「①　投資価額修正に係る税効果」の取扱いにかかわらず，投資価額修正に係る税効果を合わせて認識する。

　当該株式に係る一時差異は，会計上の帳簿価額と税務上の帳簿価額との差額であり，税務上損金算入が認められない評価損を計上した場合は，税務上損金算入が認められない評価損の部分と投資価額修正による実質的な税務上の帳簿価額の減額修正の部分の純額が当該株式の一時差異となる。そのため，税務上損金算入が認められない評価損の部分について税効果を認識した場合には，投資価額修正に係る税効果を合わせて認識することにより，一時差異に係る税効果の金額が適正に認識されることになる。

---

設例　**個別財務諸表における投資価額修正の取扱い**

前提

● P社を連結納税親会社とする連結納税主体には，P社および連結納税子会社であるS社が属している。
● P社の個別財務諸表におけるS社株式の会計上の帳簿価額は100であったが，

評価損70を計上し，評価損計上後の会計上の帳簿価額は30となったとする。
- S社株式の評価損計上前における実質的な投資価額修正後の税務上の帳簿価額は70とする。

（税務上評価損の損金算入が認められる場合）

| | 投資価額修正額<br>△30 | | |
| 評価損計上前の<br>会計上の帳簿価額<br>100 | 評価損計上前の実質的<br>な投資価額修正後の税<br>務上の帳簿価額<br>70 | 税務上の評価損の<br>損金算入額<br>40 |
| | | 評価損計上後の会計上<br>の帳簿価額＝評価損<br>計上後の税務上の<br>帳簿価額<br>30 |

（税務上評価損の損金算入が認められない場合）

| | 投資価額修正額<br>△30 | 損金算入<br>が認めら<br>れない<br>評価損の<br>部分<br>70 | |
| 評価損計上前の<br>会計上の帳簿価額<br>100 | 実質的な投資価額<br>修正後の税務上の<br>帳簿価額<br>70 | | 一時差異<br>40 |
| | | 評価損計上後の<br>会計上の帳簿価額<br>30 | |

### 投資価額修正に係る税効果の認識

1．税務上評価損の損金算入が認められる場合
- 税務上S社株式の評価損の損金算入が認められる場合，税務上の帳簿価額は30となり，評価損計上後の会計上の帳簿価額30と一致するため，一時差異は生じない。

2．税務上評価損の損金算入が認められない場合
- 税務上S社株式の評価損の損金算入が認められない場合，実質的な投資価額修正後の税務上の帳簿価額は70のままとなり，評価損計上後の会計上の帳簿価額30との差額40が一時差異となる。
- 当該一時差異は税務上損金算入が認められない評価損の部分70と，投資価額修正による実質的な税務上の帳簿価額の減額修正の部分△30（実質的な投資

価額修正後の税務上の帳簿価額70－評価損計上前の会計上の帳簿価額100）から構成される。

- 税務上損金算入が認められない評価損の部分70については，Ｐ社の個別財務諸表における将来減算一時差異となるが，図表７－６の要件をいずれも満たす場合を除いて，この部分に係る繰延税金資産は，通常，計上されない。
- 投資価額修正による実質的な税務上の帳簿価額の減額修正の部分△30については，将来加算一時差異と同様になり，原則として繰延税金負債を計上する。ただし，予測可能な将来の期間に，Ｓ社株式の譲渡を行う意思がない場合には，繰延税金負債を認識しない。
- 税務上損金算入が認められない評価損の部分70に係る繰延税金資産を計上しないときは，投資価額修正による実質的な税務上の帳簿価額の減額修正の部分△30に係る繰延税金負債を認識しない。

（連結納税実務対応報告その２　設例５　参照）

# 4．連結納税子会社の個別財務諸表における税効果会計

連結納税会社の個別財務諸表における税効果会計の取扱いは，連結納税親会社と連結納税子会社で基本的に違いはない。ただし，連結納税子会社の個別財務諸表においては，以下の取扱いが生じる場合がある。

## (1)　決算日が連結納税親会社の決算日と異なる場合の取扱い

連結財務諸表の作成上，決算日が異なる子会社がある場合であっても，子会社の決算日と連結決算日の差異が３か月を超えない場合には，子会社の決算日と連結決算日が異なることから生じる連結会社間の取引に係る会計記録の重要な不一致について必要な整理を行った上で，子会社の正規の決算を基礎として連結決算を行うことができる（連結会計基準（注４））。

一方，連結納税子会社の決算日が連結納税親会社の決算日と異なる場合，連結納税制度上は，みなし事業年度の規定により，連結納税親会社の決算日を連結納税子会社の決算日とみなして，法人税を計算することとなる（法人税法第14条第１項第５号）。

連結納税制度上，法人税を計算するみなし事業年度と連結納税子会社の会計

期間が異なるため，連結納税制度上のみなし事業年度における連結子会社に係る連結法人税の個別帰属額および連結納税子会社に係る地方法人税の個別帰属額は連結納税子会社の会計期間に対応していない。

そのため，連結納税子会社の会計期間に係る当該連結納税子会社の連結法人税の個別帰属額相当額および連結納税子会社の会期期間に係る当該連結納税子会社の地方法人税の個別帰属額相当額を合理的に計算し，個別財務諸表に計上する。

連結納税子会社の会計期間に係る当該連結納税子会社の連結法人税の個別帰属額相当額および連結納税子会社の会期期間に係る当該連結納税子会社の地方法人税の個別帰属額相当額の合理的な計算については，例えば，連結納税子会社の会計期間の期首および期末に係る一時差異等相当額を見積り，当該一時差異等相当額の変動を考慮して計算する方法が考えられる。

税効果についても，同様に，当該連結納税子会社の決算日における一時差異等に基づいて計上する（連結納税実務対応報告その1 Q12）。

連結納税制度の下で期中に連結納税子会社同士の合併が実施された場合の，消滅会社の合併前日の仮決算における税金仕訳の取扱い

Q. 連結納税制度の下で，連結納税子会社同士の合併が期中に実施された。連結納税子会社である合併消滅会社が行う合併前日の仮決算において，課税所得がマイナスとなる場合，当該子会社の個別財務諸表上，仮決算日において法人税等をどのように認識すべきか。

A. 子会社同士の合併における合併消滅会社は，合併前日に仮決算を行い，資産および負債の適正な帳簿価額を算定する（結合分離適用指針第242項）。ここで適正な帳簿価額とは，一般に公正妥当と認められる企業会計の基準に準拠して算定された帳簿価額をいう（結合分離適用指針第407項）。

　この仮決算の時点において，合併消滅会社である連結納税子会社の課税所得がマイナスである場合，連結納税子会社に係る連結法人税の個別帰属額および地方法人税の個別帰属額に関する連結納税親会社または他の連結納税子会社に対する未収入金を認識するかどうかについて会計基準上明確な定めがないと思われる。

　この点，債権を認識するためには権利が確定している必要があるため，通

常，仮決算時点において，未収入金を計上することはできないものと考えられる。ただし，期末の連結納税時点において，連結納税親会社または他の連結納税子会社に当該未収入金相当額に対応した課税所得が発生すると見込まれる場合には，合併後の税引前当期純利益と税金費用の対応を重視し，税効果会計における繰延税金資産の認識に準じて資産計上することも考えられる。

# 5．連結納税主体の連結財務諸表上の税効果会計

## (1) 法人税および地方法人税に係る繰延税金資産の回収可能性の判断

　連結納税主体の法人税および地方法人税に係る繰延税金資産は，連結納税主体を一体とみなした上で，回収可能性適用指針第6項に従って回収可能性を判断し，回収可能性適用指針第7項に従って連結納税主体における繰延税金資産の計上可否および計上額を決定するとともに，回収可能性適用指針第8項に従って，計上した繰延税金資産の回収可能性の見直しを行わなければならない（連結納税実務対応報告その1Q4本文）。

　したがって，連結納税主体を一体として，収益力やタックス・プランニングに基づく一時差異等加減算前課税所得および将来加算一時差異の解消見込額に基づいて，将来の税金負担額を軽減する効果を有すると認められる範囲内で繰延税金資産を計上するとともに，毎期，繰延税金資産の回収可能性を見直し，計上していた繰延税金資産のうち将来の税金負担額を軽減する効果を有さなくなったと判断された部分の取崩しおよび繰延税金資産から控除していた金額のうち将来の税金負担額を軽減する効果を有することとなったと判断された部分の計上を行わなければならない。

　なお，連結納税主体の連結欠損金に特定連結欠損金が含まれている場合の繰延税金資産の回収可能性の判断にあたっては，連結納税主体の連結所得見積額と各連結納税会社の個別所得見積額の両方を考慮することに留意する（連結納税実務対応報告その1Q4なお書）。

## (2) 個別財務諸表における将来減算一時差異に係る繰延税金資産の回収可能見込額と連結納税主体における回収可能見込額に差額が生じる場合の取扱い

連結納税会社においては，他の連結納税会社と受払いをする連結法人税の個別帰属額および連結納税会社の地方法人税の個別帰属額は利益に関連する金額を課税標準とする税金と同様と考えられるため，連結納税会社の個別財務諸表における将来減算一時差異に係る繰延税金資産の回収可能性の判断においても，同様の考え方に基づいて判断を行うこととなる。これは，我が国の連結納税制度が，単一主体概念を基礎としつつも，個別の連結納税会社においては会社法等との関係から個別主体概念に基づく処理を前提としていることを踏まえ，会計上も個別財務諸表においては，個別主体概念を重視することが適当であると考えられるためである。

一方，連結納税主体を含む連結財務諸表における法人税および地方法人税に係る繰延税金資産の回収可能性の判断については，連結納税制度の趣旨に鑑みれば，単一主体概念に基づく処理を行うことが適当であり，個別主体概念を基礎に回収可能性を判断している連結納税会社の個別財務諸表における計上額を単に合計するのではなく，連結納税主体として回収可能性を見直すことが適当であると考えられる。

その結果，将来減算一時差異に係る繰延税金資産の回収可能性の判断において，「(1) 法人税および地方法人税に係る繰延税金資産の回収可能性の判断」に基づき連結納税主体を一体として計算した連結納税主体の法人税および地方法人税に係る繰延税金資産の回収可能見込額が，「3.(2) 法人税および地方法人税に係る繰延税金資産の回収可能性の判断の具体的手順」に基づく各連結納税会社の個別財務諸表における法人税および地方法人税に係る繰延税金資産の計上額を合計した金額を下回ることとなる場合がある。

これは，個別財務諸表においては，国に対して将来納付されることとなる税額が軽減されなくとも，連結法人税の個別帰属額および連結納税会社の地方法人税の個別帰属額が軽減されることにより回収可能性があると判断されるが，連結納税主体においては，国に納付される連結法人税および地方法人税が軽減されない場合，回収可能性がないと判断されること等から生じる。

具体的には，解消年度において，個別所得見積額がプラスの連結納税会社と

マイナスの連結納税会社がともに存在し，かつ，当該解消年度の連結所得見積額（個別所得見積額の合計額）が連結納税主体の将来減算一時差異の解消見込額と相殺するのに十分ではない場合に，ある連結納税会社のマイナスの個別所得見積額（解消年度に生じた繰越欠損金）に係る繰延税金資産の回収可能性がないため発生するものと考えられる。

この場合には連結財務諸表において，連結納税主体における回収可能見込額まで減額し，その差額を連結修正として処理する（連結納税実務対応報告その2Q4，設例4（注））。

なお，当該差額に重要性がある場合には，連結納税親会社の個別財務諸表に追加情報として注記する（「7．(2)③　連結納税親会社の個別財務諸表における法人税および地方法人税に係る繰延税金資産の計上額が，連結財務諸表に含まれる連結納税主体としての回収可能見込額を大幅に上回る場合」参照）。

設例　個別財務諸表における将来減算一時差異に係る繰延税金資産の回収可能見込額と連結納税主体における回収可能見込額に差額が生じる場合の取扱い

[前提]
- P社を連結納税親会社とする連結納税主体には，P社および連結納税子会社であるS1社，S2社が属している。
- 各連結納税会社におけるX1年末の将来減算一時差異およびX2年以降の個別所得見積額は以下のとおりである。

|  | P社 | S1社 | S2社 | 合計 |
|---|---|---|---|---|
| X1年末の将来減算一時差異 | 200 | 100 | — | 300 |
| X2年の個別所得見積額 | 200 | △300 | 150 | 50 |
| X3年以降の個別所得見積額 | — | — | — | — |

- X1年末の将来減算一時差異はすべてX2年に解消が見込まれるものとする。
- 法人税および地方法人税の計算に適用される税率，法定実効税率は，ともに25％とする。

## 繰延税金資産の回収可能性の判断

1．X1年末における将来減算一時差異の解消見込額と個別所得見積額の相殺

| | | P社 | S1社 | S2社 | 合計 |
|---|---|---|---|---|---|
| (a) | X2年の個別所得見積額 | 200 | △300 | 150 | 50 |
| (b) | X1年末における将来減算一時差異のX2年の解消見込額 | 200 | 100 | ― | 300 |
| (c) | 将来減算一時差異の解消見込額減算後の個別所得見積額（(a)−(b)） | ― | △400 | 150 | △250 |
| (d) | 個別所得見積額による回収可能額（(a)と(b)のいずれか小さいほう） | 200 | ― | ― | 200 |
| (e) | 個別所得見積額と相殺しきれなかった将来減算一時差異の解消見込額（(b)−(d)） | ― | 100 | ― | 100 |

2．個別所得見積額と相殺しきれなかった将来減算一時差異の解消見込額と受取個別帰属法人税額の所得換算額の相殺

S1社においてX2年の将来減算一時差異の解消見込額減算後の個別所得見積額は△400となる。

一方，S2社においてX2年の将来減算一時差異解消見込額減算後の個別所得見積額は150発生することが見込まれるため，連結納税主体内の精算により，S1社において37.5（150×25％）の受取個別帰属法人税額が生じることが見込まれる。

当該受取個別帰属法人税額の所得換算額150（37.5÷25％）は全額S1社のマイナスの個別所得見積額300に充当されるため，個別所得見積額と相殺しきれなかった将来減算一時差異の解消見込額と相殺できる受取個別帰属法人税額の所得換算額は残されていない。

| | | P社 | S1社 | S2社 |
|---|---|---|---|---|
| (a) | 個別所得見積額と相殺しきれなかった将来減算一時差異の解消見込額 | ― | 100 | ― |
| (b) | X2年の受取個別帰属法人税額の所得換算額 | ― | 150 | ― |
| (c) | X2年のマイナスの個別所得見積額への充当額 | | 150 | |
| (d) | X2年の受取個別帰属法人税額の所得換算額のうち，マイナスの個別所得見積額に充当した残額（(b)−(c)） | ― | ― | ― |
| (e) | 受取個別帰属法人税額の所得換算額による回収可能額（(a)と(d)のいずれか小さいほう） | ― | ― | ― |

3．X1年末の個別財務諸表における将来減算一時差異に係る繰延税金資産の回収可能見込額

|  |  | P社 | S1社 | S2社 | 合計 |
|---|---|---|---|---|---|
| (a) | X1年末の将来減算一時差異 | 200 | 100 | － | 300 |
| (b) | 個別所得見積額による回収可能額 | 200 | － | － | 200 |
| (c) | 受取個別帰属法人税額の所得換算額による回収可能額 | － | － | － | － |
| (d) | 回収可能額（(b)＋(c)） | 200 | － | － | 200 |
| (e) | 回収不能・連結欠損金個別帰属額発生（(a)－(d)） | － | 100 | － | 100 |

4．X1年末の連結納税主体における将来減算一時差異に係る繰延税金資産の回収可能見込額

|  |  | 連結納税主体 |
|---|---|---|
| (a) | X2年の連結所得見積額 | 50 |
| (b) | X1年末における将来減算一時差異のX2年解消見込額 | 300 |
| (c) | 回収可能額（(a)と(b)）のいずれか小さいほう） | 50 |
| (d) | 回収不能額（(b)－(c)） | 250 |

5．X1年末の個別財務諸表における将来減算一時差異に係る繰延税金資産の回収可能見込額と連結納税主体における回収可能見込額の差額

　将来減算一時差異が解消するX2年度において，P社の個別財務諸表における繰延税金資産の回収可能性の判断上はS1社のマイナスの個別所得見積額△300を考慮しない。

　一方，連結納税主体の繰延税金資産の回収可能性の判断上は，連結所得見積額においてS1社のマイナスの個別所得見積額△300が考慮されているため，連結納税主体における回収可能見込額は個別財務諸表における将来減算一時差異に係る繰延税金資産の回収可能見込額よりも少額となっている。

　連結財務諸表においては，連結納税主体における回収可能見込額まで減額し，その差額を連結修正として処理する。

第7章
連結納税制度を採用している場合の税効果会計

303

|     |                          | P社 | S1社 | S2社 | 合計 |
| --- | ------------------------ | --- | ---- | ---- | ---- |
| (a) | 個別財務諸表における回収可能額   | 200 | ―    | ―    | 200  |
| (b) | 連結納税主体における回収可能額   |     |      |      | 50   |
| (c) | 差額                       |     |      |      | 150  |

（連結納税実務対応報告その2　設例4　参照）

## (3)　連結納税子会社の留保利益に係る一時差異

　国内子会社に対する投資に係る連結財務諸表固有の将来加算一時差異のうち，国内子会社の留保利益に係るもので，親会社が当該留保利益を配当金として受け取ることにより解消されるものについては，親会社が国内子会社の留保利益を配当金として受け取るときに，当該配当金の一部または全部が税務上の益金に算入される場合，将来の会計期間において追加で納付が見込まれる税金の額を繰延税金負債として計上する（税効果適用指針第24項(1)）。

　連結納税制度上，連結納税子会社からの受取配当金は，全額益金不算入とされているため，投資後，連結納税子会社が利益を計上した場合において，留保利益のうち，連結納税子会社として将来，配当送金されると見込まれる部分の金額は，将来も課税関係が生じない。したがって，連結財務諸表において，繰延税金負債は計上されないこととなる。

　留保利益を有する連結納税子会社の投資を売却する場合には，通常，当該連結納税子会社株式の帳簿価額が税務上増額修正されるため，連結納税子会社の留保利益（将来，配当送金されると見込まれる部分以外の金額）のうち，当該帳簿価額の増額修正の額を超える部分の金額が連結財務諸表における将来加算一時差異となる。この連結納税子会社の留保利益に係る将来加算一時差異の取扱いについては，予測可能な将来の期間にその連結納税子会社株式の売却を行う意思がない等，一定の要件を満たす場合には税効果を認識しないが，当該株式を売却する意思決定が行われた場合には繰延税金負債を計上する（連結納税実務対応報告その1 Q10，税効果適用指針第23項）。

## (4) 債権債務の相殺消去に伴い減額修正される貸倒引当金

連結納税会社の個別財務諸表で計上された他の連結納税会社に対する貸倒引当金は，連結財務諸表上，債権債務の相殺消去に伴い貸倒引当金は減額修正される。一方，連結納税制度においても当該貸倒引当金は損金の額に算入されないため，連結納税制度を適用しない会社の債権債務の相殺消去に伴い修正される貸倒引当金に係る一時差異の取扱い（税効果適用指針第32項）と同様に，連結納税主体の法人税および地方法人税に係る繰延税金資産および繰延税金負債は認識しない（連結納税実務対応報告その1Q6(1)）。

## (5) 課税対象となった未実現損益の消去に係る税効果

連結会社である連結納税会社相互間の取引から生じ，連結納税制度上，課税対象となった未実現損益の消去に係る一時差異に対する連結財務諸表における税効果は，連結納税制度を適用しない会社の連結会社相互間の取引から生じた未実現損益（税効果適用指針第34項から第36項）と同様，以下のように処理することが適当と考えられる（連結納税実務対応報告その2Q7）。

未実現利益の消去に係る連結財務諸表固有の将来減算一時差異については，売却元の連結会社において売却年度に納付した当該未実現利益に係る税金の額を繰延税金資産として計上する。計上した繰延税金資産については，当該未実現利益の実現に応じて取り崩す。

また，未実現損失の消去に係る連結財務諸表固有の将来加算一時差異については，売却元の連結会社において売却年度に軽減された当該未実現損失に係る税金の額を繰延税金負債として計上する。計上した繰延税金負債については，当該未実現損失の実現に応じて取り崩す。

未実現利益の消去に係る繰延税金資産を計上するにあたっては，回収可能性適用指針第6項の定めを適用せず，その回収可能性を判断しない。また，繰延税金資産の計上対象となる当該未実現利益の消去に係る将来減算一時差異の額については，連結納税主体の課税年度における連結所得の額を上限とする。

未実現損失の消去に係る繰延税金負債を計上するにあたって，繰延税金負債の計上対象となる当該未実現損失の消去に係る将来加算一時差異の額については，連結納税主体の課税年度における当該未実現損失に係る損金を計上する前

の連結所得の額を上限とする。

なお，住民税および事業税に係る税効果における一時差異の認識の限度については，連結納税制度を適用しない会社と同様，売却元の売却年度における課税所得額となることに留意する必要がある。

また，連結会社である連結納税会社と当該連結納税主体に属さない他の連結会社との取引から生じた未実現損益についても，売却元が連結納税会社である場合には，法人税および地方法人税に係る税効果において，連結納税主体の課税年度における連結所得を一時差異の認識の限度とする。

## (6) 譲渡損益の繰延べ

連結納税制度上，土地，有価証券等の譲渡損益調整資産に係る連結納税会社間の取引から生じる譲渡損益は，譲渡した事業年度の課税所得を構成せずに課税が繰り延べられることになる（法人税法第61条の13）。当該損益は，基本的には，連結財務諸表においても消去されることから，連結納税主体の法人税および地方法人税に係る繰延税金資産および繰延税金負債は認識しないこととなる（連結納税実務対応報告その1 Q 5(1)）。

なお，連結納税を適用しない会社がグループ法人税制における譲渡損益の繰延制度に基づき譲渡損益の課税の繰延べを行う場合の譲渡当事会社の属する企業集団の連結財務諸表における税効果会計の適用についても，同様の取扱いとなる（「第3章7.(7) グループ法人税制により連結会社間における子会社株式等の売却に伴い生じた売却損益を税務上繰り延べる場合の連結財務諸表における取扱い」参照）。

## (7) 連結納税子会社への投資の評価減

連結納税主体の法人税および地方法人税に係る税効果会計において，連結納税子会社への投資の評価減は，連結納税を適用していない企業集団における連結財務諸表上の税効果会計（税効果適用指針第20項，第21項）と同様に取り扱われると考えられる。すなわち，資本連結手続により，親会社の個別財務諸表において計上した評価減の消去に伴って生じた将来加算一時差異については，個別財務諸表で計上された繰延税金資産の額を限度として，連結財務諸表にお

いて繰延税金負債を計上するものとし，個別財務諸表において繰延税金資産が計上されていない場合には税効果を認識しない。

その結果，当該繰延税金負債が計上された場合のその金額は個別財務諸表に計上された繰延税金資産の額と一致することとなり，連結財務諸表上，税効果を認識していない結果と同様になる（連結納税実務対応報告その1Q8本文）。

なお，子会社への投資の連結貸借対照表上の価額が，親会社の個別貸借対照表上の投資簿価を下回るときに生じる将来減算一時差異については，図表7－7の要件のいずれも満たす場合を除き，連結財務諸表において繰延税金資産は計上されない（連結納税実務対応報告その1Q8なお書，税効果適用指針第22項）。

---

**図表7－7　連結財務諸表において，子会社への投資の連結貸借対照表上の価額が，親会社の個別貸借対照表上の投資簿価を下回るときに生じる将来減算一時差異に係る繰延税金資産の計上要件**

- 連結納税子会社への投資に係る将来減算一時差異が予測可能な将来，解消される可能性が高いこと
- 繰延税金資産の回収可能性の要件を満たすこと

---

## (8)　親会社の個別財務諸表において子会社株式の投資価額修正に係る税効果を認識した場合

親会社の個別財務諸表において子会社株式の投資価額修正に係る税効果を認識した場合（「3.（9）　投資価額修正の取扱い」参照）には，連結財務諸表においては，当該税効果を取り消した後，改めて子会社への投資に係る税効果（「(3)　連結納税子会社の留保利益に係る一時差異」および「(7)　連結納税子会社への投資の評価減」参照）の認識を行うこととなる（連結納税実務対応報告その2Q6）。

## (9)　連結の範囲に含めていない連結納税子会社の取扱い

連結財務諸表上，重要性の乏しい子会社は連結の範囲に含めないことができ

307

る（連結会計基準（注3））。資産，売上高，利益および利益剰余金のいずれも重要性が低いため連結の範囲に含めていない連結納税子会社がある場合，当該連結納税子会社の財務諸表に税効果会計を適用したことによる繰延税金資産および繰延税金負債ならびに法人税等調整額についても，重要性が低いため連結財務諸表に計上する必要はないと考えられる。

なお，子会社のうち，支配が一時的であると認められる企業は連結の範囲に含めない（連結会計基準第14項）。したがって，連結納税子会社であっても支配が一時的であると認められる企業は，連結の範囲に含めないことに留意する必要がある（連結納税実務対応報告その1 Q11）。

## (10) 連結納税子会社の決算日が連結決算日と異なる場合の取扱い

連結納税子会社の決算日が連結納税親会社の決算日と異なる場合であって，決算日の差異が3か月を超えないため連結納税子会社の正規の決算を基礎として連結決算を行う場合には，連結納税制度上，法人税を計算するみなし事業年度と連結納税子会社の会計期間が異なる（「4．(1) 決算日が連結納税親会社の決算日と異なる場合の取扱い」参照）ため，連結納税制度上のみなし事業年度における連結子会社に係る連結法人税の個別帰属額および連結納税子会社に係る地方法人税の個別帰属額は連結損益計算書に含まれる連結納税子会社の会計期間に対応していない。

そのため，連結決算上，連結納税子会社に係る連結法人税の個別帰属額および連結納税子会社に係る地方法人税の個別帰属額ではなく，合理的に計算した当該連結納税子会社の会計期間に係る連結法人税の個別帰属額相当額および当該連結納税子会社の会計期間に係る地方法人税の個別帰属額相当額を含めることにより，連結損益計算書に含まれる連結納税子会社の損益に対応した法人税額および地方法人税額を計上する。

税効果についても，同様に，当該連結納税子会社の決算日における一時差異等を基礎として計上する（連結納税実務対応報告その1 Q12）。

## ⑾ 四半期財務諸表における四半期特有の会計処理による税金費用の計算

連結納税制度を適用した場合であっても，予想年間税金費用と予想年間税引前当期純利益を合理的に見積ることができる場合には，四半期財務諸表において四半期特有の会計処理により税金費用を計算することが認められる。なお，中間財務諸表等における簡便法による税金費用の計算も同様である（連結納税実務対応報告その１Q14）。

# 6．連結納税制度適用開始・新規加入・離脱時の取扱い

## ⑴ 連結納税制度を新たに適用する場合の取扱い

連結納税制度を適用する最初の事業年度の直前事業年度において，法人税等の額は単体納税制度に基づいて計上する。一方，法人税等調整額は，「連結納税の承認日」（連結納税の承認の処分があった日または承認の処分があったものとみなされた日（法人税法第４条の３第４項）の前日）の属する（四半期）会計期間から，翌事業年度より連結納税制度を適用するものとして，将来の会計期間において回収または支払いが見込まれる税金の額を計上する。

したがって，連結納税制度を適用する最初の事業年度の直前事業年度に係る四半期財務諸表等において，法人税等の額は単体納税制度に基づいて計上するが，法人税等調整額は，四半期決算日までに連結納税の承認を受けた場合には，翌事業年度より連結納税制度を適用するものとして，将来の会計期間において回収または支払いが見込まれる税金の額を計上し，承認を受けていない場合には，法人税等調整額を単体納税制度に基づいて計上する。

なお，四半期決算日までに連結納税の承認を受けていない場合であっても，以下の要件をすべて満たす場合に限り，翌事業年度より連結納税制度を適用するものと仮定して，当四半期会計期間から法人税等調整額を計上することができる（連結納税実務対応報告その１Q12－2）。

### ① 翌事業年度より連結納税制度を適用することが明らかな場合

連結納税の承認申請書が提出されており，連結納税制度を適用する意思が明

確であって，当該申請の却下事由（法人税法第4条の3第2項）が認められない場合をいう。

② **連結納税制度に基づく税効果会計の計算が合理的に行われていると認められる場合**

連結納税制度に基づいた課税所得の計算や繰延税金資産の回収可能性の十分な検討等が適切に行われていることをいう。

---

**論点** 💬 翌々事業年度の連結納税制度の適用の申請を行った場合の税効果会計の取扱い

Q. 翌々事業年度からの連結納税制度の適用の申請を行った場合であっても，連結納税制度を適用することが明らかであり，かつ連結納税制度に基づく税効果会計の計算が合理的に行われていると認められるのであれば，翌事業年度から連結納税制度を適用する場合と同様，連結納税制度を適用するものと仮定して，税効果会計を行うことが認められるか。

A. 決算日までに連結納税の承認を受けていない場合であっても，連結納税制度を適用することが明らかであり，かつ連結納税制度に基づく税効果会計の計算が合理的に行われていると認められるのであれば，翌事業年度より連結納税制度を適用するものと仮定して，税効果会計を行うことができるという連結納税実務対応報告その1 Q12-2の取扱いは，「翌事業年度より」連結納税制度を適用することが明らかな場合に限定された例外的な取扱いと考えられる。このため，翌々事業年度から連結納税制度を適用することが明らかであったとしても，当事業年度においては，翌々事業年度から連結納税制度を適用するものと仮定して，税効果会計を行うことは認められないものと考えられる。

---

## (2) 連結子会社を連結納税に加入させる場合や連結納税から離脱させる場合の取扱い

連結子会社を連結納税に加入させる場合や連結納税から離脱させる場合には，連結納税主体における法人税および地方法人税に係る税効果会計および連結納

税子会社の個別財務諸表における法人税および地方法人税に係る税効果会計において，以下のとおり取り扱われる（連結納税実務対応報告その1Q13）。

① **連結納税子会社の個別財務諸表における税効果会計の適用**

ⅰ）加入

連結納税親会社により，現在，連結子会社である会社を，将来，子会社株式の追加取得により連結納税子会社として加入させることについて意思決定がなされ，実行される可能性が高いと認められる場合には，将来，その加入が行われるものとして繰延税金資産の回収可能性を判断する。

なお，現在，連結子会社でない会社については，この取扱いは適用しない。

ⅱ）離脱

連結納税親会社により，現在，連結子会社かつ連結納税子会社である会社を，将来，子会社株式の売却等により連結納税主体から離脱させることについて意思決定がなされ，実行される可能性が高いと認められる場合には，将来，その離脱が行われるものとして繰延税金資産の回収可能性を判断する。

② **連結納税主体における税効果会計の適用**

ⅰ）加入

連結納税親会社により，現在，連結子会社である会社を，将来，子会社株式の追加取得により連結納税子会社として加入させることについて意思決定がなされ，実行される可能性が高いと認められる場合には，将来，その加入が行われるものとして繰延税金資産の回収可能性を判断する。

なお，現在，連結子会社でない会社については，この取扱いは適用しない。

ⅱ）離脱

連結納税親会社により，現在，連結子会社かつ連結納税子会社である会社を，将来，子会社株式の売却等により連結納税主体から離脱させることについて意思決定がなされ，実行される可能性が高いと認められる場合には，将来，その離脱が行われるものとして繰延税金資産の回収可能性を判断する。

また，連結納税親会社の当該連結納税子会社に対する投資に係る一時差異のうち，売却により解消されるものについて，税効果を認識することに

なる。ただし，将来減算一時差異については，繰延税金資産の回収可能性が認められる場合に限る。

**論点　翌期に連結納税制度の適用を終了することが明らかな場合における税効果会計**

Q. グループ再編で翌期首に親会社が子会社に吸収合併されることになったため，当期末をもって連結納税制度の適用が終了し，翌事業年度より単体納税制度が適用されることが明らかになっている。このような場合，当期末における連結財務諸表上の繰延税金資産の回収可能性をどのように判断すればよいか。

A. 連結納税制度の適用を終了する場合の税効果会計に関する取扱いは会計基準等で明記されていないと思われるが，連結納税制度を新たに適用する場合の取扱いや連結納税から離脱する場合の取扱いを斟酌すると，翌期より単体納税制度を適用するものとして繰延税金資産の回収可能性を判断することが適当であると考えられる。

一方，合併の影響は，企業結合日より前の年度には反映させないものと考えられるため，例えば当該合併による親会社から子会社への重要な税務上の繰越欠損金の引継ぎが明らかであったとしても，当該影響は考慮せずに，繰延税金資産の回収可能性を判断することになると考えられる。

## (3) 連結納税制度適用開始・新規加入時の連結納税子会社の資産の時価評価損益

連結納税制度の適用を開始する場合または連結納税へ新規加入する場合において，連結納税子会社は一定の要件を満たす資産について時価評価しなければならない。当該時価評価により，時価評価資産を有する連結納税子会社の連結納税加入直前事業年度において，時価評価損益が益金の額または損金の額に算入される（連結納税実務対応報告その１Q7(1)（注２））。当該資産の時価評価損益は，法人税および地方法人税に係る税効果会計において以下のように取り扱われると考えられる。

① 連結納税会社の個別財務諸表における税効果会計

連結納税制度の適用を開始する場合であっても，連結納税へ新規加入する場合であっても，連結納税加入直前事業年度における連結納税子会社の個別財務諸表において，税務上の時価評価資産に係る評価損益の計上は認められない。したがって，連結納税制度の適用を開始する場合または連結納税へ新規加入する場合における連結納税子会社の時価評価資産の時価評価損益は，個別財務諸表固有の一時差異に該当し，税効果の対象となる（連結納税実務対応報告その1 Q 7 (2)）。

② 連結財務諸表上の税効果会計

連結貸借対照表の作成にあたっては，子会社の資産および負債を，株式の取得日または支配獲得日の時価で評価する（連結会計基準第20項）。当該時価評価の結果生じる，子会社の資産および負債の時価による評価額と，当該資産および負債の個別貸借対照表上の金額との差額（以下「評価差額」という。）は子会社の資本となる（連結会計基準第21項）。当該評価差額と個別財務諸表固有の一時差異である連結納税子会社の時価評価資産の時価評価損益との差額は，連結納税主体の一時差異等となる（連結納税実務対応報告その1 Q 7 (1)）。

---

**論点 💬　連結納税加入に伴う時価評価に係る税金費用の認識時期**

Q. 翌期首に親会社が変更となり，新しい親会社の連結納税グループに加入する。このため，連結納税親会社による完全支配を有することとなった日の前日の属する事業年度である当期において，連結納税子会社となる会社は連結納税への加入に伴う資産の時価評価を行う。当該時価評価損益に係る税金費用は当期と翌期のどちらで認識すべきか。

A. 税務上の時価評価による資産の帳簿価額の増減と，それに伴う支払税金の増減は，連結納税グループに加入する直前の事業年度に係る税金計算に関するものであるため，当該時価評価損益に係る税金費用は当期において認識すべきと考えられる。また，当該税務上の時価評価によって，時価評価後の税務上の帳簿価額と会計上の帳簿価額に差異が生じるため，当該一時差異に対し税効果会計を適用することになると考えられる。

---

313

## (4) 連結納税加入前または適用前の繰越欠損金に係る繰延税金資産の取扱い

　連結納税子会社が単体納税制度適用時に有していた税務上の繰越欠損金のうち，一定の要件を満たす場合には，連結納税への加入または連結納税制度の適用後も引き続き税務上の繰越欠損金の控除の適用を受けることが可能（特定連結欠損金）である。一方，連結納税子会社が特定連結子法人（連結納税親会社との間に5年以上前から継続して完全支配関係がある等，一定の要件を満たすことにより，連結納税への加入または連結納税制度の適用時の税務上の繰越欠損金の繰越しが認められている連結納税子会社（法人税法第81条の9第2項第1号））に該当しない場合には，連結納税への加入または連結納税制度の適用により当該連結納税子会社の税務上の繰越欠損金は切り捨てられる。

　連結納税子会社となる会社の個別財務諸表における法人税および地方法人税に係る繰越欠損金に対する繰延税金資産の回収可能性については，図表7-8の時点で連結納税への加入または連結納税制度の適用がなされるものと仮定して判断することになる。

---

**図表7-8　連結納税加入前または適用前の繰越欠損金に係る繰延税金資産の回収可能性について連結納税への加入または連結納税制度の適用がなされるものと仮定して判断する時点**

① 連結会社が新たに連結納税制度を適用する場合
　原則として，連結納税の承認日（「6.(1)　連結納税制度を新たに適用する場合の取扱い」参照）
② 連結会社が新たに連結納税制度に加入することとなる場合
　連結納税親会社等により，現在，連結子会社である会社を，将来，連結納税子会社として加入させること（例えば，当該連結子会社株式の追加取得）について意思決定がなされ，実行される可能性が高いと認められることとなった時点（「6.(2)　連結子会社を連結納税に加入させる場合や連結納税から離脱させる場合の取扱い」参照）

---

　連結納税への加入前または連結納税制度適用前の税務上の繰越欠損金が，連結納税への加入後または連結納税制度適用後に特定連結欠損金として引継ぎが

認められない場合には，図表7-8の時点において，回収可能性がないものと判断される。

　なお，連結納税会社が，現在，会計上の連結の範囲に含まれない会社の株式について，将来，取得することを意思決定し，当該会社を連結納税子会社として加入させることとした場合でも，その連結納税主体では，意思決定時点においては将来の加入を会計上，反映させないが，将来，連結納税へ加入することとなる当該会社の個別財務諸表においては，加入の可能性が高いと認められ，かつ，当該会社においてもその事実が明らかになっていると認められる場合には，将来連結納税に加入するものとして取り扱うことが適当であるため，連結納税への加入後，当該会社の繰越欠損金を引き継ぐことができない場合には，その加入の可能性が高いと認められることとなった時点において，法人税および地方法人税に係る繰越欠損金に対する繰延税金資産の回収可能性はないものと判断される（連結納税実務対応報告その2Q8）。

## (5)　決算日以外の日に連結納税に加入した場合

　株式を取得して新たに連結子会社とする場合，会計上，実際の株式取得日ではなく当該日の前後いずれかの決算日をみなし取得日として処理することができる（連結会計基準（注5））。連結納税親会社が，連結会社ではない会社の株式を取得し，新たに連結納税子会社とする場合において，会計上，実際の株式取得日ではなく当該日の前後いずれかの決算日をみなし取得日としたときには，連結納税制度上はみなし事業年度を設けて実際の株式取得日（または株式取得日後最初の月次決算日の翌日）において連結納税に加入することとなるため，会計期間と法人税法上の事業年度が異なる場合がある（法人税法第14条）。このような場合においては，連結損益計算書に含まれる当該子会社の損益に対応する法人税等を合理的に計算し，計上する必要がある（連結納税実務対応報告その1Q9）。

**設例**  決算日以外の日に連結納税に加入し，加入日の後の決算日をみなし取得日とした場合の法人税等の会計処理

**前提**
- 連結納税親会社 P 社（3 月決算）は，X1年 4 月30日に連結会社でない A 社（3月決算）の株式をすべて取得し，新たに連結納税子会社とした。
- A 社は X1年 5 月 1 日より連結納税に加入する。
- 会計上，第 1 四半期末日である X1年 6 月30日を A 社のみなし取得日として処理する。
- X2年 3 月期の連結損益計算書に含まれる連結納税主体の税引前利益は900である。
- X1年 5 月 1 日から X1年 6 月30日までの期間における A 社の税引前利益は100，合理的な方法によって計算された法人税等の額は30である。
- X2年 3 月期の連結納税主体における連結法人税等の額は300（課税所得の基礎となる税引前利益1,000（900＋100）×30％）である。
- 年度の法人税等の計算に適用される税率，法定実効税率は，ともに30％とする。
- 一時差異等，一時差異等に該当しない項目は発生していないものとする。

**連結損益計算書に含まれる連結納税主体の法人税等の計算**

| | | |
|---|---|---:|
| (a) | 連結納税主体の連結法人税等の額 | 300 |
| (b) | (a)のうち，A 社の X1年 5 月 1 日から X1年 6 月30日までの期間（連結損益計算書に含まれない期間）における合理的な方法によって計算された法人税等の額 | 30 |
| (c) | 連結損益計算書上の法人税等（(a)－(b)） | 270 |
| (d) | 連結損益計算書に含まれる連結納税主体の損益 | 900 |
| (e) | 法人税等の負担率（(c)÷(d)） | 30.0％ |

　会計上は連結の対象外となる A 社の X1年 5 月 1 日から X1年 6 月30日までの期間における損益に対応する法人税等の額を控除することにより，連結損益計算書に含まれる損益と法人税等の期間が一致している。

（連結納税実務対応報告その 1　Q 9　参照）

## (6) 新設親法人の承認申請の特例を適用した場合の取扱い

　連結納税制度上，連結納税親会社の設立事業年度開始の日から1か月を経過する日と設立事業年度終了の日から2か月前の日とのいずれか早い日までに連結納税の承認の申請書を提出した場合には，その設立事業年度から連結納税の適用を受けることができ，承認があったものとみなされる日は，その申請書を提出した日から2か月を経過する日とされている（法人税法第4条の3第6項）。

　この場合における連結納税制度の会計上の適用時期については，「(1)連結納税制度を新たに適用する場合の取扱い」の考え方に準じて取り扱うことが適当と考えられる。したがって，原則として，連結納税制度適用の承認日の属する会計期間から適用することとなる（連結納税実務対応報告その1 Q15）。

# 7. 表示および注記事項

　連結納税を適用した場合，繰延税金資産および繰延税金負債等の表示および注記事項は以下のとおり行う。

## (1) 表　示

### ① 連結納税親会社の個別財務諸表

　連結納税親会社に係る連結法人税の個別帰属額および地方法人税の個別帰属額を「法人税，住民税及び事業税」に含めて表示する。連結法人税および地方法人税として納付すべき額は「未払法人税等」に含めて表示する。

　また，連結納税子会社に係る連結法人税の個別帰属額および地方法人税の個別帰属額を各連結納税子会社に対する未収入金および未払金として計上する。

　連結納税親会社に係る連結法人税の個別帰属額と地方法人税の個別帰属額の合計額はマイナスとなる場合がある。その場合，「法人税，住民税及び事業税」はマイナス表示とする（連結納税実務対応報告その1 Q17）。

### ② 連結納税子会社の個別財務諸表

　連結納税子会社に係る連結法人税の個別帰属額および地方法人税の個別帰属額を「法人税，住民税及び事業税」に含めて表示する。また，同額を連結納税

親法人に対する未収入金または未払金として計上する。

　連結納税子会社に係る連結法人税の個別帰属額と地方法人税の個別帰属額の合計額がマイナスとなる場合がある。その場合，「法人税，住民税及び事業税」はマイナス表示とする（連結納税実務対応報告その1 Q17）。

### ③　連結納税会社間で連結法人税の個別帰属額および地方法人税の個別帰属額の授受を行わない場合の取扱い

　連結納税会社間で連結法人税の個別帰属額および地方法人税の個別帰属額の授受を行わない場合がある。

　この場合，連結法人税の個別帰属額および地方法人税の個別帰属額に係る未収入金を計上する連結納税会社が，当該個別帰属額に係る未払金を計上する連結納税会社に対し，その支払いを免除する決定を行い，相手方に意思表示を行ったときに，当該未収入金と当該未払金の消滅を認識するとともに，債務免除に係る損失は営業外費用または特別損失として，債務免除に係る利益は営業外収益または特別利益としてそれぞれの会社が計上する。

　なお，事業年度末に未収入金を計上すると見込まれる連結納税会社が，当該事業年度末日までに，未払金を計上すると見込まれる連結納税会社に対し，その支払いを免除する決定を行い，相手方に意思表示を行ったときは，未収入金と未払金を計上した上で，当該未収入金と当該未払金の消滅を認識するとともに，債務免除に係る損失は営業外費用または特別損失として，債務免除に係る利益は営業外収益または特別利益としてそれぞれの会社が計上する（連結納税実務対応報告その1 Q17）。

### ④　連結財務諸表

　異なる納税主体の繰延税金資産と繰延税金負債は，双方を相殺せずに表示する（税効果会計基準一部改正第2項）とされているが，連結納税主体は，法人税および地方法人税について同一の納税主体となる。

　そのため，連結財務諸表上の連結会社のうち，連結納税主体の法人税および地方法人税に係る繰延税金資産と繰延税金負債は双方を相殺して，繰延税金資産は投資その他の資産の区分に表示し，繰延税金負債は固定負債の区分に表示する。

　連結納税主体と連結納税主体以外の連結会社の繰延税金資産と繰延税金負債については，異なる納税主体の繰延税金資産と繰延税金負債であるため，双方

を相殺せずに表示する（連結納税実務対応報告その1 Q17）。

## (2) 注記事項

### ① 連結納税制度を適用した初年度または取りやめた初年度

連結納税制度を適用した場合または取りやめた場合における最初の連結財務諸表および財務諸表においては，その旨を注記する（連結納税実務対応報告その1 Q17）。

---

**図表7－9　連結納税制度を適用した初年度の注記例**

当連結会計年度より連結納税制度を適用しております。

---

### ② 連結納税子会社における連帯納付義務

連結納税子会社は連帯納付義務を負っているため，連結納税子会社の財務諸表において，偶発債務として注記が必要となる場合がある。ただし，通常，連結納税子会社が連帯納付義務を履行する可能性は極めて低いと考えられ，そのような場合には注記の必要はない（連結納税実務対応報告その1 Q17）。

### ③ 連結納税親会社の個別財務諸表における法人税および地方法人税に係る繰延税金資産の計上額が，連結財務諸表に含まれる連結納税主体としての回収可能見込額を大幅に上回る場合

連結納税親会社の個別財務諸表における法人税および地方法人税に係る繰延税金資産の計上額が，連結財務諸表に含まれる連結納税主体としての回収可能見込額を大幅に上回る場合で，その上回る部分の金額に重要性がある場合には，連結納税親会社の個別財務諸表に追加情報として注記する（連結納税実務対応報告その2 Q4）。

### ④ 連結納税制度を適用した場合の税効果会計に関する注記

連結納税制度を適用した場合の税効果会計に関する注記について，以下の点に留意する。

繰延税金資産および繰延税金負債の発生の主な原因別の内訳（税効果会計基準一部改正第3項）や法定実効税率と税効果会計適用後の法人税等の負担率との差異の原因となった主な項目別の内訳（税効果会計基準第四2）については注記することとされているが，税効果会計は利益に関連する金額を課税標準として課される税金について適用するものであり，税効果会計の適用により計上される繰延税金資産および繰延税金負債は，当該税金全体に関して，その発生の主な原因別の内訳等を注記すれば足りる。したがって，その内訳を税金の種類ごとに注記する必要はない。ただし，繰延税金資産から控除された金額（評価性引当額）（税効果会計基準一部改正第4項）については，連結納税制度を適用した場合，繰延税金資産の回収可能性は税金の種類ごとに判断する（「3.(1) 繰延税金資産の回収可能性の判断」参照）ため，税金の種類によって回収可能性が異なる場合には，税金の種類を示して注記することが望ましい（連結納税実務対応報告その2Q9）。

**連結納税会社の個別財務諸表における投資価額修正の税効果会計注記における取扱い**

Q. 連結納税会社の個別財務諸表において，他の連結納税会社株式の評価損を計上した。当該評価損のうち，税務上損金算入が認められない部分については，図表7-6の要件を満たさないため，繰延税金資産を計上せず，投資価額修正に係る部分の税効果も予測可能な将来の期間に譲渡を行う意思がないため，認識していない。この場合，税効果会計の注記として繰延税金資産の内訳を開示するにあたり，「税務上損金算入が認められない評価損の部分」と「投資価額修正に係る部分」についてどのように取り扱うべきか。

A. 「税務上損金算入が認められない評価損の部分」（投資価額修正に対応する部分を除く。）については，将来要件を満たすことで回収可能となった場合，繰延税金資産が計上される可能性がある一時差異であることを示すため，繰延税金資産と評価性引当額を総額で表示するものと考えられる。これに対し，「投資価額修正に対応する部分」については，将来加算一時差異と同様の扱いをすることとされていることから，税務上損金算入が認められない評価損の部分について，将来要件を満たし，繰延税金資産を計上することとなった場合でも当該部分に係る繰延税金負債により相殺されることになるため，内訳注記についても記載しないものと考えられる。

| 第8章 | # 税効果会計に関する開示 |
| --- | --- |

本章では，税効果会計に関する開示（表示および注記事項）について解説する。
また，会計基準で求められる注記事項について，その考え方や注記例もあわせて解説する。

本章では，税効果会計に関する開示（表示および注記事項）について解説する。

税効果会計基準では，連結財務諸表および個別財務諸表については，次の事項を注記しなければならない（税効果会計基準第四）とされている。

- ●繰延税金資産および繰延税金負債の発生原因別の主な内訳
- ●税引前当期純利益または税金等調整前当期純利益に対する法人税等（法人税等調整額を含む。）の比率と法定実効税率との間に重要な差異があるときは，当該差異の原因となった主要な項目別の内訳（以下「税率差異の注記」という。）
- ●税率の変更により繰延税金資産および繰延税金負債の金額が修正されたときは，その旨および修正額
- ●決算日後に税率の変更があった場合には，その内容およびその影響

なお，税効果会計基準一部改正が平成30年2月に公表され，繰延税金資産および繰延税金負債の表示方法が変更されるとともに，注記事項が一部追加されているため留意する必要がある。当該基準は，平成30年4月1日以後開始する連結会計年度および事業年度の期首から適用される。平成30年3月31日以後最初に終了する連結会計年度および事業年度の年度末からの早期適用は認められている。

## 1. 表 示

本節では，税効果会計に関する表示について解説する。

### (1) 貸借対照表上の取扱い

繰延税金資産は投資その他の資産の区分に表示し，繰延税金負債は固定負債の区分に表示する。同一納税主体の繰延税金資産と繰延税金負債は，双方を相

殺して表示し，異なる納税主体の繰延税金資産と繰延税金負債は，双方を相殺せずに表示する（税効果会計基準一部改正第2項，税効果会計基準第三1，2）。

また，土地再評価差額金に係る繰延税金資産または繰延税金負債は，他の繰延税金資産または繰延税金負債とは区別して，貸借対照表の投資その他の資産または固定負債の区分に，「再評価に係る繰延税金資産」または「再評価に係る繰延税金負債」など，その内容を示す科目をもって表示する（税効果適用指針第63項）。

なお，税効果会計基準一部改正の適用初年度において，繰延税金資産および繰延税金負債を非流動区分に表示する変更については表示方法の変更として取り扱う（税効果会計基準一部改正第59項）。このため，当該適用初年度において表示する過去の財務諸表については，新たな表示方法に従い組替えを行う。

## 改正ポイント🔍

税効果会計に関する表示については，税効果会計基準一部改正により改正された。

従来は，繰延税金資産および繰延税金負債の表示方法については，以下のとおりであった。

- 貸借対照表に計上した資産または負債との関連に基づく分類を原則とする。例えば，債権に対する貸倒引当金繰入限度超過額が生じた場合，当該債権が流動資産に計上されるものであれば繰延税金資産は流動資産に計上し，当該債権が固定資産に計上されるものであれば繰延税金資産は固定資産に計上する。
- 特定の資産・負債に関連しない繰延税金資産または繰延税金負債については，翌期に解消される見込みの一時差異等に係るものは流動資産または流動負債とし，それ以外の一時差異等に係るものは固定資産の投資その他の資産または固定負債として表示する。

今回の改正は，以下の点も勘案し，国際的な会計基準（IFRS および米国会計基準）に整合させ，繰延税金資産または繰延税金負債のすべてを非流動区分に表示することとされた（税効果会計基準一部改正第16項および17項）。

- 非流動区分の表示により，財務諸表作成者の負担が軽減される。
- 変更による流動比率に対する影響は限定的であり，財務分析に影響が生じる企業は多くない。

## (2) 損益計算書上の取扱い

当期の法人税等として納付すべき額および法人税等調整額は，法人税等を控除する前の当期純利益から控除する形式により，それぞれ区分して表示しなければならない（税効果会計基準第三３）。

# ２．繰延税金資産および繰延税金負債の発生原因別の主な内訳の注記

税効果会計に関する注記事項として，繰延税金資産および繰延税金負債の発生原因別の主な内訳がある。あわせて，一定の場合には評価性引当額の内訳や税務上の繰越欠損金に関する注記も求められている。

## (1) 財務諸表利用者における税効果会計の注記の利用方法

税効果会計基準一部改正では，注記事項の追加を検討するにあたって，現状において不足している情報を明確にするために，主として株価予測を行う財務諸表利用者と主として企業の信用力の評価を行う財務諸表利用者を中心に，税効果会計に関連する注記事項を利用する目的やその分析内容，実際に利用している情報等を検討している（税効果会計基準一部改正第20項から第22項）。

主として株価予測を行う財務諸表利用者は，一般的に，６か月から１年後程度の株価を予想し，現在の株価に対して割安か割高かについての分析を行っており，将来の株価については，主に株価収益率（PER），株価純資産倍率（PBR），ディスカウント・キャッシュ・フロー（DCF），またはそれらのうち複数を用いて予想しているとされている。これらの分析においては，将来２年から５年後の予想財務諸表（貸借対照表，損益計算書およびキャッシュ・フロー計算書）を用いて将来の１株当たり利益（EPS）または１株当たり純資産（BPS），DCF を算出するため，将来の税負担率の予測が重要となる。また，当該予測の過程においては，必要に応じて，繰延税金資産の回収可能性に関する不確実性の評価を行い，税金費用の金額を予測している。

他方，主として企業の信用力の評価を行う財務諸表利用者は，一般的に，上記の分析に加えて企業の財務の安全性や債務の返済能力についても分析を行っ

ているとされている。具体的には，自己資本比率や債務償還年数を検証しており，これらの分析においても，繰延税金資産の回収可能性に関する不確実性の評価や税負担率の予測が必要となる。

## (2) 繰延税金資産および繰延税金負債の発生原因別の主な内訳

本注記では，繰延税金資産および繰延税金負債がどのような原因で発生したかについて，その発生の主な原因別に内訳を注記する。

繰延税金資産の発生原因別の主な内訳を注記するにあたっては，繰延税金資産から控除された額（評価性引当額）を併せて記載する（税効果会計基準第四および注8）。

論点　組織再編に伴い受け取った子会社株式等に係る一時差異についての税効果の注記上の取扱い

Q. 組織再編に伴い受け取った子会社株式および関連会社株式に係る将来減算一時差異のうち，その株式の受取時に発生していたもので，かつ，受取時に会計上の損益および課税所得（または繰越欠損金）に影響を与えないものについては，税効果会計の注記として，「繰延税金資産および負債の発生の主な原因別内訳」を記載することになるのか。

A. 税効果適用指針第8項(1)では，「組織再編に伴い受け取った子会社株式又は関連会社株式（事業分離に伴い分離元企業が受け取った子会社株式等を除く。）に係る将来減算一時差異のうち，当該株式の受取時に生じていたものについては，予測可能な将来の期間に，その売却等を行う意思決定又は実施計画が存在する場合を除き，繰延税金資産を計上しない。」とされている。

また，株式交換または株式移転が取得と判定された場合に，株式交換完全親会社または株式移転設立完全親会社が取得した子会社株式（株式交換完全子会社の株式または株式移転完全子会社の株式）に係る一時差異（取得のときから生じていた一時差異に限る。）に関する税効果は，予測可能な将来の期間に当該子会社株式を売却する予定があるとき等を除き，認識しないとされている（結合分離適用指針第115項および第123項）。

税効果適用指針第8項は，結合分離適用指針における取扱いとの整合性から，結合当事企業または結合当事企業の株主が，組織再編に伴い受け取った子会社株式等に係る一時差異に関する繰延税金資産または繰延税金負債

は計上しないこととしている（税効果適用指針第98項）。

　したがって，税効果適用指針第 8 項(1)における「繰延税金資産を計上しない」とは，当該将来減算一時差異に係る繰延税金資産が存在しないことを意味するものと考えられる。

　このため，当該一時差異については「繰延税金資産および負債の発生の主な原因別内訳」の注記対象にはならないと考えられる。


# (3) 評価性引当額の内訳に関する情報

## ① 評価性引当額の内訳に関する数値情報

　繰延税金資産の発生原因別の主な内訳として税務上の繰越欠損金を記載している場合であって，当該税務上の繰越欠損金の額が重要であるときは，繰延税金資産から控除された額（評価性引当額）は，税務上の繰越欠損金に係る評価性引当額と将来減算一時差異等の合計に係る評価性引当額に区分して記載する（税効果会計基準一部改正第 4 項，税効果会計基準注 8 (1)）。当該情報は，連結財務諸表および個別財務諸表のいずれにおいても注記が求められる。なお，将来減算一時差異等には，繰越外国税額控除や繰越可能な租税特別措置法上の法人税額の特別控除等を含める。

　また，子会社に対する投資に係る連結財務諸表固有の将来減算一時差異については，予測可能な将来の期間に，子会社に対する投資の売却等（他の子会社への売却の場合を含む。）を行う意思決定もしくは実施計画が存在する場合，または，個別財務諸表において計上した子会社株式の評価損について，予測可能な将来の期間に，税務上の損金に算入される場合を除き，連結決算手続上，繰延税金資産を計上しない（税効果適用指針第22項(1)）。この場合，当該将来減算一時差異に係る繰延税金資産が存在しないため，繰延税金資産から控除された額（評価性引当額）も存在しないと考えられる（税効果会計基準一部改正第32項）。

　ここで，「繰延税金資産の発生原因別の主な内訳として税務上の繰越欠損金を記載している場合であって，当該税務上の繰越欠損金の額が重要であるとき」における「重要であるとき」について，企業の状況に応じて適切に判断することが考えられるとされているが，あわせて以下のような考え方が目安として示

されており，実務上は当該考え方を参考に重要性を判断することが考えられる（税効果会計基準一部改正第29項から第31項）。

| 税負担率の予測の観点 | 税務上の繰越欠損金の控除見込額（課税所得との相殺見込額）が将来の税負担率に重要な影響を及ぼす場合 |
|---|---|
| 繰延税金資産の回収可能性に関する不確実性の評価の観点 | 純資産の額に対する税務上の繰越欠損金の額（納税主体ごとの法定実効税率）の割合が重要な場合 |

### ② 評価性引当額の内訳に関する定性的な情報

繰延税金資産から控除された額（評価性引当額）に重要な変動が生じている場合，当該変動の主な内容を記載する（税効果会計基準一部改正第4項，税効果会計基準注8(2)）。なお，連結財務諸表を作成している場合，個別財務諸表において記載することを要しない。

当該変動の内容は企業の置かれている状況により様々であると考えられるため，当該主な変動内容にどのような事項を記載するかについて，特段定められていない。

ここで，「繰延税金資産から控除された額（評価性引当額）に重要な変動が生じている場合」における「重要な変動」について，企業の状況に応じて適切に判断することが考えられるとされているが，主に税負担率の分析に資する情報であることを踏まえると，税負担率の計算基礎となる税引前純利益の額に対する評価性引当額（合計額）の変動額の割合が重要な場合が考え方の目安として示されており，実務上は当該考え方を参考に重要性を判断することが考えられる（税効果会計基準一部改正第36項）。

なお，税負担率と法定実効税率との間に重要な差異がなく，税率差異の注記を省略している場合，当該変動の内容を注記することは要しない。

## 改正ポイント🔍

　税効果会計に関する注記事項について，税効果会計基準一部改正により，評価性引当額の内訳に関する情報が追加されている。これは，財務諸表利用者による税負担率の予測に資すること，および繰延税金資産の回収可能性に関する不確実性の評価に資することを目的としている。具体的には，次のような理由による。

- 税率差異の注記に「評価性引当額の増減」が記載されている場合，評価性引当額の合計額のみの記載ではその増減内容の理解が困難である。特に，税負担率の実績と予測が乖離する原因は税務上の繰越欠損金に関連することが多いため，税負担率の予測の観点から税務上の繰越欠損金に係る評価性引当額は有用な情報となる（税効果会計基準一部改正第26項）。
- 税務上の繰越欠損金に係る繰延税金資産は，他の将来減算一時差異等に係る繰延税金資産よりも一般的に回収可能性に関する不確実性が高いとされているため，繰延税金資産の回収可能性に関する不確実性の評価の観点から当該税務上の繰越欠損金に係る評価性引当額は有用な情報となる（税効果会計基準一部改正第27項）。
- 評価性引当額の合計額に重要な変動が生じている場合，税負担率に重要な影響が生じていることが多い。評価性引当額の変動内容の注記は，その内容を理解し，税負担率に影響が生じている原因を分析することに資する（税効果会計基準一部改正第33項）。

## (4)　税務上の繰越欠損金に関する情報

　繰延税金資産の発生原因別の主な内訳として税務上の繰越欠損金を記載している場合であって，当該税務上の繰越欠損金の額が重要であるときは，次の事項を記載する（税効果会計基準一部改正第5項，税効果会計基準注9）。なお，連結財務諸表を作成している場合，個別財務諸表において記載することを要しない。

### ①　繰越期限別の税務上の繰越欠損金に係る次の金額

- 税務上の繰越欠損金の額に納税主体ごとの法定実効税率を乗じた額
- 税務上の繰越欠損金に係る繰延税金資産から控除された額（評価性引当

額）

●税務上の繰越欠損金に係る繰延税金資産の額

　繰越期限別の年度の区切り方については，企業が有している税務上の繰越欠損金の状況に応じて適切に設定することが考えられるため，特段定められていない（税効果会計基準第42項）。

② 税務上の繰越欠損金に係る重要な繰延税金資産を計上している場合，当該繰延税金資産を回収可能と判断した主な理由

　回収可能と判断した主な理由は，企業の置かれている状況により様々であると考えられるため，当該理由にどのような事項を記載するかについて，特段定められていない。

　ここで，「税務上の繰越欠損金に係る重要な繰延税金資産を計上している場合」における「重要な繰延税金資産」について，企業の状況に応じて適切に判断することが考えられるとされているが，主に繰延税金資産の回収可能性に関する不確実性の評価に資する情報であることを踏まえると，純資産の額に対する税務上の繰越欠損金に係る繰延税金資産の額の割合が重要な場合が考え方の目安として示されており，実務上は当該考え方を参考に重要性を判断することが考えられる（税効果会計基準一部改正第47項）。

## (5) 適用初年度に関する取扱い

　税効果会計基準一部改正の適用初年度において，新たに追加された注記事項（評価性引当額の内訳に関する情報および税務上の繰越欠損金に関する情報）については表示方法の変更として取り扱う。このため，当該適用初年度において表示する過去の財務諸表については，原則として新たな表示方法に従い注記を行う（税効果会計基準一部改正第59項）。

　ただし，実務上の負担が配慮されており，税効果会計基準一部改正により追加された注記事項については，適用初年度の比較情報に記載しないことができる（税効果会計基準一部改正第7項）。

### 改正ポイント🔍

　税効果会計に関する注記事項について，税効果会計基準一部改正により，税務上の繰越欠損金に関する情報が追加されている。これは，財務諸表利用者による税負担率の予測に資すること，および税務上の繰越欠損金に係る繰延税金資産の回収可能性に関する不確実性の評価に資することを目的としている。具体的には，次のような理由による。

- 税負担率の実績と予測が乖離する原因として，税務上の繰越欠損金に関連することが挙げられることが多い。特に，税務上の繰越欠損金に係る繰延税金資産を計上していない場合で，当該税務上の繰越欠損金の繰越期限が到来するときに，従来は将来の税負担率に与える影響の予測が困難となっていた（税効果会計基準一部改正第38項および第39項）。
- 税務上の繰越欠損金に係る繰延税金資産は，他の将来減算一時差異等に係る繰延税金資産よりも一般的に回収可能性に関する不確実性が高いとされているため，繰延税金資産を回収可能と判断した主な理由は，税務上の繰越欠損金に係る繰延税金資産の回収可能性に関する不確実性の評価に資する（税効果会計基準一部改正第43項および第44項）。

### 設例  繰延税金資産および繰延税金負債の発生原因別の主な内訳の注記例

|前提|

- A社は，連結納税制度を適用していない。
- A社は，当連結会計年度において，繰延税金資産の発生原因別の主な内訳として税務上の繰越欠損金を記載し，当該税務上の繰越欠損金の額が重要であると判断している。

（税効果会計関係）繰延税金資産及び繰延税金負債の発生の主な原因別の内訳

| 繰延税金資産 | 前連結会計年度 | 当連結会計年度 |
| --- | --- | --- |
| 税務上の繰越欠損金*2 | ×××百万円 | ×××百万円 |
| 退職給付に係る負債 | ××× | ××× |
| 減損損失 | ××× | ××× |
| その他 | ××× | ××× |

第8章　税効果会計に関する開示

| 繰延税金資産小計 | XXX | XXX |
|---|---|---|
| 税務上の繰越欠損金に係る評価性引当額*2 | △XXX | △XXX |
| 将来減算一時差異等の合計に係る評価性引当額 | △XXX | △XXX |
| 評価性引当額小計*1 | △XXX | △XXX |
| 繰延税金資産合計 | XXX | XXX |
| 繰延税金負債 | （以下　略） | |

＊1　（繰延税金資産から控除された額（評価性引当額）に重要な変動が生じている場合，当該変動の主な内容を記載する。）

＊2　税務上の繰越欠損金およびその繰延税金資産の繰越期限別の金額

（前連結会計年度）

| | X年以内 | X年超X年以内 | X年超X年以内 | X年超X年以内 | X年超X年以内 | X年超 | 合計 |
|---|---|---|---|---|---|---|---|
| 税務上の繰越欠損金* | － | － | － | － | XXX | － | XXX 百万円 |
| 評価性引当額 | － | － | － | － | △XXX | － | △XXX |
| 繰延税金資産 | － | － | － | － | XXX | － | XXX |

＊　税務上の繰越欠損金は，法定実効税率を乗じた額である。

（当連結会計年度）

| | X年以内 | X年超X年以内 | X年超X年以内 | X年超X年以内 | X年超X年以内 | X年超 | 合計 |
|---|---|---|---|---|---|---|---|
| 税務上の繰越欠損金*1 | － | － | － | XXX | － | XXX | XXX 百万円 |
| 評価性引当額 | － | － | － | － | － | △XXX | △XXX |
| 繰延税金資産 | － | － | － | XXX | － | － | *2XXX |

＊1　税務上の繰越欠損金は，法定実効税率を乗じた額である。

＊2　（税務上の繰越欠損金に係る重要な繰延税金資産を計上している場合，当該繰延税金資産を回収可能と判断した主な理由を記載する。）


（税効果会計基準一部改正［開示例］）

**設例** 繰延税金資産および繰延税金負債の発生原因別の主な内訳の注記例（税効果会計基準一部改正の適用初年度の比較情報に追加した注記事項を記載しない場合の開示例）

[前提]

- 上の設例と同じ

(税効果会計関係) 繰延税金資産および繰延税金負債の発生原因別の主な内訳

| 繰延税金資産 | 前連結会計年度 | 当連結会計年度 |
|---|---|---|
| 税務上の繰越欠損金*2 | XXX百万円 | XXX百万円 |
| 退職給付に係る負債 | XXX | XXX |
| 減損損失 | XXX | XXX |
| その他 | XXX | XXX |
| 繰延税金資産小計 | XXX | XXX |
| 税務上の繰越欠損金に係る評価性引当額*2 | —※ | △XXX |
| 将来減算一時差異等の合計に係る評価性引当額 | —※ | △XXX |
| 評価性引当額小計*1 | △XXX | △XXX |
| 繰延税金資産合計 | XXX | XXX |
| 繰延税金負債 | (以下　略) | |

*1　(繰延税金資産から控除された額 (評価性引当額) に重要な変動が生じている場合，当該変動の主な内容を記載する。)※

*2　税務上の繰越欠損金およびその繰延税金資産の繰越期限別の金額※

※適用初年度の比較情報に関する情報を記載しないことができる。

(当連結会計年度)

|  | X年以内 | X年超<br>X年以内 | X年超<br>X年以内 | X年超<br>X年以内 | X年超<br>X年以内 | X年超 | 合計 |
|---|---|---|---|---|---|---|---|
| 税務上の繰越欠損金*1 | — | — | — | XXX | — | XXX | XXX百万円 |
| 評価性引当額 | — | — | — | — | — | △XXX | △XXX |
| 繰延税金資産 | — | — | — | XXX | — | — | *2 XXX |

＊１　税務上の繰越欠損金は，法定実効税率を乗じた額である。
＊２　（税務上の繰越欠損金に係る重要な繰延税金資産を計上している場合，当該繰延税金資産を回収可能と判断した主な理由を記載する。）

（税効果会計基準一部改正の概要）

## 3．税率差異の原因となった主要な項目別の内訳の注記

　税引前当期純利益または税金等調整前当期純利益に対する法人税等（法人税等調整額を含む。）の比率と法定実効税率との間に重要な差異があるときは，当該差異の原因となった主要な項目別の内訳の注記が求められる（税効果会計基準第四　2）。

　なお，連結財務諸表規則第15条の5第3項および財務諸表等規則第8条の12第3項では，法定実効税率と税効果会計適用後の法人税等の負担率との間の差異が法定実効税率の100分の5以下である場合には，当該注記を省略することができるとされている。ここで，注記を省略できる100分の5以下とは，「法定実効税率の100分の5以下」であり，差異そのものが5％以下ではないことに留意が必要である。

設例　法定実効税率と税効果会計適用後の法人税等の負担率との間に重要な差異があるときの，当該差異の原因となった主要な項目別の内訳の注記例

|  | 前連結会計年度 | 当連結会計年度 |
| --- | --- | --- |
| 法定実効税率 | XX％ | XX％ |
| （調整） |  |  |
| 交際費等永久に損金に算入されない項目 | X | X |
| 住民税均等割 | X | X |
| 評価性引当額の増減 | － | X |

| その他 | △X | − |
|---|---|---|
| 税効果会計適用後の法人税等の負担率 | XX | XX |

(税効果会計基準一部改正 [開示例])

## 4. 法人税等の税率の変更があった場合の注記

　法人税等の税率の変更により繰延税金資産および繰延税金負債の金額が修正される，または修正される見込みである場合には，その内容および影響額の注記が求められる（税効果会計基準第四および税効果適用指針第64項）。

### (1) 期中に税率の変更があった場合

　期中に法人税等の税率の変更があったことにより繰延税金資産および繰延税金負債の金額が修正されたときは，その旨および修正額を注記する（税効果会計基準第四　3）。

**設例　法人税等の税率の変更により繰延税金資産および繰延税金負債の金額が修正されたときの注記例**

「税法の改正に伴い，翌連結会計年度以降に解消が見込まれる一時差異等に係る繰延税金資産及び繰延税金負債については，法定実効税率をXX％からXX％に変更し計算している。
　この変更により，当連結会計年度の繰延税金資産（繰延税金負債の金額を控除した金額）の金額はXXX百万円減少し，法人税等調整額がXXX百万円増加している。」
(注)　税率の変更による繰延税金資産及び繰延税金負債の金額の修正額は，期末における一時差異等の残高に，改正後の税率と改正前の税率の差を乗じて算出する。

　なお，税法の改正による影響額については，財務諸表利用者が将来の税負担率を予測する場合，税率の変更による影響のみならず，当該影響を含む税法の改正

による影響を考慮することとなると考えられるため，当該情報の注記を追加すべき項目とするか否かについて税効果会計基準一部改正の審議過程にて検討が行われたが，コストと便益の比較の観点から，税法の改正による影響額については注記事項に追加しないこととされた（税効果会計基準一部改正第23項）。

（税効果会計基準一部改正［開示例］）

**論点** 💬 繰延税金資産の回収可能性に係る会社分類を変更した事業年度に法人税等の税率が変更された場合の注記

Q. 当事業年度において，繰延税金資産の回収可能性に係る会社分類を変更した。また，同事業年度において，翌事業年度以降に適用される法人税等の税率変更が行われた場合，当該税率変更に係る注記に記載する影響額は変更前と変更後のいずれの会社分類に基づき計算すべきか。

A. 翌事業年度以降に適用される法人税等の税率変更が行われた場合，税率変更に係る注記において，税率変更による繰延税金資産および繰延税金負債の修正額は，税効果会計基準一部改正の開示例の（注）によると，期末における一時差異等の残高に，新税率と旧税率の差を乗じて算出された金額を注記することになる。ここで，期末における一時差異等の残高は変更後の会社分類に基づくものであるため，税率変更に係る注記に記載する影響額は変更後の会社分類に基づき計算することになるものと考えられる。

## (2) 期末日後に税率の変更があった場合

決算日後に法人税等の税率の変更を伴う法律が成立した場合には，その内容および影響を注記する（税効果会計基準第四 4および税効果適用指針第64項）。

なお，改正地方税法等が決算日以前に成立し，かつ，決算日後に当該改正地方税法等を受けた改正条例が成立し超過課税による税率が変更された場合，通常，その影響は質的および金額的な重要性が乏しいと考えられるため，上記の取扱いでは，決算日後に税率の変更を伴う条例が成立した場合は含まれていない（税効果適用指針第158項）。

| 第9章 | # IFRS との相違 |
|---|---|

国際財務報告基準（IFRS）における税効果会計の考え方は資産負債法によっており，基本的な考え方は日本基準と同様である。しかしながら，日本基準においては回収可能性の判断に詳細な適用指針が設けられている等，いくつかの点で相違が生じている。本章では，IFRS における税効果会計の取扱いに触れた上で，日本基準と IFRS との主な相違点について解説する。

## 1．IAS 第12号の概要

### (1) 範 囲

IAS 第12号「法人所得税」は，法人所得税の会計処理に適用され（IAS12.1, 2），税効果会計は同基準書において取り扱われている。法人所得税とは，課税所得を課税標準として課される国内外のすべての税金をいい，法人所得税には，子会社，関連会社等が報告企業に利益分配する際に納付する源泉税なども含まれる（IAS12.2）。

| 論点 💬 | 住民税均等割および事業税付加価値割の取扱い |
|---|---|

A. 住民税均等割の課税標準は，資本金等の額および従業者数であり，純額のある期の利益（損失）に基づいて計算された課税所得を課税標準とするものではないため，IAS 第12号の法人所得税の定義に該当せず，法人所得税の範囲には含まれないと考えられる。このため，包括利益計算書において法人所得税以外の適切な科目に含めて表示するものと考えられる。日本基準においては，住民税均等割が法人税等に含まれるかどうかについて，明確に規定されているものはないが，実務上は，法人税等に含めて処理されている。

他方，事業税付加価値割の取扱いについては考えが分かれている。1つは，事業税付加価値割の課税標準のうち利益に関連する金額に対応する税額（単年度の損益部分）については，法人所得税の定義を満たすため，IAS 第12号の法人所得税の範囲に含まれるとの考え方である。もう1つは，事業税付加価値割の課税標準は一体として意味を持つものであるため，課税標準を分解して取扱いを違えることは不合理であり，事業税付加価値割は全体として，法人所得税の定義を満たさず，IAS 第12号の法人所得税の範囲に

第9章

IFRSとの相違

335

含まれないとの考え方である。

　こうした 2 つの考え方があることを踏まえると，企業は，事業税付加価値割について，次のいずれかを会計方針として選択すべきであると考えられる。

　① 事業税付加価値割の課税標準のうち利益に関連する金額に対応する税額（単年度の損益部分）を法人所得税に表示し，それ以外の部分は包括利益計算書において法人所得税以外の適切な科目に表示する。

　② 事業税付加価値割を分解せず，一体として包括利益計算書において法人所得税以外の適切な科目に表示する。

　なお，①による場合，事業税付加価値割の課税標準のうち利益に関連する金額に対応する税額を，実効税率の算定上考慮することが求められる点に留意が必要である。

　日本基準においては，事業税付加価値割は，原則として，販売費および一般管理費に含めて計上するとされている（法人税等会計基準第10項）。

## (2)　当期税金負債および当期税金資産

### ①　認　識

　当期および過去の期間に係る当期税金は，未納額の範囲で負債として認識しなければならず，支払済の額が当期および過去の年度の税額を超える場合には，その超過額は資産として認識しなければならない（IAS12.12）。

### ②　測　定

　当期および過去の期間の当期税金負債および資産は，報告期間の末日において制定または実質的に制定されている税率および税法を使用して，税務当局に対し納付または税務当局から還付されると予想される額で算定する（IAS12.46）。

　また，当期税金負債および資産は，通常は法定税率および税法を使用して算定されるが，税法改正が行われた場合で，公表が実質的な制定と同じ効果を持つようなときには，当該公表税率および税法を使用して税務当局に納付（あるいは還付）されると予想される額で算定する（IAS12.48）。

| 論点 💬 | 法人所得税の処理に関する不確実性 |

A. 2017年6月に，国際会計基準審議会（IASB）より，IFRIC解釈指針第23号「法人所得税の処理に関する不確実性」（以下「IFRIC23」という。）が公表され，法人所得税の処理に不確実性が存在する場合の認識および測定に関する取扱いが規定された。IFRIC23は，2019年1月1日以後開始する事業年度から適用しなければならない。早期適用は認められる。IFRIC23では，法人所得税の不確実性を以下のように取り扱うとされている。

- 法人所得税の処理の不確実性の評価にあたっては，税務当局は，権限に基づき，報告された金額を調査し，調査にあたっては関連するすべての情報についての十分な知識を有するという仮定のもとで行う。
- 企業は，不確実性のある税務処理が税務当局に容認される可能性が高いかどうかを検討する。
- 容認される可能性が高いと結論付けた場合は，税務申告において使用されたかまたは使用される予定の税務処理に整合する会計処理を行う。
- 容認される可能性が高くないと結論付けた場合，以下のいずれかの方法のうち，不確実性の解消方法をよりよく予想する方法により不確実性の影響を反映する。
  - 最頻値法（起こりうる結果の範囲内で最も可能性が高い1つの数値を選択する方法）
  - 期待値法（起こりうる結果の範囲内の，確率による加重平均値を算定する方法）

これに対して，日本基準においては，修正申告および更正により追加で徴収される可能性が高く，当該追徴税額を合理的に見積ることができる場合，または還付されることが確実に見込まれ，当該還付税額を合理的に見積ることができる場合，誤謬に該当する場合を除き，当該追徴税額または還付税額を損益に計上する（法人税等会計基準第6項，第7項）とされており，追徴税額に関する負債の認識の閾値と還付税額に関する資産の認識の閾値を異なるものとしている（法人税等会計基準第33項）。

第9章

IFRSとの相違

## (3) 繰延税金負債および繰延税金資産

### ① 当初認識

繰延税金負債は，以下から生じる場合を除いてすべての将来加算一時差異に

ついて認識する（IAS12.15）。

- のれんの当初認識
- 企業結合ではなく，かつ，取引時に会計上の利益にも課税所得（欠損金）にも影響を与えない取引における資産または負債の当初認識

ただし，子会社，支店および関連会社に対する投資ならびに共同支配の取決めに対する持分から発生する将来加算一時差異については，(6)①将来加算一時差異に従って繰延税金負債を認識する。

繰延税金資産は，将来減算一時差異を利用できる課税所得が生じる可能性が高い範囲内ですべての将来減算一時差異について認識する。ただし，以下のような取引における資産または負債の当初認識から生じる将来減算一時差異については繰延税金資産を認識しない（IA12.24）。

- 企業結合ではなく，かつ，取引時に会計上の利益にも課税所得（欠損金）にも影響を与えない取引

ただし，子会社，支店および関連会社に対する投資ならびに共同支配の取決めに対する持分から発生する将来減算一時差異については，(6)②将来減算一時差異に従って繰延税金資産を認識する。

② 測　定

繰延税金負債および資産は，以下に基づき測定する（IAS12.47，51，51A）。また，繰延税金負債および資産は割り引いてはならない（IAS12.53）。

- 報告期間の末日時点における法定税率または実質的に制定されている税率および税法に基づき，資産が回収または負債が決済される期に適用されると予想される税率
- 報告期間の末日時点で予定されている資産の回収方法または負債の決済方法

予定されている資産の回収方法または負債の決済方法は，その方法により税率または税務基準額が異なるような場合（例えば，資産を売却により回収するか使用することにより回収するかで税率が異なるケース等）において検討が必要となる。

338

## (4) 繰延税金資産の回収可能性

繰延税金資産は，将来減算一時差異を利用できる課税所得が生じる可能性が高い場合にのみ認識する（IAS12.27）。

将来減算一時差異の使用対象となる課税所得が生じる可能性が高いといえるのは，同一の税務当局区域内で，同一の納税企業に係る将来加算一時差異が十分にあって，それが以下のいずれかの時期に解消すると見込まれる場合である（IAS12.28）。

- 将来減算一時差異の解消が予測される期間と同じ期間
- 繰延税金資産により生じる税務上の欠損金の繰戻しもしくは繰越しが可能な期間

また，同一の税務当局区域内で，同一の納税企業に係る将来加算一時差異が十分にない場合には，繰延税金資産は，当該企業が将来減算一時差異の解消と同じ期に十分な課税所得を稼得する可能性が高い場合，または課税所得を生じさせるタックス・プランニングの機会を利用可能な場合に，その範囲内で認識する（IAS12.29）。

さらに，税務上の繰越欠損金および繰越税額控除については，将来その使用対象となる課税所得を稼得する可能税が高い範囲で繰延税金資産を認識する（IAS12.34）が，課税所得が生じる可能性を評価するに際しては，以下の要件を考慮する（IAS12.35，36）。

- 同一の税務当局の区域内で同一の納税企業体内に，税務上の繰越欠損金または繰越税額控除の繰越期限内に使用対象となる課税所得をもたらすのに十分な将来加算一時差異を有しているかどうか。
- 税務上の繰越欠損金または繰越税額控除の繰越期限内に，課税所得を稼得する可能性が高いか否か。
- 税務上の繰越欠損金は再発しそうもない特定の原因によって発生したものか否か。
- 税務上の繰越欠損金または繰越税額控除の繰越期限内に課税所得を発生させるタックス・プランニングの機会を利用可能か否か。

日本基準においては，繰延税金資産の回収可能性に関して，回収可能性適用指針において，詳細なガイダンスが規定されている（第5章参照）が，IFRSにおいては，繰延税金資産の回収可能性に関する詳細なガイダンスは定められていない。

論点  繰延税金資産の回収可能性

A. 繰延税金資産の回収可能性については，IFRSと日本基準において，主に以下のような点で異なると考えられる（日本基準の詳細な取扱いは第5章参照）。

| | IFRS | 日本基準 |
|---|---|---|
| 企業の分類に応じた繰延税金資産の回収可能性に関する取扱い | IFRSには企業を分類する考え方は示されていない。 | 企業を将来や過去の課税所得の発生状況等に応じて（分類1）から（分類5）の5つに分類し，それぞれの分類について回収可能性の取扱いを規定している。 |
| 課税所得を見積る期間の制限 | 課税所得を見積る期間を画一的に決定することは適切ではない。課税所得の発生可能性が高いと予想される場合には，予算等に基づく一定期間後の課税所得も考慮に入れなければならない。 | 企業の分類に応じて，それぞれ回収可能と考えられる課税所得の合理的な見積可能期間が規定されている。 |
| スケジューリング不能な将来減算一時差異の取扱い | 将来減算一時差異の解消のタイミングの見積りが困難であることは，繰延税金資産を認識しないという理由にはならず，他の証拠を考慮して，課税所得が生じる可能性が高いか否かを判断する。 | （分類1）の企業または（分類2）の企業のうち一定の要件を満たした将来減算一時差異を除き，スケジューリング不能な将来減算一時差異に係る繰延税金資産は回収可能性がないものとされる。 |
| 解消見込年度が長期にわたる将来減算一時差異（退職給付引当金や建物の減価償却超過額 | 継続企業の前提により無条件に回収可能と見積るのは適切ではないものの，課税所得の発 | （分類1）および（分類2）に該当する企業は，解消見込年度が長期にわたる将来減算一 |

| など）の取扱い | 生が高いと予想されることを前提に，将来解消見込年度が長期にわたる将来減算一時差異について回収可能と判断することができる。 | 時差異に係る繰延税金資産について，回収可能性があるものと判断される。（分類3）に該当する企業については，将来の合理的な見積可能期間（おおむね5年）において当該将来減算一時差異のスケジューリングを行った上で，当該見積可能期間を超えた期間であっても，解消見込年度が長期にわたる将来減算一時差異に係る繰延税金資産について，回収可能性があるものと判断される。 |
|---|---|---|
| 税務上の繰越欠損金の取扱い | 繰越欠損金の存在は，将来課税所得が稼得されないという強い根拠になるため，十分な将来加算一時差異を有する範囲内，または税務上の繰越欠損金等の使用対象となる十分な課税所得が稼得される範囲内で認識する。 | 繰越期間にわたって，将来の課税所得の見積額（税務上の繰越欠損金の控除前）に基づき，税務上の繰越欠損金の控除見込年度および控除見込額のスケジューリングを行い，回収が見込まれる額を繰延税金資産として計上する。繰延税金資産の回収可能性の判断にあたっては，企業の分類に応じた回収可能性の取扱いを適用する。 |

第9章

ＩＦＲＳとの相違

341

## (5) 当期税金および繰延税金の認識区分

### ① 純損益で認識される項目

当期税金および繰延税金はその発生事由である関連する取引または事象（項目）と同じ区分で認識する。具体的には，以下のいずれかの場合を除き，純損益に含めて認識する（IAS12.57，58）。

- 当期税金および繰延税金が，純損益以外で（その他の包括利益または資本で直接）認識される取引または事象から生じる場合
- 当期税金および繰延税金が企業結合から生じる場合

### ② 純損益の外で認識される項目

当期税金および繰延税金は，その税金が同一の期間または異なる期間に純損益以外で認識される項目に関係するものである場合には，純損益以外で認識しなければならない。したがって，同一の期間または異なる期間にその他の包括利益に認識される項目に関するものはその他の包括利益に，資本に直接認識される項目に関するものは資本に直接認識しなければならない（IAS12.61A）。

有形固定資産の再評価，在外営業活動体の財務諸表の換算の際に生じる為替差額等に関して認識された当期税金および繰延税金は，その他の包括利益で認識され，期首剰余金の修正，複合金融商品の資本部分の当初認識等に関して認識された当期税金および繰延税金は，資本で認識される（IAS12.62A，62）。

## (6) 子会社，支店および関連会社に対する投資ならびに共同支配の取決めに対する持分

### ① 将来加算一時差異

子会社，支店および関連会社に対する投資ならびに共同支配の取決めに対する持分については，その持分に係るすべての将来加算一時差異に対して，次の条件をいずれも満たす場合を除き，繰延税金負債を認識する（IAS12.39）。

- 親会社，投資者，共同支配投資企業または共同支配事業者が一時差異を解消する時期をコントロールできる。
- 予測可能な期間内に一時差異が解消しない可能性が高い。

IFRS では，子会社に対する投資の税効果と，関連会社に対する投資の税効

果は上記の同じ規定を参照している。子会社に対しては，支配が存在するため，上記の1つ目の条件である一時差異の解消時期をコントロールできるという条件を満たしているものと考えられる。したがって，予測可能な期間内に一時差異が解消しない可能性が高いという2つ目の条件に該当すれば，繰延税金負債を認識しないこととなる（IAS12.40）。

　一方，関連会社に対する投資者は，通常，関連会社投資に係る一時差異の解消時期をコントロールする立場にないと考えられ，1つ目の条件を満たさない。したがって，関連会社が予測可能な将来に分配を行わないことに合意しているなど一時差異の解消時期をコントロールできる場合を除き，繰延税金負債を認識することになる（IAS12.42）。

#### ②　将来減算一時差異

　子会社，支店および関連会社に対する投資ならびに共同支配の取決めに対する持分から発生するすべての将来減算一時差異に対して，次の可能性が高い範囲内で，かつ，その範囲内でのみ，繰延税金資産を認識する（IAS12.44）。

- 当該一時差異が，予測可能な期間内に解消し，かつ
- 当該一時差異を利用できる課税所得が稼得される

## (7)　未実現損益の消去に関する税効果

　連結会社間で棚卸資産や固定資産等の取引が行われた場合には，内部取引に関して付加された損益のうち未実現のものを連結財務諸表作成にあたって消去する。IFRSでは，未実現損益消去に関する税効果については詳細な規定が定められておらず，原則どおり，資産負債法の考え方に基づくことになる。

---

論点 💬　　未実現損益の消去に関する税効果

A．IFRSでは，未実現損益消去に関する税効果については詳細な規定が定められておらず，原則どおり，資産負債法の考え方に基づくことになる。
　　資産負債法に基づく場合，内部取引により発生した未実現損益の消去に関する税効果は，買い手における取得資産に生じた将来減算一時差異が適用の対象になると考えられる。したがって，未実現損益の消去に伴う一時

---

第9章
IFRSとの相違

343

差異の税効果の計算に使用する税率は，買い手の税率を使用し，繰延税金資産は，買い手において将来減算一時差異を利用できる課税所得が生じる可能性が高い範囲内で認識する。

一方，日本基準においては，未実現損益の消去に係る税効果会計については，繰延法の考え方が採用されており，未実現損益の消去に伴う一時差異の税効果の計算に使用する税率は，未実現損益が発生した売り手に適用された税率による（税効果適用指針第34項，第137項）。

## ２．法人所得税に関する表示および開示

### (1) 表　示

#### ① 税金負債および税金資産の表示区分

税金負債および税金資産は，財政状態計算書上，他の負債および資産とは区分して表示する。また，財政状態計算書で流動および非流動に分類表示されているか否かにかかわらず，当期税金負債および当期税金資産と繰延税金負債および繰延税金資産とは区分して表示する（IAS1.54）。また，財政状態計算書上で流動および非流動の区分表示をする場合には，繰延税金負債および繰延税金資産は，常に非流動項目として分類する（IAS1.56）。

#### ② 相　殺

当期税金負債および当期税金資産ならびに繰延税金負債および繰延税金資産について，それぞれ以下の場合に相殺する必要がある（IAS12.71，74）。

**図表 9 － 1**

|  | 当期税金負債および当期税金資産 | 繰延税金負債および繰延税金資産 |
|---|---|---|
| 相殺が要求される場合 | 要件１および要件２をいずれも満たす場合 | |
| 要件１ | 企業が当期税金資産および当期税金負債を相殺する法律上強制力のある権利を有すること | |

| 要件2 | 企業が，純額で決済または資産の実現および負債の決済を同時に行うことを意図していること | 繰延税金負債および繰延税金資産が，同一の税務当局によって次のいずれかに対して課された法人所得税に関するものであること<br>● 同じ納税主体<br>● 重要な金額の繰延税金負債の決済もしくは繰延税金資産の回収が行われると予想される将来の各期に，当期税金負債および当期税金資産を純額で決済すること，または，資産を実現させると同時に負債を決済することを意図している異なる納税主体 |
|---|---|---|

## 論点 💬 繰延税金資産と繰延税金負債の相殺

A．IFRS では，異なる納税主体であっても，以下の両方を満たす場合は，繰延税金資産と繰延税金負債を相殺しなければならない。

- 企業が当期税金資産および当期税金負債を相殺する法律上強制力のある権利を有すること
- 企業が重要な金額の繰延税金負債の決済または繰延税金資産の回収が行われると予想される将来の各期に，当期税金負債および資産を純額で決済，または，資産の実現と負債の決済を同時に行うことを意図すること

　一方，日本基準では，異なる納税主体の繰延税金資産と繰延税金負債を相殺することは認められていない（第8章参照）。ただし，連結納税制度が採用されている場合においては，異なる法人であっても，連結納税グループは同一納税主体とみなされ，繰延税金負債または繰延税金資産は相殺される。

## (2) 開 示

　IFRS 上，法人所得税に関しては，税金費用（収益）の主要な内訳のほか，資本に直接計上された項目に係る当期税金および繰延税金の合計額など多岐にわたる項目を開示することが求められている。

IFRSにおいて開示が要求されている主な項目を日本基準と比較すると，以下のとおりである（IAS12.79～82A）。

図表 9 － 2 　主な開示項目の比較

| 開示内容 | IFRS | 日本基準 |
|---|---|---|
| 税金費用 | 税金費用（収益）の主な内訳 | 特に規定なし |
| 資本に直接計上した項目 | 当期税金および繰延税金の合計額 | 特に規定なし |
| その他の包括利益 | その他の包括利益の各内訳項目に係る法人所得税の金額 | • その他の包括利益の各内訳項目別の税効果の金額<br>• その他の包括利益に含められた項目の当期純利益への組替調整額 |
| 税金費用（収益）と会計上の利益との関係 | 以下のいずれかまたは両方<br>• 会計上の利益に適用税率を乗じて得られる額および税金費用（収益）の間の数字的調整（適用税率の計算根拠も併せて開示）<br>• 平均実際負担税率および適用税率の間の数字的調整（適用税率の計算根拠も併せて開示） | 税引前当期純利益に対する法人税等の比率と法定実効税率との間に重要な差異がある場合，当該差異の原因となった主要な項目別の内訳 |
| 適用税率の変動 | 前期と比較した適用税率の変動の説明 | 税率の変更により繰延税金資産および負債の金額が修正されたときはその旨および修正額 |
| 決算日後の税率変更 | 重要な影響を及ぼす場合には，その内容および財務上の影響の見積り | その内容およびその影響 |
| 繰延税金資産および負債に係る一時差異等の種類別の内訳 | 一時差異，税務上の繰越欠損金および繰越税額控除のそれぞれについて種類ごとの金額<br>• 財政状態計算書に認識した繰延税金資産および負債の額 | 繰延税金資産および負債の発生原因別の主な内訳 |

第9章
IFRSとの相違

346

| | | • 包括利益計算書に認識した繰延税金収益または費用の額 |
|---|---|---|
| 繰延税金資産が認識されていない一時差異等 | 繰延税金資産が認識されていない将来減算一時差異，税務上の繰越欠損金および繰越税額控除の額（および，もしあれば失効日） | 繰延税金資産から控除された額（評価性引当額）を繰延税金資産および負債の発生原因別の主な内訳に併せて記載<br>• 税務上の繰越欠損金の額が重要な場合は，税務上の繰越欠損金に係る評価性引当額と将来減算一時差異等の合計に係る評価性引当額に区分して記載<br>• 評価性引当額に重要な変動が生じている場合は変動の主な内容 |
| 繰延税金負債が認識されていない一時差異 | • 繰延税金負債が認識されていない子会社，支店および関連会社に対する投資ならびに共同支配の取決めに対する持分に係る一時差異の合計額<br>• 当該一時差異に係る未認識の繰延税金負債（可能な場合） | 特に規定なし |
| 繰越期限別の税務上の繰越欠損金に係る金額 | 繰延税金資産が認識されていない税務上の繰越欠損金および繰越税額控除の額（および，もしあれば失効日） | 税務上の繰越欠損金の額が重要な場合は，繰越期限別の税務上の繰越欠損金に係る以下の金額<br>• 税務上の繰越欠損金の額に納税主体ごとの法定実効税率を乗じた額<br>• 税務上の繰越欠損金に係る繰延税金資産から控除された額（評価性引当額）<br>• 税務上の繰越欠損金に係る繰延税金資産の額 |

| 繰延税金資産の認識を妥当とする根拠 | 当期または前期に税務上の欠損金を計上しているが，将来課税所得の見積りに基づき繰延税金資産を計上している場合には，当該繰延税金資産の額とその根拠となる証拠の内容 | 税務上の繰越欠損金に係る重要な繰延税金資産を計上している場合，当該繰延税金資産を回収可能と判断した主な理由 |
|---|---|---|
| 企業結合関係 | 取得企業<br>• 取得前の繰延税金資産について認識された金額の変動が生じた場合にはその変動の金額<br>• 繰延税金便益が取得日時点では認識されず，取得日後に認識される場合，繰延税金便益を認識する原因となった事象または状況の説明 | 特に規定なし |
| 株主に対する配当関係 | • 財務諸表の公表が承認される前に宣言済みだが未認識の配当金に係る法人所得税上の影響額<br>• 配当の支払いにより税率または納税額が変動する場合や，還付または追徴される場合，法人所得税への潜在的な影響の性質および金額<br>• 法人所得税への潜在的な影響が実務上算定不可能な項目の有無<br>• 法人所得税への潜在的な影響を与える要因 | 特に規定なし |

第9章

IFRSとの相違

348

## 論点 💬 評価性引当額

A．IFRS では，繰延税金資産は回収可能性があると認められる額で認識しなければならないとされており，日本基準のように評価性引当額を控除するという考え方はない。したがって，日本基準では，繰延税金資産および繰延税金負債の発生原因別の主な内訳の記載にあたって，繰延税金資産から控除された額を評価性引当額として併せて記載しているが，IFRS にはそのような記載は行われず，繰延税金資産を認識した将来減算一時差異および繰越欠損金（回収不能額を控除後）の内訳を記載する。

**執筆者紹介**

| 上野　直樹 | 波多野直子 | 前田　啓 | 和久　友子 | |
| 石田　博士 | 北村　幸子 | 佐藤　充 | 田岡　有 | 藤本さおり |

## 編者紹介

### 有限責任 あずさ監査法人

有限責任 あずさ監査法人は，全国主要都市に約6,000名の人員を擁し，監査や保証業務をはじめ，IFRSアドバイザリー，アカウンティングアドバイザリー，金融関連アドバイザリー，IT関連アドバイザリー，企業成長支援アドバイザリーを提供しています。

金融，情報・通信・メディア，パブリックセクター，流通・小売業，エネルギー，製造など，業界特有のニーズに対応した専門性の高いサービスを提供する体制を有するとともに，4大国際会計事務所のひとつであるKPMGインターナショナルのメンバーファームとして，154ヵ国に拡がるネットワークを通じ，グローバルな視点からクライアントを支援しています。

---

徹底解説 税効果会計の実務

2018年4月25日　第1版第1刷発行
2018年6月10日　第1版第2刷発行

|  |  |
|---|---|
| 編　者 | あ ず さ 監 査 法 人 |
| 発行者 | 山 　 本 　 　 継 |
| 発行所 | ㈱ 中 央 経 済 社 |
| 発売元 | ㈱中央経済グループ<br>パ ブ リ ッ シ ン グ |

〒101-0051　東京都千代田区神田神保町1-31-2
電話　03 (3293) 3371（編集代表）
　　　03 (3293) 3381（営業代表）
http://www.chuokeizai.co.jp/
印刷／昭和情報プロセス㈱
製本／誠 　 製 　 本 　 ㈱

©2018
Printed in Japan

＊頁の「欠落」や「順序違い」などがありましたらお取り替えいたしますので発売元までご送付ください。（送料小社負担）

ISBN978-4-502-24801-6　C3034

JCOPY〈出版者著作権管理機構委託出版物〉本書を無断で複写複製（コピー）することは，著作権法上の例外を除き，禁じられています。本書をコピーされる場合は事前に出版者著作権管理機構（JCOPY）の許諾を受けてください。
JCOPY〈http://www.jcopy.or.jp　eメール：info@jcopy.or.jp　電話：03-3513-6969〉

●実務・受験に愛用されている読みやすく正確な内容のロングセラー！

## 定評ある税の法規・通達集シリーズ

### 所得税法規集
日本税理士会連合会　編
中央経済社

❶所得税法　❷同施行令・同施行規則・同関係告示　❸租税特別措置法（抄）　❹同施行令・同施行規則（抄）　❺震災特例法・同施行令・同施行規則（抄）　❻復興財源確保法（抄）　❼復興特別所得税に関する政令・同省令　❽災害減免法・同施行令（抄）　❾国外送金等調書提出法・同施行令・同施行規則・同関係告示

### 所得税取扱通達集
日本税理士会連合会　編
中央経済社

❶所得税取扱通達（基本通達／個別通達）　❷租税特別措置法関係通達　❸国外送金等調書提出法関係通達　❹災害減免法関係通達　❺震災特例法関係通達　❻索引

### 法人税法規集
日本税理士会連合会　編
中央経済社

❶法人税法　❷同施行令・同施行規則・法人税申告書一覧表　❸減価償却耐用年数省令　❹法人税法関係告示　❺地方法人税法・同施行令・同施行規則　❻租税特別措置法（抄）　❼同施行令・同施行規則・同関係告示　❽震災特例法・同施行令・同施行規則（抄）　❾復興財源確保法（抄）　❿復興特別法人税に関する政令・同省令　⓫租特透明化法・同施行令・同省令

### 法人税取扱通達集
日本税理士会連合会　編
中央経済社

❶法人税取扱通達（基本通達／個別通達）　❷租税特別措置法関係通達（法人税編）　❸連結納税基本通達　❹租税特別措置法関係通達（連結納税編）　❺減価償却耐用年数省令　❻機械装置の細目と個別年数　❼耐用年数の適用等に関する取扱通達　❽震災特例法関係通達　❾復興特別法人税関係通達　❿索引

### 相続税法規通達集
日本税理士会連合会　編
中央経済社

❶相続税法　❷同施行令・同施行規則・同関係告示　❸土地評価審議会令・同省令　❹相続税法基本通達　❺財産評価基本通達　❻相続税法関係個別通達　❼租税特別措置法（抄）　❽同施行令・同施行規則（抄）・同関係告示　❾租税特別措置法（相続税法の特例）関係通達　❿震災特例法・同施行令・同施行規則（抄）・同関係告示　⓫震災特例法関係通達　⓬災害減免法・同施行令（抄）　⓭国外送金等調書提出法・同施行令・同施行規則・同関係通達　⓮民法

### 国税通則・徴収法規集
日本税理士会連合会　編
中央経済社

❶国税通則法　❷同施行令・同施行規則・同関係告示　❸同関係通達　❹租税特別措置法・同施行令・同施行規則（抄）　❺国税徴収法　❻同施行令・同施行規則　❼滞調法・同施行令・同施行規則　❽税理士法・同施行令・同施行規則・同関係告示　❾電子帳簿保存法・同施行規則・同関係告示・同関係通達　❿行政手続オンライン化法・国税関係法令に関する省令・同関係告示　⓫行政手続法　⓬行政不服審査法　⓭行政事件訴訟法（抄）　⓮組織的犯罪処罰法（抄）　⓯没収保全と滞納処分との調整令　⓰犯罪収益規則（抄）　⓱麻薬特例法（抄）

### 消費税法規通達集
日本税理士会連合会　編
中央経済社

❶消費税法　❷同別表第三等に関する法令　❸同施行令・同施行規則・同関係告示　❹消費税法基本通達　❺消費税申告書様式等　❻消費税法等関係取扱通達等　❼租税特別措置法（抄）　❽同施行令・同施行規則（抄）・同関係通達　❾消費税転嫁対策法・同ガイドライン　❿震災特例法・同施行令（抄）・同関係告示　⓫震災特例法関係通達　⓬税制改革法等　⓭地方税法（抄）　⓮同施行令・同施行規則（抄）　⓯所得税・法人税政令（抄）　⓰輸徴法令（抄）　⓱関税法令（抄）　⓲関税定率法令（抄）

### 登録免許税・印紙税法規集
日本税理士会連合会　編
中央経済社

❶登録免許税法　❷同施行令・同施行規則　❸租税特別措置法・同施行令・同施行規則（抄）　❹震災特例法・同施行令・同施行規則（抄）　❺印紙税法　❻同施行令・同施行規則　❼印紙税法基本通達　❽租税特別措置法・同施行令・同施行規則（抄）　❾印紙税額一覧表　❿震災特例法・同施行令・同施行規則（抄）　⓫震災特例法関係通達等

## 中央経済社